VIE
DE
GILLES MARIE
CURÉ DE SAINT-SATURNIN
DE CHARTRES

DEUXIÈME ÉDITION, ANNOTÉE

CHARTRES
IMPRIMERIE ÉDOUARD GARNIER
Rue du Grand-Cerf, n° 11

M DCCC LXXVIII

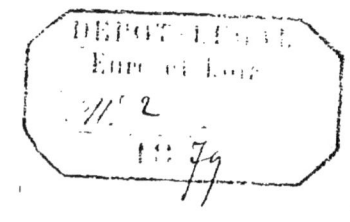

VIE

DE

M. GILLES MARIE.

VIE

DE

M. GILLES MARIE

CURÉ DE SAINT-SATURNIN

DE CHARTRES

PAR LE R. P. JANVIER, GÉNOVÉFAIN.

DEUXIÈME ÉDITION, ANNOTÉE

DÉDIÉE

A SA GRANDEUR MONSEIGNEUR L.-E. REGNAULT
Évêque de Chartres.

CHARTRES
IMPRIMERIE ÉDOUARD GARNIER
Rue du Grand-Cerf, n° 11
—
M DCCC LXXVIII

APPROBATION.

Nous approuvons la réimpression de *la Vie de M. Gilles Marie*, avec les notes des éditeurs qui l'accompagnent. Le clergé et les fidèles liront cet ouvrage avec intérêt et édification.

Chartres, le 21 novembre 1877.

† L. EUGÈNE,
Évêque de Chartres.

DÉDICACE

A SA GRANDEUR

MONSEIGNEUR L.-E. REGNAULT

ÉVÊQUE DE CHARTRES.

MONSEIGNEUR,

Nous déposons humblement aux pieds de Votre Grandeur la seconde édition d'un livre très-justement estimé du clergé de votre diocèse. La Vie de M. Gilles Marie *est bien connue de Votre Grandeur, et nous croyons superflu de faire ressortir longuement l'utilité qu'un ouvrage aussi pieux peut avoir pour tous ceux qui le liront. Les prêtres du diocèse de Chartres y trouveront mis en pratique les sages enseignements que ne cesse de leur donner le zélé Prélat sous la conduite duquel ils sont heureux de travailler au salut des âmes. Les fidèles trouveront aussi de nombreux sujets d'édification, dans la vie admirable de ce saint prêtre qui a donné l'exemple de toutes les vertus.*

Nous sommes profondément reconnaissants à Votre Grandeur de ce qu'elle a daigné bénir notre projet et approuver les notes que nous avons crues utiles à l'intelligence du texte. Elle a mis le comble à nos vœux, en acceptant l'hommage que nous avons osé lui faire de cette nouvelle édition d'un ouvrage qui, à son origine, fut dédié à l'un de ses plus illustres prédécesseurs sur le siége épiscopal de Chartres.

Nous avons l'honneur d'être, avec le plus profond respect,

de Votre Grandeur,

MONSEIGNEUR,

les très-humbles et très-obéissants serviteurs.

*****

DÉDICACE DE LA PREMIÈRE ÉDITION.

A MONSEIGNEUR

L'ILLUSTRISSIME ET RÉVÉRENDISSIME

ÉVÊQUE DE CHARTRES ([1]).

MONSEIGNEUR,

Le témoignage avantageux que vos illustres prédécesseurs ont toujours rendu au mérite de feu M. Gilles Marie ne pouvait être confirmé d'une manière plus honorable à sa mémoire, que par l'intérêt que vous avez bien voulu prendre à l'édition de sa vie; elle est en état de paraître, et, profitant de la permission que vous m'avez donnée, c'est à vous, MONSEIGNEUR, que je prends la liberté de la dédier.

Quoique le souvenir des vertus de ce pieux ecclésiastique soit encore vivant dans le cœur de tous les

---

([1]) Mgr Fr. des Monstiers de Mérinville. (V. p. 317.)

gens de bien, ils ont néanmoins désiré qu'on leur donnât un recueil de ses actions et de ses maximes : leurs vœux sont accomplis ; on a mis en ordre cette histoire et c'est de vos mains, Monseigneur, *qu'ils peuvent se glorifier de la recevoir. En effet elle ne doit sa naissance qu'à vos ordres réitérés, et ce n'est qu'à l'abri de votre protection qu'elle ose se produire aujourd'hui.*

Il serait à souhaiter qu'un habile écrivain eût traité la matière ; cet emploi, je le sais, exige de grandes qualités, et j'avoue que cette raison me devait condamner au silence ; mais peut-on ne pas vous obéir, Monseigneur, *lorsque vous commandez ? Et par une timidité qui aurait pu vous déplaire, devais-je laisser échapper cette occasion de vous marquer publiquement mon profond respect et la soumission parfaite avec laquelle je serai toute ma vie,*

Monseigneur,

Votre très-humble et très-obéissant serviteur.

* * * * *

AVERTISSEMENT

DE LA PREMIÈRE ÉDITION.

Le but qu'on s'est proposé en donnant cet ouvrage au public n'a pas été de piquer la curiosité d'un lecteur oisif, mais d'être utile à ceux qui aiment la vertu et qui désirent sincèrement de la pratiquer ; ainsi qu'on ne s'attende point à trouver ici un tissu de négociations importantes ou d'événements remarquables. La *Vie de M. Marie* n'offre rien de tel ; elle n'est qu'un récit assez simple d'actions ordinaires, qui ne frappent pas beaucoup les sens, mais dont une vive foi peut tirer de grands secours. On y voit partout le caractère d'un homme vraiment touché de Dieu, d'un prêtre sans cesse occupé de la prière, d'un pasteur laborieux, zélé, pénitent, charitable.

C'est à ceux qui aiment Jésus-Christ et qui ont reçu de lui ces yeux éclairés du cœur, dont parle l'Apôtre, à juger maintenant si la vie de ce vertueux curé est conforme à l'idée que nous venons d'en tracer en peu de mots. J'avoue qu'ils rencontreront quelquefois de petites choses ; mais ce qui est ennobli par la charité est toujours d'un prix infini, et saint Augustin ne fait point de difficulté de dire que « Quoique les petites choses le soient en effet, il y a cependant une certaine grandeur à les exécuter avec fidélité : *Quod minimum est, minimum est; sed in minimo fidelem esse magnum est.* » S. Aug. de Doct. Christ., l. 4, c. 18.

Pour ce qui regarde les mémoires sur lesquels on a travaillé, ils ont été fournis par un prêtre qui a toujours vécu avec M. Marie et qui les a écrits avec une admirable fidélité. Les Dames Religieuses de la Visitation de Chartres, dont il a été supérieur pendant vingt ans, ont aussi communiqué plusieurs faits qui se sont passés sous leurs yeux ; d'autres personnes, qui ont connu particulièrement cet homme juste, ont encore donné bien des éclaircissements nécessaires; et l'on a lieu de croire qu'il n'y a rien à désirer pour la vérité des faits. Plaise à Dieu de bénir cet ouvrage, qui n'a été entrepris que pour sa gloire et pour l'édification des fidèles.

AVERTISSEMENT

DE LA DEUXIÈME ÉDITION.

L'intention qui a inspiré la composition de cet ouvrage en a inspiré aussi la réimpression. Un ancien auteur, Jehan de Meung, disait : « Tout homme qui veult soy mettre à composer un ouvrage doit principalement tendre à trois choses, savoir est : à la gloire et à la louange de Dieu, au salut de luy qui compose, et à donner aux lecteurs joye, plaisir, et bon édiffiement. » L'auteur et les éditeurs de la *Vie de M. Gilles Marie* ne se sont pas proposé d'autre but, et nous croyons que ce modeste livre est de nature à l'atteindre.

C'est au clergé chartrain que nous offrons cette seconde édition d'un ouvrage dont il serait inutile de faire l'éloge. Les prêtres qui exercent aujourd'hui le ministère pastoral, dans le diocèse que M. Marie édifia autrefois de ses vertus, accueilleront sans doute avec plaisir cette biographie d'un de leurs anciens dans le sacerdoce, qui est pour eux tout à la fois un modèle et une gloire. La *Vie de M. Gilles Marie*, éditée pour la première fois en 1736, était devenue rare depuis longtemps déjà, et on ne pouvait plus trouver cette édition que difficilement et à des prix élevés (¹). Beaucoup de prêtres regrettaient de ne pouvoir se procurer un ouvrage aussi pieux qu'intéressant, et ces regrets se manifestaient surtout lorsqu'aux retraites ecclésiastiques on le lisait publiquement. Un des plus zélés prédicateurs de ces retraites, le R. P. Chaignon, juge compétent en pareille matière, trouvait cette vie admirable, et, persuadé qu'il était difficile d'en proposer une plus parfaite à l'imitation de ceux qui exerçaient le ministère des âmes, il se proposait de donner une seconde édition de ce petit ouvrage ; mais les nombreuses occupations de cet homme apostolique ne lui permirent pas de mettre son dessein à exécution. Nous avons pensé que son idée était bonne, et que, pouvant avoir un résultat utile, elle ne devait point être abandonnée. Encouragés par de hautes approbations, nous nous sommes mis à l'œuvre et nous présentons aujourd'hui à nos confrères le fruit de notre travail, c'est-à-dire, une seconde édition de la *Vie de M. Gilles Marie*, accompagnée de quelques notes explicatives.

Il ne s'agit donc point ici d'un ouvrage nouveau, car c'est l'ouvrage primitif, tel qu'il parut au siècle dernier, que nous reproduisons intégralement et avec une scrupuleuse fidélité. Les modifications que nous aurions pu lui faire subir lui auraient sans doute été peu avantageuses ; aussi nous avons cru devoir respecter l'ordre adopté par l'auteur et le style très-pur dans lequel il s'exprime. Quelques expressions sont, il est vrai, légèrement emphatiques : telle est par exemple la

---

(¹) Nous connaissons un exemplaire qui a été coté 12 francs dans une librairie d'occasion.

qualification de « grand homme » qu'il prodigue à M. Marie; certaines locutions ont aussi un peu vieilli, nous avons néanmoins conservé les unes et les autres, et nous sommes bien persuadés qu'on ne reprochera point à un ouvrage d'un autre siècle ce caractère, cette saveur particulière qui indique le temps où il a été écrit. Nous n'avons pas agi de même pour l'orthographe que nous avons rétablie d'après les règles aujourd'hui en usage; le lecteur nous le pardonnera facilement, car il ne perdra rien à lire « il était » au lieu de « il étoit », ou bien encore « ayant su » au lieu de « aïant sçu. »

En somme notre travail s'est borné à peu de choses; ce qui est notre œuvre propre, ce sont les notes explicatives que nous avons ajoutées au texte, et que nous avons placées soit au bas des pages, soit à la fin du volume sous le titre de *Pièces justificatives*, quand elles nous ont paru plus considérables. Plusieurs personnages, connus au temps de l'auteur, sont aujourd'hui tombés dans l'oubli; des églises, des couvents et d'autres établissements, ont disparu ou changé de destination; certains lieux portaient alors des noms différents de ceux qu'ils portent maintenant; quelques allusions à des faits contemporains de l'auteur ou de son héros sont peu intelligibles pour le grand nombre des lecteurs. Il nous a semblé que sur tous ces points une note explicative serait bien accueillie. C'est donc cette partie *hors-d'œuvre* qui est nôtre, et ici encore nous n'avons été souvent que de simples copistes. Nous avons demandé à nos historiens chartrains la plupart des renseignements qui nous étaient nécessaires; nous avons surtout largement mis à contribution Souchet, Doyen, H. de Lépinois et M. Lecocq, notre savant chroniqueur moderne. Nous n'avons pas toujours cité les sources auxquelles nous avons puisé, parce que nous n'avons point la prétention de faire une œuvre d'érudition ; nous croyons cependant pouvoir affirmer que nous sommes en mesure de prouver tout ce que nous avançons.

La reconnaissance nous fait un devoir d'adresser de sincères remerciements à ceux de nos confrères auxquels nous devons plusieurs de ces renseignements, qu'il nous eût été difficile de nous procurer, sans le concours qu'ils ont bien voulu nous prêter. Nous sommes tout particulièrement reconnaissants à Mme la Supérieure de la Visitation, pour le service qu'elle nous a rendu, en mettant gracieusement à notre disposition un précieux manuscrit qui renferme l'*Histoire de l'établissement des religieuses de la Visitation Sainte-Marie fait dans la ville de Chartres*. Ce manuscrit nous a été d'un grand secours pour nos recherches, et on verra en son lieu que nous lui avons fait plusieurs emprunts importants (¹).

(¹) L'auteur a eu aussi entre les mains un manuscrit de la Visitation dont il a fait plusieurs extraits assez considérables. Il est très-probable que ce manuscrit n'était pas autre chose que les *Annales* de la Visitation, sorte de journal en usage dans les maisons de cet ordre, et sur lequel on consigne au jour le jour tout ce qui arrive d'un peu important dans la communauté. Nous ne savons si ces *Annales* sont conservées dans nos archives chartraines, mais elles ne sont plus entre les mains des Dames de la Visitation. Le manuscrit qu'elles possèdent encore est bien différent des *Annales* ; c'est une histoire de l'établissement des religieuses à Chartres, relatant, avec beaucoup de détails, toutes les difficultés contre lesquelles on dut lutter pour arriver à une fondation défi-

XVII

Nous serions amplement récompensés de notre peine, si nous avions pu être agréables à nos vénérés

nitive. Il donne aussi un résumé des principaux faits, concernant le monastère de la Visitation, qui se sont passés de 1646 à 1722. Ce manuscrit est certainement postérieur à celui qui fut consulté par l'auteur, car il parle de la *Vie de M. Marie* comme d'un ouvrage qui a déjà paru et *qui est entre les mains de tout le monde*. (V. page 307, note.)

L'auteur de ce manuscrit, ainsi que nous l'apprend une note marginale, est M. Nicolas Trouillard, prêtre originaire de Chartres, qui mourut en 1749, curé de Noisy près Versailles, autrefois du diocèse de Chartres. Ce travail fut de sa part une dette de reconnaissance envers les bonnes religieuses de la Visitation. Voici en effet ce que nous lisons dans son manuscrit : « Lorsqu'on bâtit la chapelle de la rue du Cheval-Blanc (voir page 21 et Pièces justificatives IV), la Supérieure voulut que la première pierre fut posée par un enfant pauvre, en l'honneur de Jésus, le pauvre enfant de Nazareth. Elle prit à sa charge l'éducation de cet enfant, lui fit faire des études cléricales et le protégea jusqu'à ce qu'il fût devenu prêtre. » Ce protégé de la Visitation était M. Trouillard, qui conserva toujours une grande reconnaissance du bienfait qu'il devait aux Filles de S. François de Sales', et plus tard celles-ci lui ayant remis tous les papiers de leur communauté, en le priant de composer l'histoire de leur établissement à Chartres, il se mit à l'œuvre avec empressement et composa le manuscrit dont nous parlons. M. Trouillard avait connu assez intimement M. Marie dont il fut vicaire de 1697 à 1704. Il ne crut pas devoir parler longuement de son ancien curé, bien persuadé qu'il n'y avait rien à ajouter à ce qu'en disait l'historien de M. Marie, dont il loue beaucoup l'ouvrage, et nous devons regretter cette réserve, car il eût pu nous faire connaître plus d'un trait touchant sur le digne supérieur de la Visitation.

confrères dans le sacerdoce. Nous avons aussi l'espoir que cet ouvrage ne sera pas moins goûté des fidèles que du clergé ; nous pourrions en effet citer un curé de notre diocèse, qui fut un jour bien surpris d'entendre un de ses paroissiens, simple paysan pourtant, lui parler avec enthousiasme de la *Vie de M. Gilles Marie,* qu'il avait, disait-il, lue bien des fois et toujours avec le plus vif intérêt.

H. et S.,
Prêtres du diocèse de Chartres.

NOTICE SUR L'AUTEUR.

La *Vie de M. Gilles Marie* fut publiée la première fois sans nom d'auteur, et les contemporains semblent avoir voulu se faire les complices de cette modestie bien digne d'un religieux, car aucun de ceux que nous avons pu consulter ne nous révèle le nom d'un écrivain qui pourtant n'avait point à rougir de son œuvre. Le manuscrit de la Visitation l'appelle, il est vrai, *un auteur grave de nos jours;* mais cette qualification un peu vague n'est point de nature à soulever le voile de l'anonyme, sous lequel notre auteur s'est dérobé à la curiosité bien légitime de ses lecteurs. Ce nom si discrètement caché serait peut-être demeuré dans l'oubli, si un de nos meilleurs historiens chartains, le géographe Guillaume Doyen, qui écrivait 50 ans plus tard, ne nous l'eût conservé dans son *Histoire de la Ville de Chartres* (1786). Une fois en possession de ce nom presque introuvable, les recherches nous devenaient plus faciles; aussi avons-nous pu ajouter quelques détails biographiques, à ceux que Doyen nous donne beaucoup trop succinctement. (II, p. 446.)

L'ouvrage que nous publions a pour auteur un religieux Génovéfain, le R. P. Janvier, qui vint au monde à Chartres, le 13 novembre 1697. Il fit au collège de cette même ville de brillantes études, et donna dès lors des preuves d'un véritable talent. En 1714, il complimenta en beaux vers latins Bernouville, son professeur de rhétorique, qui s'appliquait à développer les aptitudes littéraires d'un élève si richement doué. Après avoir étudié la philosophie et la théologie sous le P. Duvivier, il entra, le 27 mars 1720, dans l'ordre des chanoines-réguliers de l'ordre de Saint-Augustin, établis à Sainte-Geneviève de Paris, et connus pour cette raison sous le nom de Génovéfains. L'année suivante (30 mars 1721), son noviciat étant terminé, il fut admis à faire profession. Les troubles suscités par les partisans de Quesnel, et surtout par ceux qui *appelaient* de la bulle *Unigenitus* (1713) au futur concile, n'étaient pas encore complétement apaisés. Le P. Janvier s'étant porté *appelant*, les évêques de Bretagne refusèrent de lui conférer le sacerdoce; mais en 1726, M. le prince de Lorraine, évêque de Bayeux, le trouva sans doute suffisamment revenu de son erreur, car il l'ordonna prêtre. La muse du P. Janvier ne tarda pas à payer son tribut de reconnaissance au prélat consécrateur; dans un poëme latin qu'il lui adressait quelque temps après, pour l'exhorter à combattre les Molinistes, il s'écriait avec enthousiasme :

> *Quan juvat Armando dignas pro munere laudes*
> *Solvere* (¹)*!*

Muni de ses lettres de prêtrise, le P. Janvier alla professer la philosophie d'abord à Château-Lhermitage

---

(¹) Qu'il est doux de prodiguer à Armand des louanges dignes de son bienfait!

(Sarthe), puis au Mans, en 1728, et à Fougères, en 1730. A la Toussaint 1736, il vint à l'abbaye de Saint-Cheron-lez-Chartres, laquelle de 1150 à 1790 fut occupée par des religieux de son ordre ; ce fut là qu'il s'occupa de mettre au jour *La Vie de M. Gilles Marie*. En 1743, il fut nommé prieur-curé de Cernay, petite paroisse aujourd'hui réunie à celle de Marchéville [1], dont le prieuré avait été attribué à l'abbaye de Saint-Jean, par saint Yves en 1099. Il est probable que le P. Janvier était malade et qu'il était envoyé à Cernay pour y rétablir sa santé; nous voyons en effet, dans les registres de sa paroisse, qu'après deux mois de séjour il charge ses confrères du voisinage de faire pour lui toutes les fonctions religieuses, et cet état de chose se prolonge jusqu'à sa mort, qui du reste arrive dès le commencement de l'année suivante.

Voici son acte d'inhumation, relevé sur les registres de l'ancienne paroisse de Cernay : « Le mercredi 5e jour de février 1744, a été par maître Jean Rossignol, prêtre, curé de Marchéville, inhumé dans le chœur de cette église, le corps de maître François Janvier, prêtre, prieur-curé de cette paroisse, mort d'avant-hier, âgé d'environ 48 ans, après avoir reçu tous les sacrements des mourants.

---

[1] Le pouillé de cette époque nous donne sur la paroisse du P. Janvier les renseignements suivants : CERNAY, patrons saint Crépin et saint Crépinien, grand archidiaconé, doyenné de Courville, présentateur l'abbé de Saint-Jean, 550 livres de revenu, 100 communiants. Il y régnait sans doute quelque maladie contagieuse en cette année 1743, car il y eut 25 inhumations, sur une population de moins de 200 habitants.

Signé: Juteau, prieur-curé de Saint-Denis-des-Puits, Malfillastre, curé de Nonvilliers; Mulot, curé des Corvées; Gratien, curé de Magny; Everard, curé des Yys; Hamel, curé de Fruncé; Rossignol, curé de Marchéville.

Cet acte nous prouve que Doyen se trompe, quand il donne le 15 janvier comme date de la mort du prieur de Cernay; il nous prouve également l'erreur dans laquelle est tombé l'auteur d'une petite notice sur le P. Janvier, insérée dans le *Messager de la Beauce et du Perche*, année 1862. Il est dit dans cette notice que notre savant Génovéfain est mort au prieuré de Cernay, *autrefois du diocèse de Chartres*. La petite paroisse de Cernay, qui fait toujours partie du diocèse de Chartres, a été confondue ici avec l'abbaye des Vaux-de-Cernay, laquelle en effet ne fait plus partie de ce diocèse depuis 1791, mais n'a jamais été ni prieuré, ni paroisse.

Le P. Janvier a cultivé avec succès la poésie française et la poésie latine, et il a laissé plusieurs ouvrages qui font honneur à son talent d'écrivain et de poète. Ce sont: 1° Une *ode en l'honneur de l'Immaculée-Conception*, laquelle ode remporta le prix du *Palineau* à l'académie de Caen, en 1722; 2° *La vie de M. Gilles Marie*, en 1736; 3° Un poème intitulé: *De la Conversation*, qui fut imprimé à Autun, en 1740, avec la traduction en vers du poème du savant Huet, sur *Le Thé*.

Le seul de ces ouvrages qui soit bien connu aujourd'hui est celui dont nous offrons la seconde édition, et nous n'hésitons pas à croire que ce devait être celui qui méritait le mieux d'être conservé. Le P. Janvier, chartrain d'origine, avait dû, dans son enfance, connaître le pieux curé de Saint-Saturnin, puisque quand celui-ci mourut son futur historien avait déjà 13 ans. Lorsqu'il vint habiter l'abbaye de Saint-Cheron, le souvenir de M. Marie était encore bien vivant dans le cœur des prêtres et des fidèles de la ville et surtout de ses anciens paroissiens ; il ne lui fut donc pas difficile de trouver tous les renseignements qui lui étaient nécessaires pour composer son livre. Le neveu de M. Marie, qui avait longtemps vécu dans une grande intimité avec son oncle, était encore à la tête de la paroisse Saint-Saturnin ; on comprend de quelle importance devait être son témoignage, et combien de particularités intéressantes il pouvait faire connaître, sur un sujet qui l'intéressait à un si haut point.

Le P. Janvier nous apprend aussi qu'il avait entre les mains des mémoires très-complets, rédigés par un prêtre qui avait eu le bonheur de jouir pendant bien des années de la compagnie de M. Marie. Les religieuses de la Visitation lui furent également d'un grand secours, par les renseignements qu'elles lui fournirent de vive voix ou par leurs annales. Il fut donc facile au P. Janvier de raconter, avec toute la précision désirable et avec tous les développements qu'elle comportait, l'histoire de ce prêtre si édifiant. Il l'écrivit par ordre de son évêque, mais on sent qu'il le fit avec bonheur et qu'il admirait et aimait sincèrement le serviteur de Dieu dont il voulait nous conserver le souvenir.

Il s'est acquitté de sa tâche avec talent, et il a eu le bon esprit de ne pas émailler son récit de considérations oiseuses. Dans son application à faire revivre son héros, il s'est constamment oublié lui-même ; partout c'est M. Marie qui est en action, et l'attention du lecteur ne s'en détourne pas un instant. Le style de son livre est pur, concis, toujours soutenu; nous le reconnaissons, il est parfois empreint d'une certaine solennité dans l'expression; mais ce défaut n'a rien de choquant, et si, comme on l'a dit, le style est l'homme même, le sien nous révèle un bon écrivain, comme sa manière de présenter les choses nous révèle la piété d'un saint prêtre. On a voulu voir quelques taches de jansénisme dans cet ouvrage; des juges trop sévères se sont sans doute rappelé mal à propos, en le lisant, que son auteur s'était porté *appelant* dans sa jeunesse, mais nous croyons qu'ils peuvent se rassurer sur la pureté de la doctrine; elle est irréprochable pour quiconque voudra se donner la peine de lire avec attention, et de juger sans parti pris, la *Vie de M. Gilles Marie*(¹).

(¹) Fils soumis de la sainte Église romaine, nous déclarons, conformément aux décrets d'Urbain VIII, que si dans cet ouvrage nous parlons de miracles et donnons à nos personnages des qualifications que l'Église seule peut décerner, nous ne voulons en rien prévenir son jugement infaillible.

VIE

DE

GILLES MARIE

CHAPITRE PREMIER.

Naissance, éducation, premières années de M. Marie.

Le Serviteur de Dieu dont on entreprend d'écrire la Vie, naquit à Chartres dans la paroisse de Saint-Aignan, le 26 Septembre 1631 [1]. Toussaint Marie son père, et Anne Tulloüe sa mère, tous deux issus d'une famille honnête, et originaires de la ville de Chartres, y menèrent une vie édifiante, et s'attirèrent l'estime et la considération de tout

[1] Voir aux pièces justificatives, I.

le monde, par une probité singulière qui ne se démentit jamais.

Toussaint Marie, plus touché du désir des biens futurs que du soin d'augmenter sa fortune, quitta sa profession de Procureur au Présidial de Chartres, presque aussitôt qu'il eut commencé à l'exercer, pour ne s'occuper dans la suite qu'à secourir de ses conseils la veuve et l'orphelin, dont il prit toujours les intérêts avec une admirable charité. Les moments de loisir que pouvait lui laisser quelquefois une si bonne œuvre, étaient destinés à la prière, à laquelle il avait coutume de faire succéder une lecture des meilleurs livres de piété ; tout ce qu'il y trouvait d'intéressant était judicieusement remarqué, et devenait le sujet ordinaire de ses conversations. Il se faisait surtout un plaisir d'en parler avec les plus saints ecclésiastiques de la ville, qu'il respectait sincèrement, et dont son grand amour pour la vertu lui avait fait des amis particuliers.

Anne Tulloüe son épouse, parfaitement instruite des devoirs du Christianisme, s'en était rendu la pratique familière ; elle avait la conscience timorée, le cœur compatissant, l'esprit cultivé, le naturel heureux, et l'on peut dire qu'elle fut une des femmes les plus accomplies de son temps.

Gilles Marie, celui dont nous avons à parler,

fut le troisième de leurs enfants, parmi lesquels il y eut huit fils et une fille, qui tous, excepté Mathurin et Gilles, moururent en bas âge. Le ciel conserva ces deux frères pour leur mutuelle consolation; ils portèrent tous deux le joug du Seigneur dès leur jeunesse, et s'aimèrent tendrement jusqu'à la mort. Quoiqu'ils fussent également chers à leurs parents, qui ne négligèrent rien pour leur procurer une excellente éducation, on prit cependant un soin plus particulier de Gilles Marie, en qui l'on apercevait les heureux présages d'un mérite singulier.

La tranquillité, la paix et la douceur étaient peintes sur son visage. Il aimait dès lors le recueillement, la prière et le silence. Il n'ouvrait presque jamais la bouche que pour s'instruire avec des personnes plus âgées que lui; il aimait leur compagnie, et il était aisé de remarquer qu'il les écoutait avec une satisfaction extraordinaire. Les amusements de l'enfance n'avaient pour lui que d'ennuyeux plaisirs; mais il témoignait toujours une sensible joie, lorsqu'il s'agissait d'obliger les pauvres et de leur rendre quelque petit service.

Tel était le caractère de sa vertu naissante, et ce fut sur ces heureuses dispositions que la pieuse mère fonda les espérances qu'elle avait conçues de cet enfant. Elle n'épargna ni soins, ni travaux, ni vigilance pour cultiver ce fonds excellent que

Dieu lui avait confié. Elle entrait dans les moindres détails, elle ne se rebutait jamais ; et sachant que la négligence, sur cet article important, est ce qui produit dans presque toutes les conditions, ces hommes inutiles ou vicieux, ces caractères ambigus, ces faibles ou mauvais sujets dont une meilleure éducation eût poli les mœurs, redressé l'esprit et corrigé le cœur, elle prévint ce malheur par une assiduité infatigable auprès de ses enfants. Gilles Marie fut celui qui y eut plus de part ; mais cette prédilection justement méritée ne fit point de jaloux, parce qu'elle n'éclata jamais par des caresses et des soins extérieurs trop marqués, qu'une mère chrétienne doit toujours supprimer.

Le jeune Marie fut mis de fort bonne heure entre les mains d'un habile maître ; c'était M. le Maire, curé de Saint-Aignan de Chartres, qui voulut lui donner lui-même les premières leçons de la piété et des sciences humaines. L'enfant répondit parfaitement aux soins de son pasteur, et n'ayant pas encore atteint l'âge de sept ans, il savait fort bien les éléments de la latinité. Quoique de tels progrès fussent extraordinaires, il en fit encore de plus grands dans la science des saints, et pratiqua dès lors la vertu avec une ferveur et un zèle qui causaient de l'admiration à ceux qui le connaissaient.

Son attrait pour le service de Dieu dans l'état

ecclésiastique, ne tarda pas à se manifester. Il s'en expliqua clairement à M. le Maire, son maître dans l'étude, et son guide dans les voies du Seigneur. Cet excellent curé ne considéra d'abord l'inclination de son jeune disciple, que comme l'effet d'une ferveur passagère ; mais l'enfant, comme Samuel, revenant souvent à la charge, et témoignant toujours que Dieu l'appelait : « Ne vous hâtez pas, mon fils, lui dit » M. le Maire; si le Seigneur se fait entendre à » vous d'une manière encore plus précise, vous » m'en donnerez avis, et nous y aurons égard. » Le jeune Marie faisant de nouvelles instances, son pasteur examina la chose devant Dieu, et crut enfin que la persévérance, le zèle et l'innocence de cet enfant étaient des marques assez claires d'une vocation divine (1). Il ajouta cependant et dit à son jeune disciple qu'il devait encore consulter M. Tulloüe son oncle (2). C'était un saint Prêtre qui avait desservi deux cures dans le diocèse de Chartres, avec beaucoup de succès. Il était pour lors chanoine de la Cathédrale ; il fut ensuite élevé à la dignité de Chefecier, enfin à celle de Sous-doyen de cette église, au temps de

---

(1) *Intellexit ergo Heli quia Dominus vocaret puerum.* Reg., I, 3.

(2) Voir n° I des Pièces justificatives.

M. Lescot(¹), alors Évêque, qui reconnaissant sa capacité, se reposa sur lui d'une partie considérable du gouvernement de ce grand diocèse. Le jeune Marie soumis aux ordres de M. le Maire, alla voir son oncle et le pria de l'aider de ses conseils dans l'entreprise dont il s'agissait : « Allez, » mon neveu, lui dit-il, vous êtes en bonnes

(¹) M. Lescot succéda à M. d'Étampes en 1641 et mourut le 22 août 1656, après avoir été une des gloires du siége épiscopal de Chartres. Docteur en Sorbonne et professeur royal de théologie, il était confesseur de Richelieu, lorsque celui-ci le présenta à Louis XIII pour l'évêché de Chartres. Il possédait à fond l'histoire du pays chartrain qu'il avait l'intention d'écrire. Il se montra plein de zèle pour l'éducation de la jeunesse ; on en peut citer entre autres preuves le catéchisme très-court mais très-bien rédigé qu'il donna à son diocèse, et le collége qu'il fonda à Nogent-le-Rotrou. On le citait comme un des plus fermes appuis de la Sorbonne par son éminente piété et son érudition qui le faisaient admirer comme une des plus brillantes lumières de l'Église de France. La Bibliothèque de la ville de Chartres possède un manuscrit provenant du Chapitre, qui a pour titre : *Abrégé de l'histoire des Conciles généraux*, par M. Lescot, évêque de Chartres, in-4°, rel. parch. (n° 560), et dans un recueil de pièces manuscrites (ms. 584), un discours de M. Lescot, professeur en théologie, (avant d'être évêque de Chartres) sur le livret de Louvain. *(Mém. Soc. Arch. Eure-et-Loir*, III, p. 20. — Manuscrit de la Visit. — *Catal. des manusc. Bibliothèque de Chartres)*.

» mains, et vous ne pouvez mieux faire que de
» vous en rapporter à M. le Curé de Saint-
» Aignan. Je consens à tout ce qu'il aura décidé
» à votre sujet ; qu'il ait seulement la bonté de
» m'avertir quand il sera temps de vous présenter
» au Prélat. »

Satisfait d'une réponse si conforme à son pieux désir, le jeune Marie en informa sur l'heure M. le Maire, qui pour récompenser la persévérance et la piété de son disciple, lui fit recevoir huit jours après, la tonsure cléricale des mains de M. d'Estampes dans la chapelle de l'évêché. C'était le 6 du mois d'avril, et Gilles Marie était âgé de 9 ans (1).

Il ne fut pas plus tôt admis ainsi dans le clergé qu'on ne vit plus en lui rien de jeune que l'âge. L'horreur non-seulement du vice, mais encore de tout ce qui peut contrister l'Esprit-Saint répandu dans nos cœurs par le Baptême, se fortifiait de jour en jour dans le sien ; et l'on ne craint point d'exagérer, en disant qu'à peine âgé de neuf ans, il était vivement pénétré de la grandeur de son

---

(1) L'église conserva longtemps l'usage de conférer la tonsure cléricale aux enfants en bas âge. Nous pourrions en citer de nombreux exemples ; nous nous contenterons d'en citer deux qui nous sont fournis par l'histoire locale. Étienne I d'Aligre fut tonsuré à l'âge de 9 ans et Étienne II à l'âge de 7 ans. (*Mém. de Laisné.*)

état, et qu'il vivait dès lors avec toute la régularité qu'il exige. Après avoir pris Dieu pour son partage, il se consacra tout entier à son service, et n'espérant plus rien du monde il en évita avec beaucoup de soin les compagnies et les conversations frivoles. L'Église était le lieu où on le voyait presque toujours ; il ne se trouvait bien qu'aux pieds des autels, et c'est là qu'il puisa l'esprit de force et de détachement, et cette pureté admirable de cœur, que rien n'altéra pendant le cours d'une vie très-longue. Il déclara la guerre à ses passions avant qu'elles la lui fissent ; et la prière jointe à la mortification des sens à laquelle il travaillait sans cesse, furent les armes qu'il employa dans ce combat. Il avait un profond respect pour toutes les fonctions de la cléricature [1], et regardait l'exercice qu'il commençait à en faire comme une profession publique de sa consécration parfaite au service du Seigneur, et au

---

[1] Le mot *cléricature* était alors le plus usité pour désigner l'état ecclésiastique. On sait que ce mot se retrouvait sans cesse sur les lèvres de M. Bourdoise. La vie de ce saint prêtre, né à Brou, diocèse de Chartres, fondateur du séminaire de Saint-Nicolas-du-Chardonnet, à Paris, nous apprend qu'il n'aimait à s'occuper que de cléricature, et qu'il travailla avec autant de zèle que de succès à la réforme du clergé (V. *Vie de M. Bourdoise*, in-8º. Paris, *Passim*).

ministère de ses autels. Tout le temps qu'il n'employait pas à la prière était fidèlement donné à l'étude, et pour vaquer plus utilement à ces deux exercices, qui demandent le repos et la tranquillité, il choisit chez son père la chambre la plus retirée de la maison.

(1641.) Ce fut vers le même temps que la Providence lui fournit un nouveau secours pour sa piété. M. Olier accompagné de plusieurs saints ecclésiastiques vint à Chartres pour travailler à l'établissement d'un Séminaire; et comme ce projet ne put être aussitôt exécuté qu'il l'aurait souhaité, en attendant qu'il plût à Dieu de lever les obstacles qui se présentaient, ils firent une mission dans la ville, et Dieu répandit sur les travaux de ses ministres une telle bénédiction, que la face du diocèse se changea en peu de temps, et qu'on vit refleurir partout la piété chrétienne (¹).

Le jeune Marie fut un de ceux qui participèrent davantage aux grâces spirituelles que le Ciel répandait sur sa patrie. Son amour pour la prière, son avidité pour la parole de Dieu, augmentèrent sensiblement; et comme il l'écoutait avec ce cœur bon et excellent, dont parle JÉSUS-CHRIST, *in corde bono et optimo,* cette divine semence produisit au centuple les fruits qu'on avait lieu d'en espérer.

(¹) V. Pièces justificatives, II.

M. Olier s'aperçut bientôt d'une telle bénédiction, et crut ne pouvoir mieux faire que de choisir préférablement à bien d'autres le jeune Marie, pour lui donner place dans le Séminaire dont il jeta les fondements, après qu'il eut fini sa mission. Il le regarda dès lors comme une de ses plus belles conquêtes, et comme la gloire de son nouvel établissement. Ce fut dans cette école de la piété chrétienne qu'il parut visiblement que Dieu formait lui-même ce jeune ecclésiastique aux fonctions de la cléricature, et qu'il voulait en faire un jour l'un des plus beaux ornements de l'Église de Chartres.

Le départ de M. Olier que son zèle appelait ailleurs, affligea sensiblement le jeune Marie, mais pour se consoler de l'absence de ce saint ecclésiastique, il mit par écrit tout ce qu'il lui avait entendu dire de plus important touchant les devoirs de son état ; et le cœur eut encore plus de part que la mémoire, à la collection qu'il fit des maximes de ce grand homme. Il ne les regarda pas seulement comme de beaux principes dont il est honorable d'être instruit, il les réduisit en pratique ; et pour y réussir plus facilement il pria M. le curé de Saint-Aignan, son directeur, de vouloir bien lui dresser lui-même un plan de vie dans lequel toutes les actions de la journée fussent réglées conformément aux maximes qu'il avait apprises de M. Olier. Véritable enfant d'obéissance, il désirait que cette vertu sanctifiât tous les moments de sa vie : « C'est là, disait-il quelque- » fois, le secret de plaire à Dieu et de conserver » la paix du cœur. » Sans entrer ici dans le réglement de vie qui lui fut donné, nous dirons seulement, qu'outre le temps destiné à la prière et à l'étude, il y en avait d'autre consacré au service des pauvres, et que l'on remarqua alors que l'aumône serait sa vertu favorite. Il n'agissait jamais sans consulter son guide en qui il avait une confiance qui fut pour lui la source d'une infinité de grâces. Mais la Providence lui enleva ce sage conducteur; il mourut regretté de toute la ville, et principalement des jeunes gens de sa paroisse qu'il aimait tendrement, et à l'instruction desquels il veillait avec un zèle admirable.

(1644.) Après sa mort, le jeune Marie fut envoyé au collége de Chartres, pour y étudier les humanités ([1]). Il s'y distingua autant par sa capacité, que par les exemples fréquents de vertu qu'il donnait à ses condisciples. En effet, il ménageait son temps avec une grande économie, et en donnait peu aux récréations. Il était d'une exactitude scrupuleuse aux leçons publiques et aux exercices de l'étude ; il écoutait avec tant d'attention et de

---

([1]) V. Pièces justificatives, III.

recueillement tout ce que disaient ses maîtres, que lorsqu'il en était interrogé, il répétait exactement ce qu'ils avaient enseigné. Dieu bénit la fidélité de son serviteur, et lui fit faire de grands progrès dans les lettres humaines ; on en vit une preuve dans un compliment latin qu'il fit à M. Tulloüe son oncle, chanoine de Chartres, sur sa promotion à la dignité de Chefecier, en 1644[1]. Il le composa lui seul, et cette petite pièce, écrite d'un style naïf et correct, fit connaître à tout le monde la justesse de son esprit et la candeur de son âme. Les charmes inséparables de la vertu,

[1] Le chefcier, chéfecier ou chevecier *(Capicerius, Primicerius, Thesaurarius)*, dernier dignitaire du chapitre, en était comme le sacristain en chef. Il avait la direction des clercs de chœur, chapelains, marguilliers et autres officiers chargés de la surveillance et de la conservation du matériel de l'église. C'était lui qui indiquait aux clercs les leçons et antiennes du jour, et commandait les sonneries ainsi que l'allumage des cierges. Cette dernière fonction était sans doute dans l'origine la plus importante de toutes celles qui lui étaient confiées; car ce fut elle qui lui fit donner le nom de *Capicerius (caput ceræ)*. — Les priviléges, droits et émoluments attachés à la dignité de chèvecier lui donnaient une certaine importance. Parmi ses obligations nous remarquons celle d'entretenir perpétuellement à ses frais un cierge allumé devant le Tabernacle. *(Cartulaire Notre-Dame.* Introduction, p. lxxxv. — *Cartulaire de Saint-Père.* Introd., lxxxi.'

lui attirèrent l'estime de ses maîtres et une espèce de respect de la part des autres étudiants, dont il faisait les délices sans le savoir. Quoiqu'ils ne trouvassent de plaisir que dans sa compagnie, ils n'osaient cependant lui rendre de trop fréquentes visites, de crainte de consumer un loisir qu'ils savaient bien être consacré entièrement à Dieu, et aux exercices littéraires.

Sa piété fut mise l'année suivante à une épreuve qui fit connaître le profond respect dont il était déjà pénétré pour nos redoutables Mystères. Chartres renfermait alors dans son sein un Calviniste forcené qui commit à Saint-Hilaire, dans la chapelle de Saint-Roch, un attentat sacrilége, et qui profana la victime de notre salut entre les mains d'un prêtre qui l'offrait à Dieu. C'était le père de M. Marie qui répondait à la Messe, il fut blessé à la tête par ce furieux, et sa blessure le tint longtemps au lit. Le jeune Marie, touché jusqu'au fond du cœur d'un crime si détestable, tâcha de l'expier par les aumônes qu'on lui permit de faire, par les mortifications et par toutes sortes de bonnes œuvres. Il alla huit jours de suite en esprit de pénitence à Saint-Hilaire, il y passait des heures entières, et versait des torrents de larmes aux pieds de l'autel profané ; il n'a jamais depuis passé une année sans visiter cette église, pour y renouveler sa douleur, et pour réparer autant qu'il était en lui, ce crime qui le faisait frémir d'horreur toutes les fois qu'il y pensait (¹).

(¹) Les forfaits de ce genre n'étaient pas rares à cette époque, mais aucun n'eut autant de retentissement que celui qui est mentionné ici. Il en fut fait alors une relation détaillée sous le titre de *Récit véritable de l'attentat commis au sacrement de l'autel en l'église Saint-Hilaire de Chartres* (in-4°, 1645). Cet opuscule est presque introuvable aujourd'hui. Voici comment ce fait est raconté dans le manuscrit de la Visitation :

« Un exécrable attentat fut commis dans l'église de Saint-Hilaire, par un horrible suppôt du démon qui cachait depuis longtemps son horrible dessein sous le masque de dévotion. Il assistait régulièrement tous les jours à la sainte messe, personne ne se défiait de lui, n'ayant trouvé l'occasion de satisfaire sa rage et sa fureur. Aussitôt que le prêtre eut prononcé les paroles sacramentelles, pendant que tous les assistants étaient prosternés en adoration, ce détestable forcené arracha par force et violence la sainte hostie des mains du prêtre, la rompit et la foula aux pieds. Le prêtre dans l'instant tomba à demi-mort. Les uns regardaient avec douleur les saintes espèces profanées, les autres tâchaient de soulager le prêtre, une partie demeurait immobile dans la dernière consternation, d'autres enfin emportés par leur zèle, se jettèrent à corps perdu sur cet infâme profanateur, et l'auraient poignardé sur l'heure, si l'un des assistants avec autant de prudence que de force ne l'eut arraché de leurs mains pour le conduire dans une prison voisine, d'où il ne sortit que pour faire amende honorable, avoir le poing coupé et être jeté vif dans un bûcher ardent. »

Le même manuscrit nous apprend que le jeune Marie ne fut pas le seul à faire pénitence pour l'expiation de ce sacrilége. Une des premières religieuses de la Visitation de Chartres qui embaumait de la bonne odeur de ses vertus cette communauté naissante *résolut de venger sur elle-même cet horrible attentat par la plus affreuse pénitence et par une ferme résolution de passer tous les jours quelque temps devant le Saint-Sacrement pour lui faire selon son pouvoir toutes sortes de réparations.*

L'église paroissiale Saint-Hilaire, témoin de cet événement, s'élevait au chevet de l'église Saint-Pierre laquelle était exclusivement réservée à l'usage des religieux Bénédictins de l'abbaye de Saint-Père-en-Vallée. Ces religieux avaient toute juridiction sur l'église Saint-Hilaire. Une charte nous apprend qu'au Xe siècle, un chevalier avait fait au couvent une donation à la condition que les religieux érigeraient deux églises en l'honneur de saint Hilaire, l'une à Mainvilliers, l'autre au chevet de l'église abbatiale, *in atrio sancti Petri (Cartul. de Saint-Père*, p. 35). Souchet dit que le siège de cette paroisse était primitivement dans l'église du couvent à l'autel du crucifix *soubz le pulpite*, I, p. 23. La paroisse Saint-Hilaire avait au XVIIIe siècle 2,000 communiants et 800 livres de revenu. L'église a disparu dans la tourmente révolutionnaire ; les matériaux ont servi à construire une partie de l'église de Sours. L'église Saint-Pierre conserve encore dans la courbure absidale de son triforium de splendides vitraux dont Robert Pinaigrier, l'illustre peintre-verrier avait décoré l'église Saint-Hilaire au XVIe siècle.

CHAPITRE II.

M. Marie est pourvu d'une chapelle dans la cathédrale de Chartres. Son père veut l'engager dans le monde. Il devient orphelin. Il va étudier la philosophie à Vendôme, et la théologie à Paris.

Il y avait sept ans que M. Marie avait reçu la tonsure cléricale, et que la régularité de sa conduite édifiait tout le monde, lorsque Mr Tulloüe son oncle, qui en qualité de chefecier de la cathédrale de Chartres, pouvait disposer de plein droit d'une bonne partie des bénéfices subalternes de cette église, le nomma cette année (1647) à la Chapelle de Saint-Jean l'Évangéliste (¹), et son

---

(¹) Cette chapelle était la vingt-sixième dans l'église haute. Elle rapportait 5 livres de rente et avait été fondée par noble dame Sybille de Brion, sur la terre de Réberchière, aujourd'hui l'Herbéchère, paroisse de Viabon. Le Chevecier avait la présentation à neuf des *dix autels* à la collation du sous-doyen, et la collation des *six autels* ainsi que des autres autels de l'église haute qui n'appartenaient pas au Chapitre. *(Cartul. de Notre-Dame.)*

choix fut approuvé de tous les gens de bien, qui s'intéressaient dès lors à ce qui regardait le jeune Marie. Sensible comme il le devait, aux marques de bienveillance dont les hommes l'honoraient, il le fut encore plus à la grâce que Dieu venait de lui faire en l'agrégeant au clergé de cette Cathédrale, dont la sainte Vierge est patronne. Comme il était entièrement dévoué au service de cette Reine du Ciel, il regardait comme une prérogative singulière le droit que lui donnait son nouveau titre, de chanter et de réciter les louanges de Dieu, avec le saint et nombreux clergé de cette église (¹). Ce fut alors qu'il s'imposa la loi de dire toujours en particulier son Office devant le Saint-Sacrement, s'il n'avait pu le réciter avec le Chœur, et de ne passer aucun jour sans y joindre encore celui de la Vierge. Il avait

---

(¹) Il y avait dans le clergé de Notre-Dame de Chartres, 77 chanoines, 17 dignitaires et plus de 120 ecclésiastiques en habit de chœur, sans compter les marguilliers laïques qui étaient aussi tenus à l'assistance. Il y avait tous les jours cinq messes capitulaires dont deux messes basses et trois messes hautes avec diacre et sous-diacre. L'office capitulaire de chaque jour était accompagné de musique, et le chant était soutenu par des instruments tels que serpents, cornets, flûtes douces, et l'orgue se faisait entendre aux solennités d'un certain degré. (Sablon, p. 60).

coutume, après avoir assisté aux Matines de la Cathédrale, de descendre dans l'Église souterraine, et là, dans le lieu le plus retiré, il passait un temps considérable en prière (1).

Telle était la conduite et la piété du jeune

(1) C'est l'église que nous appelons aujourd'hui la *Crypte* ou *Notre-Dame-sous-terre*. La tradition nous apprend que cette église a été érigée sur l'emplacement même de la grotte dans laquelle Saint-Altin et Saint-Eodald, son diacre fidèle, trouvèrent les Druides en prière devant la *Vierge qui devait enfanter*. C'est ce qui explique le grand concours de pèlerins qu'on y a toujours remarqué. M. Bourdoise aimait à remarquer que la première messe qu'il avait célébrée dans le diocèse de Chartres, il l'avait célébrée à l'église Notre-Dame et dans la chapelle qui est sous terre. Dès sa jeunesse il souhaitait qu'on lui permît de passer sa vie au service de la Sainte-Vierge, dans la chapelle basse de la Cathédrale.

Sablon, qui écrivait au commencement du XVIII° siècle, nous dit que la chapelle de Notre-Dame-sous-terre après avoir été longtemps d'une grande simplicité, « est riche et ornée autant que chapelle du monde. Toutes ses murailles sont revêtues de marbre, et son balustre est de la même matière. Ce n'est qu'or, que jaspe et peinture à l'entour de l'autel, et le lieu où le peuple se met pour prier la Sainte-Vierge est orné de belles peintures qui couvrent haut et bas toutes les murailles et même toute la voûte..... La plus grande dévotion des Chartrains et des pèlerins est à ce saint autel que l'on appelle l'autel de *Notre-Dame-sous-terre*. » P. 34.

Marie, lorsque Dieu permit qu'elle fût exposée à un orage imprévu. Son père étant devenu infirme, se proposa de se décharger sur lui du soin de ses affaires. « Vous savez, mon fils, lui dit-il, tout
» ce que j'ai fait pour votre éducation, je n'ai
» rien négligé pour vous conserver le bien que
» j'ai reçu de mes pères, c'est vous maintenant
» qui devez prendre la conduite de mes affaires
» et me secourir dans les infirmités de ma vieil-
» lesse ; il faut pour cela changer d'engagement ;
» ne me refusez pas sans raison ce que je puis
» exiger de vous avec justice. » Le jeune Marie surpris d'une proposition si peu attendue, et si peu conforme à l'éloignement que Dieu lui avait inspiré pour les embarras du monde, se jeta aux pieds de son père, et lui dit avec sa candeur naturelle, qu'il ne résisterait jamais à ses ordres, mais qu'il le suppliait de vouloir bien faire attention qu'il ne s'était engagé dans l'état ecclésiastique que de son consentement. « Les personnes
» éclairées, ajouta-t-il, m'ont toujours dit que
» Dieu m'y appelait. Voudriez-vous, mon père,
» vous opposer à sa volonté ? » Le bon vieillard parut touché de ce discours, et Dieu qui conduit tout pour le bien de ses élus, lui mit ces paroles dans la bouche : « Je sais, mon fils, que le
» Seigneur est maître de mes enfants. Je ne pré-
» tends pas vous retirer de son Sanctuaire malgré

» lui; mais examinez bien votre vocation; je
» vous donne quinze jours pour y penser. » A
ces mots le jeune Marie crut avoir déjà beaucoup
fait que d'avoir obtenu ce délai; mais ses réflexions
le jetèrent dans une extrême perplexité, il s'agissait en effet de se fixer pour toujours, et plus il
considérait les suites importantes du choix sur
lequel on lui permettait de délibérer, plus il
trouvait de difficultés et de chagrins. Il crut
cependant que pour mettre fin à ses incertitudes
il devait recourir à M. Martin, curé de Saint-
Aignan, son confesseur, et lui découvrir le sujet
de ses peines. Il lui protesta que n'osant pas se
déterminer par ses propres lumières, il suivrait les
siennes, et qu'il ferait tout ce qu'il lui conseillerait.

M. Martin lui répondit, que puisqu'on lui
donnait quinze jours pour réfléchir sur cette
affaire, il fallait qu'il les passât en retraite, et
qu'il consultât le Seigneur par une prière continuelle. Cet avis était trop conforme à la piété du
jeune Marie pour qu'il en différât l'exécution.
Ainsi il commença sous la conduite de son directeur une sérieuse retraite qu'il tâcha de sanctifier
par de pieuses lectures et par l'usage des Sacrements. Elle ne fut pas plus tôt achevée, que se
sentant fortifié dans le désir de se consacrer à
Dieu le reste de ses jours dans l'état ecclésiastique, il alla trouver M. Martin et lui fit part de

ses sentiments. Aussitôt ce pasteur éclairé qui connaissait depuis longtemps la vertu de son élève, l'embrassa, l'exhorta à être fidèle à sa vocation, et lui promit qu'elle ne serait plus dans la suite traversée de la part de ses parents. L'événement fut conforme à cette espèce de prédiction; car le père de M. Marie consentit avec beaucoup de religion au sacrifice que le Seigneur exigeait de lui.

Tout jeune que fût alors cet ecclésiastique, il témoignait un grand zèle pour la gloire de Jésus-Christ; et dès lors prenant part à tout ce qui pouvait étendre son empire, on ne peut être plus sensible qu'il le fut cette année à l'établissement des Religieuses de la Visitation à Chartres [1]. Il faisait partout l'éloge de ces saintes Filles, relevait leur esprit de pauvreté, leur détachement des choses du monde, et l'admirable fidélité avec laquelle elles répondaient à la sainteté de leur Institut. Tout le monde remarqua la piété singulière avec laquelle il assista à la bénédiction que M. l'Évêque fit de leur première chapelle, et l'on a jugé depuis, assez vraisemblablement, que, conduit dans cette occasion par une espèce de pressentiment, il était extrêmement attentif aux intérêts d'une Communauté naissante, qu'il devait

---

[1] V. Pièces justificatives, IV.

un jour conduire dans les voies de la perfection chrétienne, en qualité de Supérieur.

Cependant une maladie épidémique régna pour lors à Chartres, et M. Marie dans cette désolation publique perdit son père et sa mère, dont la mort fut pour lui le sujet d'une vive douleur, et la matière d'une salutaire instruction. Les funestes circonstances qui accompagnèrent la maladie de ses parents, achevèrent plus que jamais de le détacher du monde et des vains avantages qu'il promet à ceux qui le suivent. Il remarqua pour lors l'infidélité des hommes, en fut vivement touché, et reconnut par lui-même que leur amitié était bien peu de chose, puisqu'il avait la douleur de voir mourir son père abandonné de tout le monde, et de ceux mêmes qui paraissaient lui être inviolablement attachés. Un trait si marqué de l'inconstance humaine lui fit bientôt conclure qu'il n'y a véritablement que Dieu qui ne nous abandonne jamais dans le besoin, et que lui seul est digne de tout l'amour de notre cœur. Devenu orphelin en moins de huit jours, il se jeta sans hésiter entre les bras de celui qui s'en déclare le protecteur, et sa Providence lui ouvrit un heureux asile chez M. Tulloüe son oncle, chefecier de la Cathédrale, qui le reçut avec toute l'affection possible, et qui prit dans la suite un soin particulier de son éducation.

(1651.) Comme on n'enseignait point encore alors la philosophie dans le Collége de Chartres, ce fut à Vendôme qu'on l'envoya étudier cette science. Tout accoutumé qu'il fût depuis longtemps à la retraite, à la prière, et surtout au mépris du monde, il craignait néanmoins que les exercices de l'école n'affaiblissent en lui l'amour de ces vertus ; mais Dieu qui lui avait mis dans le cœur des dispositions si chrétiennes, lui fit encore la grâce de se conserver lui-même dans une grande pureté de cœur, et d'édifier les autres par une conduite irréprochable. Ayant sans cesse devant les yeux cette maxime des saints, que la science n'est que vanité quand elle n'est pas accompagnée de la charité, il commença d'abord par se choisir à Vendôme une petite société d'amis aussi vertueux que lui, et la première loi qu'ils s'imposèrent, fut de ne s'entretenir jamais de choses inutiles, de bannir de leurs conversations tout ce qui pourrait donner la moindre atteinte à la piété ou réveiller l'esprit du monde, dont ils avaient tous une égale horreur. Mais après avoir examiné entre eux, s'il n'y avait pas encore d'autres moyens de sanctifier l'étude, ils convinrent tous que le recueillement, la prière, et la retraite devaient être les principales règles de leur conduite. Ainsi on ne les voyait ordinairement qu'à l'église ; ils y passaient en méditations tout le temps que leurs études pouvaient leur laisser libre, et si M. Marie fit des progrès extraordinaires dans les sciences humaines, on peut assurer que l'oraison y eut plus de part que l'étude, et qu'il vérifia ce que dit saint Augustin que ceux qui ont appris de Jésus-Christ à être doux et humbles de cœur avancent plus dans la science, par la prière et la méditation de la loi de Dieu, que par l'étude ou la lecture des auteurs (¹).

Après les exercices de la philosophie, dans lesquels il se distingua par la solidité de son jugement et la pénétration de son esprit, il alla étudier la théologie à Paris, et descendit chez M. Tulloüe son oncle, médecin de M. le Prince de Conty, dans la paroisse de Saint-Sulpice. La joie des deux parents fut réciproque. M. Tulloüe se félicita de posséder dans sa maison un neveu qui avait du mérite ; et ce jeune ecclésiastique sentait tout l'avantage qu'il y avait pour lui de se voir reçu chez un oncle estimé de tout le monde, autant à cause de la pratique fidèle des vertus chrétiennes qui paraissaient comme héréditaires dans cette heureuse famille, que pour la réputation qu'il s'était acquise par la profession de

---

(¹) *Qui à Jesu Christo didicerunt mites esse, et humiles corde, plus cogitando, et orando proficiunt, quam legendo et audiendo.* S. Aug., Ep. 112.

médecin, dans laquelle il excellait. Mais un des principaux sujets de la satisfaction de M. Marie, fut de se voir paroissien de Saint-Sulpice, et par cette raison incorporé au clergé de cette église que M. Olier (dont on a déjà parlé) avait formé par ses soins (¹).

La communauté de Saint-Sulpice, dont ce vertueux prêtre était supérieur, n'avait pas alors la forme de Séminaire qu'elle a aujourd'hui ; c'était seulement une compagnie de prêtres, vénérables par leur éminente piété, qui, après avoir vaqué aux fonctions du ministère dans la paroisse, donnaient à la retraite et à la méditation des choses saintes le loisir qui leur restait. C'était là l'heureux état de cette maison, lorsque M. Marie fraîchement arrivé à Paris, fut présenté à M. Olier qui le reçut avec l'affection la plus marquée. La modestie, la retenue et les sages discours de ce jeune ecclésiastique le confirmèrent de nouveau dans les grandes espérances qu'il en avait autrefois conçues. Il l'exhorta de tout son pouvoir à persé-

---

(¹) Sur la communauté, la paroisse et le Séminaire de Saint-Sulpice, on consultera avec intérêt la remarquable *Vie de M. Olier*, par M. Faillon, prêtre de Saint-Sulpice. (Poussielgue. Paris, 3 vol. in-8º.) Quoique volumineux, cet ouvrage a atteint la quatrième édition en quelques années, et l'on peut dire qu'il est loin d'être aussi connu qu'il le mérite.

vérer, lui promit, tant de sa part que de sa communauté, les secours dont il pouvait avoir besoin, lui proposa de venir faire ses exercices spirituels avec les prêtres autant de fois que ses études lui en laisseraient la liberté, et le pria même de regarder la maison de Saint-Sulpice comme la sienne.

Depuis ce temps, M. Marie eut non seulement une libre entrée dans la communauté, mais il y fut estimé de tous les prêtres avec lesquels il avait une si grande conformité de mœurs, de conduite et de langage, qu'on l'aurait aisément pris pour l'un d'entre eux s'il eût été moins jeune. Il était prompt, actif, courageux dans les choses de Dieu, réservé dans ses paroles, sage dans ses actions, réglé dans toute sa conduite, et l'on observait surtout qu'il avait un cœur tellement attendri par la piété, que tout réveillait en lui l'esprit de prière, et lui fournissait toujours le sujet de quelques réflexions édifiantes.

Voyant un jour l'excellent tableau que faisait M. le Brun, dans lequel est représentée la descente du Saint-Esprit (¹), et remarquant que cet

---

(¹) Le célèbre peintre Le Brun, né à Paris en 1618, y mourut en 1690. On peut juger du talent de cet illustre maître par les toiles remarquables signées de son nom, qui décorent les musées de Paris, de Versailles et de Fontainebleau. Le Brun fut une des gloires artistiques de la France et on a dit de lui qu'il avait

habile homme venait souvent de chez lui à Saint-Sulpice, exprès pour y ajouter ou réformer quelque trait, il dit à des prêtres de la communauté qui admiraient ce bel ouvrage : « Ah ! que les enfants » du siècle sont bien plus intelligents que ceux » du Royaume de Dieu ! Si nous avions la même » assiduité, et la même exactitude que M. le » Brun, nous ajouterions tous les jours quelques » nouveaux traits à l'image de Jésus-Christ, que » nous tâchons de retracer dans notre cœur, et » elle deviendrait bientôt resemblante au divin » modèle que nous devons imiter. »

La religion et la piété possédaient à la vérité tout son cœur, mais l'étude nécessaire de la théologie occupait son esprit. Il savait trop bien

---

autant d'invention que Raphaël et *plus de vivacité que le Poussin.* M. Olier lui fit exécuter un certain nombre de grands tableaux pour la chapelle de sa communauté. Le plus remarquable de tous fut peut-être celui dont parle l'auteur de la Vie de M. Marie ; il représente le miracle de la Pentecôte. L'auteur, inspiré par M. Olier, a placé la sainte Vierge dans un lieu éminent avec les saintes femmes séparées des hommes selon la coutume des Juifs ; elle semble recevoir la première la plénitude de l'Esprit-Saint qui se divise ensuite sur chacun des Apôtres et des disciples présents. Ce tableau, qui établit la réputation du grand artiste, est encore au séminaire de Saint-Sulpice. (*Vie de M. Olier,* par M. Faillon, III, p. 73, 101, 102.)

que le zèle sans lumières est la source d'une infinité de fautes considérables, et que, selon la remarque de saint Jérôme, l'ignorance et la grossièreté de l'esprit ne furent jamais dans un Ecclésiastique la preuve de sa sainteté (¹). Ainsi il s'appliqua sérieusement à l'étude et se distingua dans l'école. On le pressa vivement de prendre des degrés, et même de continuer jusqu'au doctorat; mais il répondit toujours à des instances si honorables pour lui, que l'ordre de ses études était réglé par des personnes à qui il devait obéir. Il ajouta avec sa modestie ordinaire, qu'il n'était pas venu en Sorbonne pour y recevoir les marques de distinction qu'elle a coutume d'accorder comme le prix et la preuve d'un grand mérite, mais uniquement pour y chercher les principes de la plus saine théologie, qui fussent pour lui le fondement des études qu'il comptait faire le reste de sa vie. Les vérités du dogme et celles de la morale lui paraissant également précieuses, il s'accoutuma à les regarder comme inséparablement unies, et les étudia toujours avec un heureux succès. Dieu cependant qui le destinait à l'instruction d'une partie de son peuple, et qui voulait par son ministère convertir un grand

---

(¹) *Rusticitatem pro sanctitate habent; quasi idcirco sancti sint, quod nihil scirent.* Hieron. Ep. 102. Marcel.

nombre de pécheurs, lui donna un secret désir d'approfondir la morale de Jésus-Christ, et il l'étudia dès lors en bon théologien.

Pendant le cours de ses études à Paris, il y retrouva M. Pillier, son ami, qui étudiait aussi en théologie (¹). Ils étaient tous deux de Chartres, tous deux y avaient reçu une éducation très-chrétienne, et Dieu par sa miséricorde avait conservé dans l'un et dans l'autre une grande pureté de mœurs. Ce fut alors que renouvelant leur ancienne amitié, ils s'exhortèrent réciproquement à l'étude de la science, et à la pratique des devoirs de leur état.

Inséparablement unis par des liens que la vertu seule avait formés, ils ne se quittaient presque jamais; ils étudiaient et priaient ensemble, et, comme on le dit de saint Grégoire de Nazianze et de saint Basile, pendant leurs études à Athènes, les seuls endroits de la ville qui leur fussent connus, étaient l'église ou les écoles publiques. Nos jeunes théologiens se disposaient ainsi à remplir le ministère auquel Dieu les destinait, et dans lequel ils concoururent dans la suite au salut d'une infinité d'âmes. En effet, M. Pillier qui avait un esprit ardent et très-exercé dans les disputes de controverses, devait ramener quantité

(¹) Nous retrouverons cet ami de M. Marie, curé de Saint-Egobille.

de Calvinistes au sein de l'Église, et M. Marie plus doux et plus insinuant, retirer de l'abîme du vice beaucoup de mauvais catholiques.

CHAPITRE III.

M. Marie reçoit les saints Ordres. Il veut distribuer tout son patrimoine aux pauvres. Il en donne la plus grande partie à son frère. Il se démet de sa chapelle. Sa piété, sa manière d'étudier depuis sa prêtrise. Il est destiné aux Missions. Il gouverne le Séminaire de Saint-Aignan. Il est employé dans le ministère. Il devient confesseur des Religieuses de la Visitation. Il est consulté. Dieu l'éprouve par des peines intérieures.

(1655.) A peine M. Marie eut-il fini ses études de théologie, que ses Supérieurs bien informés de sa vertu et de sa capacité, par les preuves éclatantes qu'il en avait données dans les thèses de théologie qu'il avait soutenues avec applaudissement à Paris, exigèrent de lui qu'il se préparât à recevoir les saints Ordres. Effrayé d'une pareille proposition, il répondit que les Ordres demandaient bien d'autres dispositions que celles où il était, que sa jeunesse lui paraissait une raison décisive pour ne rien précipiter. Il insista principalement sur la grande dissipation dans laquelle il disait que les exercices de l'école l'avaient jeté ; mais plus on le voyait faire d'efforts pour tâcher de différer l'exécution des desseins qu'on avait sur lui, et plus on le pressa de se rendre. Enfin son humilité eut dans cette occasion un effet tout contraire à celui qu'il en avait espéré. Les personnes en qui il avait le plus de confiance, et son directeur même, faisant valoir l'autorité, en vinrent jusqu'aux menaces, et parlaient déjà de le déférer à l'Évêque comme un désobéissant, s'il persistait plus longtemps à proposer de nouvelles difficultés. Il fut donc obligé de se soumettre et de recevoir les quatre Moindres [1] avec le Sous-diaconat à Évreux, des mains de M. Boutault, qui en était Évêque, parce que M. de Lescot, évêque de Chartres, était malade depuis un an.

Le besoin qu'on avait de bons ministres détermina trois mois après les supérieurs à presser encore M. Marie de recevoir le diaconat. Il crut pour lors qu'on lui faisait une violence manifeste,

---

[1] On appelle ici *quatre Moindres* les ordres mineurs, qui sont en effet au nombre de quatre. Ce sont les ordres de portier, de lecteur, d'exorciste et d'acolythe.

et il résista cette fois avec beaucoup plus de force que la première ; mais il fut contraint comme auparavant d'obéir et de se voir élevé malgré lui à un degré d'honneur qui le faisait trembler (1). Aussitôt après son ordination il parut à tout le monde revêtu d'une force nouvelle, et son détachement général des choses de la terre prouva clairement que l'imposition des mains lui avait communiqué la grâce dont les premiers diacres de l'Église furent autrefois inondés dans leur consécration. Il se proposa d'abandonner aux pauvres tout son patrimoine, afin de s'attacher plus librement à Jésus-Christ qu'il avait pris pour son partage. Mais son frère s'étant établi pour lors avec une médiocre fortune, il crut qu'il lui devait la préférence, et après lui avoir offert toute la succession

(1) Les registres capitulaires font mention du dimissoire accordé à M. Marie en cette circonstance. Le samedi, 13 décembre 1655, il en faisait la demande et MM. les chanoines de Geminy et Fillastre étaient commis pour l'examiner. Le résultat de l'examen est ainsi conçu : *Die Lunæ 15ª. decembris 1655, in Camera post magnam Missam, domini de Geminy et Fillastre* [disent] *qu'ils ont trouvé Gylles Marye chapelain, capable. Luy sera délivré démissoire pour les ordres de diaconat et de prêtrise.* Reg., Capit. 76e, cah. n° 40. (On appelle dimissoire la lettre par laquelle un évêque permet à un de ses diocésains de recevoir les Ordres dans un autre diocèse.)

de son père, il n'exigea de lui qu'une très-médiocre pension alimentaire. Mais ce cher frère, aussi généreux que notre vertueux diacre, ne put se résoudre à recevoir une telle offre; ce qui causa entre eux une dispute dont on en voit peu d'exemple entre des frères. Enfin on relâcha quelque chose de part et d'autre; le diacre ne pouvant déterminer son frère à recevoir le présent tout entier, il obtint de lui qu'il voulut bien en recevoir une très-grande partie. Mais ce qui lui en resta fut quelque temps après abondamment répandu dans le sein des pauvres, selon sa première destination, comme on le verra dans la suite. Ce fut presque aussitôt que M. Marie fut ordonné diacre qu'il fit cette libéralité à son frère qui avait épousé, le 26 janvier 1656, Jeanne Herbin. Ils jouirent depuis ce temps des biens de M. Marie, sur l'abandon verbal qu'il leur en avait fait; mais le serviteur de Dieu craignant les retours de la cupidité, voulut se lier lui-même par un contrat de donation; cet acte fut passé par devant Jacques Bouvart, notaire royal à Chartres, le 26 juillet 1659. Il regarda toujours le mépris des richesses comme le premier pas que doit faire un ecclésiastique dans la perfection de son état, et ce ne fut qu'après avoir jeté ce fondement solide, qu'il voulut se disposer lui-même à la pratique la plus exacte des vertus cléricales.

Cependant il y avait déjà fait de grands progrès, car tout le temps qui s'écoula depuis sa promotion au diaconat jusqu'à sa consécration sacerdotale, fut une suite continuelle de prière, d'étude, de mortification, de pénitence ; et ces vertus étaient d'autant plus agréables à Dieu qu'il s'efforçait de les cacher sous le voile épais d'une sincère humilité. Mais c'était en vain qu'uniquement occupé de Dieu dans une profonde retraite, il espérait échapper à la connaissance des hommes ; tout le monde portait de lui un jugement semblable à celui que saint Grégoire avait autrefois porté de saint Basile, qu'il était Prêtre avant que d'en avoir reçu le caractère : *Sacerdos erat, antequam Sacerdos esset*. M. Lescot, son évêque, ne le perdait pas de vue, et bien informé du genre de vie que menait cet excellent diacre, il résolut de le tirer incessamment de l'obscurité dans laquelle son humble modestie le retenait. Il lui commanda expressément de se faire ordonner prêtre. Le désir ardent qu'avait le prélat de voir un tel ministre monter au saint autel, et participer au sacerdoce de Jésus-Christ, fit qu'il le dispensa d'une partie des interstices (¹), mais cette marque

---

(¹) On appelle *interstices* les intervalles de temps que l'Eglise fait observer pour la réception des ordres. (V. *Prælectectiones juris canonici, autore Icard*, II, p. 32.)

de distinction affligea sensiblement M. Marie, qui comptait de différer longtemps une ordination dont il se croyait tout-à-fait indigne. Il eut beau réclamer l'observation des saints Canons, et alléguer son insuffisance, on n'eut aucun égard à tout ce qu'il put dire pour justifier sa résistance, et M. Lescot qui connaissait les besoins de son Église et l'éminente vertu du diacre voulut être obéi. Il le fut, et M. Marie reçut l'ordre sacré de prêtrise à Orléans.

(1656.) Ce fut pour lors qu'ayant sans cesse devant les yeux les obligations importantes qu'il venait de contracter par sa nouvelle consécration, il ne songea plus qu'à répondre fidèlement à la grâce que Jésus-Christ lui avait donnée, et dont il devait un jour lui rendre compte. Une vie aussi pure que celle qu'il avait passée jusqu'alors aurait pu tranquilliser un homme moins instruit de ses devoirs qu'il ne l'était, mais bien loin qu'il s'imaginât avoir avancé dans la vertu, il oublia pour ainsi dire tout ce qu'il pouvait trouver de consolant dans sa conduite précédente, et ne songea plus comme l'Apôtre qu'à s'élancer avec de nouveaux efforts vers le prix de la course à laquelle Dieu venait de l'appeler. *Quæ quidem retro sunt obliviscens, ad ea vero quæ sunt priora extendens meipsum.* Philip., I, 13.

Il se donna tout entier à l'étude de l'Écriture, et, toutes les fois qu'il y rencontrait des difficultés, après les avoir longtemps méditées au pied de son crucifix, il avait coutume de se prosterner dans sa chambre et d'implorer ainsi les lumières dont il avait besoin et qui lui étaient toujours accordées. Mais l'étude et la prière n'étaient pas les seuls moyens qu'il employât pour acquérir la science nécessaire à un prêtre, il y joignit l'aumône; et persuadé selon cette parole de saint Augustin que *la vérité ne se découvre qu'à la charité,* il ne laissa jamais échapper aucune occasion d'exercer cette vertu, pour laquelle Dieu lui avait donné une inclination particulière.

Entre bien des exemples que nous pourrions citer, on se contentera d'en rapporter un, parce que la chose se passa peu de temps après son ordination. Ayant appris qu'un jeune homme de grande espérance [1] dépourvu des biens de la

[1] Philippe le Maréchal, depuis Curé du Houssai proche Bonneval, au Diocèse de Chartres. *(Note de l'auteur.)*

Le Houssai, ou mieux le Houssay, est la paroisse appelée aujourd'hui Montboissier. Le Houssay ne fut longtemps qu'un simple village; mais Claude Maillier, intendant des finances, y ayant bâti un château en 1600, fit ensuite construire auprès une église qui devint paroissiale le 31 décembre 1627. En 1640, le fief du Houssay fut élevé au rang de Châtellenie. Le vicomte de Montboissier en étant devenu acquéreur, le Houssay fut réuni à Alluyes pour former le comté de

fortune, mais enrichi des trésors de la grâce, était sur le point de quitter l'état ecclésiastique, faute d'un titre clérical (¹), il alla aussitôt le trouver et se démit sur l'heure entre ses mains de la Chapelle de saint Jean l'Évangéliste, que son oncle lui avait autrefois conférée. Il lui rendit encore des services importants dans la suite, prit soin de ses études, et par des libéralités si bien placées, il procura au diocèse de Chartres un excellent curé. Ce fut par cette conduite désinté-

---

Montboissier-lès-Alluyes en 1767 (ou 1757 selon l'abbé Bordas. (*Histoire du Dunois*). C'est sans doute à dater de ce temps que la paroisse fut appelée Montboissier. (*Dictionnaire topog. d'Eure-et-Loir.*)

M. Ph. Le Maréchal, curé de Saint-Symphorien, permuta avec M. Jean Mallet, curé du Houssay, en 1686, et fut curé de cette dernière paroisse jusqu'en 1701. Le Houssay avait 800 livres de revenu, et comptait 200 communiants à cette époque. (*Registre parois., Pouillé.*)

(¹) On appelle *titre clérical* un bénéfice ou une rente qui assure une subsistance honnête à ceux qui veulent entrer dans les Ordres. En France, dans l'état actuel des choses, les bénéfices étant détruits et les besoins plus nombreux que les vocations, les évêques admettent ordinairement, sans exiger de titre, tous ceux qu'ils croient pouvoir utiliser dans leurs diocèses, pourvu qu'ils réunissent d'ailleurs les autres conditions canoniques. On voit ici qu'autrefois on observait strictement en ce point les règles imposées par l'Eglise. (V. *Prælectiones juris canonici, auctore Icard*, II, p. 24.)

ressée, aussi bien que par des études très-sérieuses, que M. Marie acquit en peu de temps une si grande connaissance de Jésus-Christ, de ses mystères, de ses maximes et de son amour, que tout le monde jetait les yeux sur lui, comme sur un homme capable d'édifier et de servir utilement l'Église.

Messieurs les Grands-Vicaires et ceux qui avaient part au gouvernement du diocèse en jugèrent de même, et lui expédièrent à son insu les pouvoirs nécessaires pour des Missions auxquelles on le destinait, parce qu'ils étaient bien persuadés qu'il n'y avait guère de ministres plus propres que lui à éclairer les ténèbres des pécheurs par une science lumineuse, à les retirer du crime par une vie irréprochable et à les gagner tous à Jésus-Christ par la douceur du discours. Il ne fut pas plus tôt informé des vues qu'on avait sur lui qu'il déclara qu'il ne serait jamais assez téméraire pour se charger d'un fardeau sous lequel, disait-il, les Anges mêmes pourraient craindre de succomber; et sa frayeur à ce sujet augmentait d'autant plus, qu'il voyait que les supérieurs en étaient moins touchés. Mais un triste événement, sensible à tout le diocèse, suspendit au moins pour quelques mois ses inquiétudes et ses alarmes. Ce fut la mort de M. Lescot, évêque de Chartres; il la pleura avec toute la province, et l'unique contre-poids de sa douleur fut l'espérance qu'il conçut alors de se voir ainsi délivré des périls auxquels ce grand évêque était résolu de l'exposer, en lui confiant le salut des âmes. Mais il fut trompé dans son attente, car à peine M. de Villeroi, successeur de M. Lescot, eut pris possession de l'évêché de Chartres (¹), qu'il fut chargé du ministère qu'il redoutait.

En effet, M. Martin, curé de Saint-Aignan, craignant toujours qu'on ne lui enlevât ce vertueux prêtre, qui faisait l'édification de toute la ville, et principalement de la paroisse dont il était habitué, fit tous ses efforts pour se l'attacher de plus en

(¹) M. de Villeroy, qui nous est beaucoup plus connu sous le nom de Ferdinand de Neufville, naquit à Rome (1608), où son père Charles de Neufville, marquis d'Alincourt, seigneur de Villeroy, gouverneur de la ville de Lyon, était ambassadeur du roi de France. Son oncle maternel, Achille de Harlay, évêque de Saint-Malo, l'ayant demandé pour coadjuteur, M. Ferdinand de Neufville fut préconisé à Rome en cette qualité sous le titre d'évêque de Sébaste, et succéda, en 1646, à son oncle sur le siège de Saint-Malo, d'où il fut transféré à Chartres en 1656. On lui doit le Rituel chartrain qui est encore en usage aujourd'hui. Il gouverna le diocèse de Chartres pendant 38 ans, et mourut à l'âge de 82 ans (8 janvier 1690). Il fut inhumé au séminaire du Grand-Beaulieu qu'il avait fait construire à ses frais. A la Révolution, on voyait encore son tombeau en marbre blanc et son buste dans une chapelle de l'église. En 1791, ses restes mortels furent enlevés de ce lieu ainsi que ceux de MM. Godet des

plus, et le pria de vouloir bien le secourir dans l'administration des Sacrements; mais il fallait quelque chose de plus que des prières et des sollicitations, pour vaincre la résistance d'un homme aussi humble que l'était M. Marie, il ne répondit aux plus vives instances qui lui furent faites, sinon qu'il n'était pas encore revêtu de Jésus-Christ, et qu'un ministre du sanctuaire ne devait songer qu'à sa propre sanctification, quand il se croyait incapable de procurer celle du prochain, à

Marais et Monstiers de Mérinville, ses successeurs sur le siége épiscopal de Chartres. Ils furent transportés au cimetière de Notre-Dame et inhumés sans aucune indication; ce qui est cause qu'on ne connaît pas d'une manière certaine l'emplacement où ils furent déposés. (*Voix de Notre-Dame*, 1869. Suppl., p. 21. D'après les Procès-verbaux de la Société arch. d'Eure-et-Loir, t. IV, p. 173.) En 1860, la Société archéologique d'Eure-et-Loir a fait l'acquisition d'une plaque de marbre provenant de son tombeau; on y lit encore:

Ferdinandus de Neufville de Villeroy,
Carnutensium episcopus, regi ab omnibus consiliis,
Seminarii fundator.
Hoc in templo jacet, quod exaltavit Domino;
Inter clericos
Quibus magnificas ædes extruxit.
Animam ejus in æterna tabernacula recipiant pauperes
Quorum fuit pater
Et in habitatio ejus in Sion.
Obiit die viii jan. anno Dni M. D. C. LXXXX.
Ætatis suæ LXXXII.

moins que les ordres précis et réitérés des premiers supérieurs ne le contraignissent d'en agir autrement ; qu'au reste ce n'était point là une maxime qui lui fût propre, mais que c'était la doctrine des Saints Pères, et que saint Grégoire en particulier la lui avait apprise (¹). Ainsi tout ce que M. Martin put gagner sur lui après beaucoup de prières, fut qu'il aurait une espèce d'inspection sur les clercs de son église. Il s'acquitta de cet emploi avec tant de zèle et de capacité, que tout le monde, témoin des grands succès dont il plut à Dieu de récompenser sa fidélité, conclut qu'il était digne des premières places.

Dans celle qu'il occupait alors, il crut que la meilleure voie de se rendre utile au clergé qu'on avait commis en quelque sorte à ses soins, était celle de l'exemple, et pour lui inspirer d'abord l'amour de la retraite, qu'il a regardé toute sa vie comme le soutien d'un ecclésiastique. Il vivait lui-même au milieu d'une grande ville, aussi peu instruit des affaires du siècle que s'il eût toujours demeuré dans un désert ; ce qui fit qu'on l'appelait ordinairement le *Reclus de Saint-Aignan*, mais ceux qui avaient le bonheur de le fréquenter,

---

(¹) *Si jam donis præventus est sacerdos, quibus et aliis prosit, et ex corde debet fugere et invitus obedire.* S. Greg., Pastoral. I. Part., C. 6.

avouaient que c'était un Reclus bien aimable. En effet comme rien ne polit tant un homme que la charité, ses manières obligeantes, son air affable et la douceur de sa conversatiou, le faisaient goûter de tout le monde. Il disait souvent aux jeunes clercs dont il était tendrement aimé, qu'il y a toujours à gagner à s'éloigner du monde, que l'étude et la prière avaient de secrètes délices qui surpassaient infiniment les faibles satisfactions que les hommes peuvent donner; plusieurs en firent l'heureuse expérience, et le dégoût des choses de la terre s'empara tellement dans la suite du reste du clergé de Saint-Aignan, que les gens de bien y virent avec joie refleurir une piété digne des plus beaux jours de l'Église.

Plus M. Marie faisait de fruits dans le clergé de la paroisse, et plus on craignait qu'il n'échappât et que son amour pour l'obscurité ne le portât à s'enfuir dans quelque solitude inconnue, pour n'y travailler le reste de ses jours qu'à l'ouvrage de son salut particulier. M. Martin surtout qui savait bien qu'une telle crainte était assez bien fondée, voulut enfin terminer ses inquiétudes continuelles et celles de son troupeau. Ainsi pour s'assurer la possession d'un trésor qu'il appréhendait tous les jours de perdre, il se servit de cet expédient que son zèle lui suggéra. Il s'adressa secrètement à M. de Villeroi, son Évêque, à qui le mérite de

M. Marie était déjà bien connu, et en obtint facilement pour lui, non pas de simples pouvoirs pour l'administration de la Pénitence, mais un ordre formel qui lui enjoignait de rester à Saint-Aignan, et d'y aider M. le Curé dans toutes les fonctions du ministère qu'il jugerait à propos de lui confier pour le service de la paroisse. Toute la ville applaudit à la démarche de M. Martin, il n'y eut que le serviteur de Dieu qui en fut attristé. Il s'en plaignit amèrement au Ciel dans la prière; mais les ordres étaient si clairs et si formels qu'il n'y avait plus moyen de les éluder, il se soumit enfin avec l'obéissance et la simplicité d'un enfant.

Jusque-là il n'avait été chargé que d'une inspection assez limitée sur les clercs de la paroisse; mais M. Martin, que le Prélat avait expressément revêtu de son autorité pour tout ce qui concernait les secours qu'il se proposait de tirer de M. Marie, lui donna la conduite entière du Séminaire de sa paroisse, que M. Lescot y avait établi (¹). (1658.)

(¹) Le séminaire dont il est parlé ici fut le premier grand séminaire de Chartres. Il était établi alors dans les bâtiments qui avoisinaient la chapelle Saint-Vincent dans la rue Porte-Cendreuse. Son établissement fut dû en grande partie au zèle de M. Bourdoise, qui travailla si efficacement à faire pénétrer l'esprit ecclésiastique dans le clergé chartrain. Depuis longtemps ce saint prêtre, quoiqu'il habitât Paris, s'occupait de la fonda-

Quelque édifiante que fût alors la forme que M. le curé de Saint-Aignan lui avait donnée, il faut cependant convenir que le temps de la direction de M. Marie fut celui de son plus brillant éclat. Les clercs qu'il avait déjà utilement instruits, vinrent encore l'écouter au Séminaire. Plusieurs même d'entre eux y établirent leur demeure pour ne plus perdre de vue un homme qui répandait partout la bonne odeur de Jésus-Christ, et qui avait un talent admirable pour ranimer une piété languissante et pour conduire à la perfection ceux qui avaient le bonheur de le suivre. Le cœur pénétré des sentiments de la plus profonde humilité, il parlait souvent de cette vertu aux ecclésiastiques du Sémi-

tion d'un séminaire à Chartres, et il insistait auprès de l'évêque à ce sujet. Enfin en 1628, pendant un séjour qu'il fit en cette ville, il renouvela ses instances d'une manière si pressante, que M. d'Etampes se laissa persuader et le chargea de mettre lui-même son dessein à exécution. Il lui adjoignit pour cette œuvre M. Claude le Bel, docteur en Sorbonne, curé de Saint-Martin-le-Viandier (1615-21). Ils établirent dès lors une bourse pour les ecclésiastiques pauvres. Les prêtres qui devaient diriger ce séminaire furent choisis dans le diocèse, mais ils passèrent auparavant quelque temps à la communauté de Saint-Nicolas-du-Chardonnet que M. de Bourdoise avait fondée à Paris, pour être le modèle de tous les séminaires et une pépinière de directeurs. L'auteur de la *Vie de M. Bourdoise* dit même que

naire, et leur inspirait surtout une grande horreur pour l'esprit de domination. « Ne soyons jamais,
» leur disait-il, de ces gens qui veulent que tout
» leur passe par les mains ; qui n'ayant rien su
» comme il faut, prétendent néanmoins juger de
» tout ; qui par une légèreté naturelle, ou plutôt
» par une suite de leur vanité, ne donnent jamais
» aux autres le loisir de s'expliquer, et s'imaginent
» toujours penser plus sagement qu'eux. Pour
» nous, évitons avec soin tout ce qui peut sentir la
» moindre envie de l'emporter sur nos frères ;
» réglons même jusqu'au ton de notre voix, et
» supprimons toujours cet air décisif, dont les
» gens de bon sens ne manquent jamais de se

les trois premiers directeurs du séminaire de Chartres étaient des Prêtres de Saint-Nicolas (p. 558, édit. in-8°). En 1659, M. de Neufville transféra le Grand-Séminaire dans l'ancienne maladrerie du Grand-Beaulieu, avec 80,000 livres de revenu. Après 134 ans d'existence, ce Séminaire fut ruiné en 1793. Une habitation particulière s'éleva presque aussitôt sur ses ruines, mais elle disparut elle-même en 1820 avec son parc qui fut défriché. De cet établissement, qui fut autrefois si important, il ne reste plus guère que des débris de murs, et çà et là de vastes souterrains dont la culture à même caché l'emplacement. Depuis la Révolution, le Grand-Séminaire occupe les bâtiments qui avaient été construits autrefois pour le Petit-Séminaire Saint-Charles. (*Hist. de Chartres. Notice sur Beaulieu*, par Lejeune.)

» moquer, et qui d'ailleurs convient si peu aux
» ministres d'un Dieu humilié jusqu'à la mort
» de la croix. » M. Marie parlait toujours sur
cette matière comme un homme intimement persuadé de ce qu'il annonçait aux autres, et la
conduite humble et modeste qu'il tenait avec eux,
donnait d'autant plus de force à ses discours,
qu'elle leur en montrait plus sensiblement la pratique. Il n'aima jamais à commander. Il exhortait
volontiers, il priait même dans l'occasion, et
n'était jamais plus affligé que quand il lui fallait
faire usage de son autorité. Une extrême douceur
était son vrai caractère, et ses paroles avaient un
charme secret qui s'insinuait d'abord jusqu'au
fond du cœur. Les ecclésiastiques qu'il conduisait en étaient touchés, mais ce qui les portait
encore plus efficacement à la pratique de la vertu,
était l'exemple d'un supérieur en qui elle n'avait
rien que d'aimable.

Quoiqu'il fût plein de douceur et de bonté pour
les autres, il n'y avait guère d'hommes plus mor-
tifiés que lui. Sa vie était austère, et malgré la
délicatesse de son tempérament, il se refusa toujours les soulagements les plus permis. Ce fut dans
ce Séminaire qu'il s'imposa une pénitence très-gê-
nante et dont on voit peu d'exemples ; c'était de
ne s'asseoir jamais, et de se tenir toujours debout
ou à genoux par respect pour la présence de

Dieu, dont il était sans cesse occupé. Il fut fidèle jusqu'à la mort à cette mortifiante pratique, et ne s'en dispensa jamais, à moins que la bienséance ou la nécessité ne l'obligeât d'en agir autrement.

Ce Séminaire dont il avait la conduite étant, au jugement de M. le curé de Saint-Aignan, un champ trop étroit pour le zèle de M. Marie, il l'obligea en vertu des ordres de son Évêque et de l'autorité qu'il en avait reçue à son égard, de se charger enfin du ministère de la réconciliation dans sa paroisse. A peine eut-il commencé d'exercer ce redoutable ministère, qu'il ne put suffire à la confiance que chacun s'empressa de lui marquer. Elle ne se termina point de part et d'autre à de stériles épanchements de cœur ; des conversions remarquables, des aumônes répandues par toute la ville, des secours abondants procurés aux malades, le goût pour la parole de Dieu ranimé dans tous les états, les cérémonies de l'Église faites avec dignité, la sainteté des Ministres et la piété du peuple, furent les grâces précieuses que Dieu attacha visiblement aux conseils et aux instructions que son serviteur donnait à ceux qui s'adressaient à lui dans le saint Tribunal.

Le bruit public ayant bientôt instruit les Religieuses de la Visitation, nouvellement établies à Chartres, des faveurs singulières que Dieu distribuait à son peuple par le canal de M. Marie, elles le demandèrent à M. de Villeroi pour leur confesseur ordinaire. La chose était importante; mais le prélat qui savait quel fonds de sagesse et de vertu doit avoir le directeur d'une communauté naissante de vierges chrétiennes, et avec quelle dextérité doivent être gouvernées des consciences timorées, pour ne pas les troubler ou rassurer mal à propos, reconnaissant toutes ces qualités dans le vertueux prêtre, accorda avec joie à ces religieuses ce qu'elles demandaient avec instance, et les félicita même de ce qu'elles avaient trouvé en lui ce guide fidèle et précieux que leur saint fondateur leur recommande de choisir entre dix mille. Comme nous aurons dans la suite occasion de parler de cette communauté et du bien considérable qu'il y a solidement établi, il suffit de dire présentement, que, rempli de l'esprit du saint évêque de Genève, il travailla dès lors à la maintenir dans cette ferveur, qui fait encore aujourd'hui l'édification de la ville [1]. (1654.)

De crainte de s'élever à la vue des grands succès qui étaient le fruit de ses travaux et de

---

[1] Le manuscrit de la Visitation donne des preuves nombreuses de la ferveur des Religieuses de cette sainte maison.

son zèle, il se rappelait souvent sa propre indigence, considérait qu'il portait au dedans de lui-même le fonds malheureux des plus funestes désordres, que la concupiscence vivait encore en lui, et que, malgré les victoires fréquentes que la charité lui faisait remporter sur ce redoutable ennemi, son cœur conservait toujours avec lui de secrètes intelligences dont il ne s'apercevait pas lui-même, et qui pourraient en un moment devenir l'occasion de sa perte. Ainsi pénétré de cette crainte salutaire qui fait trembler les consciences les plus pures, il examinait au poids du sanctuaire les actions qui lui attiraient le plus de respect de la part des hommes, et n'y trouvait jamais rien qui le méritât. « On croit que je fais
» quelque chose pour Dieu, disait-il souvent à
» ses amis, les hommes sont trop prévenus en
» ma faveur ; le juste Juge qui connaît tout, ne
» pense pas comme eux. Qu'ils changeraient
» bientôt de sentiments à mon égard, s'ils m'en-
» visageaient des yeux de la foi ! Tenez, regar-
» dez, ajoutait-il, en leur montrant ses lettres
» de prêtrise, qu'il avait toujours sous ses yeux
» comme des témoins qui lui reprochaient sa
» lâcheté, mon compte n'est-il pas bien terrible ?
» Voilà les pièces sur lesquelles je serai jugé ;
» voyez si ma vie répond en rien à la grandeur
» de mes obligations. » C'était par de semblables

réflexions qu'il combattait toutes les pensées de vaine gloire, que l'ennemi jetait dans son cœur; elles servaient encore à augmenter en lui la faim et la soif de la justice, et à donner à ses moindres actions cette vigueur sacerdotale qui les animait toutes.

Cependant l'éclat de son mérite et de sa vertu se répandait au loin; il était consulté de beaucoup de personnes; on venait avec empressement des extrémités du diocèse recevoir de lui des paroles de vie, d'utiles conseils et de sages réponses sur les plus intéressantes difficultés. Il semblait qu'un homme si éclairé, qui savait avec tant de sagesse gouverner les consciences et démêler les mouvements de l'esprit d'avec ceux de la chair, dût faire usage de ses lumières pour se rendre à lui-même la tranquillité du cœur, et pour calmer les troubles dont il fut alors agité; cependant il n'en fut pas ainsi, et Dieu le permettait pour l'utilité de son serviteur. Mille remords implacables l'accusaient intérieurement d'orgueil et d'indiscrétion dans ses travaux. Il fut si saisi de frayeur à la vue des absolutions téméraires ou précipitées qu'il croyait avoir données, qu'il commença à se reprocher la facilité avec laquelle il s'était livré aux fonctions du ministère. « Ne suis-je point, disait-il, du nombre
» de ces jeunes présomptueux qui n'ont pas
» plus tôt reçu le sacerdoce, que, possédés du

» désir de conduire les autres, ils se laissent
» tranquillement charger de cet accablant fardeau?
» On se cache souvent à soi-même cette crimi-
» nelle disposition. Rien n'est plus commun que
» de se rassurer follement sur ce que par bien-
» séance on a fait un peu de difficulté de se
» charger d'un ministère qu'on reçoit néanmoins
» avec une secrète complaisance. » Il ne pouvait
se dissimuler que, depuis son sacerdoce, il n'avait
employé que trois ou quatre ans à se préparer au
gouvernement des âmes, et se croyait en cela
coupable d'une témérité manifeste. Il est aisé,
quand on aime Dieu, de se figurer quelle était
alors la désolation de son cœur; mais ce qui
l'augmentait encore c'est que la prière et la pénitence, qui étaient ses ressources ordinaires, paraissaient aigrir le mal au lieu de le guérir. Dieu
lui préparait un remède plus efficace. Il voulait
que ce vertueux ecclésiastique, après avoir donné
aux autres de salutaires conseils sur l'état de leur
conscience, fût lui-même obligé de consulter à
son tour sur les dispositions de la sienne. Car à
peine eut-il découvert à M. le curé de Saint-
Aignan et à quelques-uns de ses amis les troubles
humiliants de son âme, que ce cruel orage fit
place au calme le plus parfait; il en fut lui-même
surpris, et après avoir témoigné une grande reconnaissance à son libérateur, il persévéra dans

l'exercice de ses fonctions avec une paix que rien ne put altérer dans la suite.

CHAPITRE IV.

Mort de M. le curé de Saint-Aignan. Le peuple souhaite que M. Marie lui succède. Il devient curé de Bullou. Sa conduite dans cette place; il tombe malade, vient à Chartres, et se rétablit chez son frère.

(1661.) M. Martin, curé de Saint-Aignan, ayant enfin communiqué à M. Marie par de fréquentes instructions la science et l'esprit ecclésiastique dont il était rempli, fut tout à coup appelé du Seigneur, pour recevoir la couronne de justice qu'il avait méritée par une vie uniquement consacrée à sa gloire, et fidèlement consumée au service de son peuple (1).

Comme il y avait longtemps que M. Marie imitait de près les vertus de cet homme apostolique, on parlait de lui pour le remplacer, et les

(1) M. Pierre Martin, premier Supérieur du Grand Séminaire de Chartres et curé de Saint-Aignan, mourut subitement, le 23 septembre 1661, et fut inhumé dans la crypte de son église. (Lépinois, I, p. 232. Note.)

suffrages de la paroisse réunis en sa faveur, firent espérer aux gens de bien, qu'on verrait bientôt revivre en sa personne l'illustre défunt, dont la perte ne pouvait être en quelque sorte réparée, qu'en lui donnant pour successeur un homme qu'il avait formé avec tant d'application et de succès aux sublimes fonctions du ministère. Mais bien loin que le serviteur de Dieu profitât des dispositions avantageuses où toute la ville était à son égard, au contraire il tâcha par toutes sortes de voies d'en empêcher les suites qui lui paraissaient plus que jamais redoutables. Il y réussit comme il le désirait, et la persévérance de ses refus déconcertant tout le monde, on se résolut à regret de jeter les yeux sur un autre que sur lui. Cependant M. Montéan, qui fut nommé à cette place, ayant différé pendant deux mois sa prise de possession, M. Marie se trouva seul chargé du gouvernement de la paroisse. Le bien considérable qu'il fit pendant cet intervalle réveilla dans les cœurs le désir ardent qu'on avait toujours de le voir curé de Saint-Aignan, et l'on se reprocha la facilité avec laquelle on l'avait laissé échapper. Mais son heure n'était pas encore venue, et Dieu qui le formait à loisir pour le rendre dans la suite un des pasteurs les plus accomplis de la ville, voulut qu'il annonçât auparavant le royaume du Ciel aux peuples de la campagne.

Sur ces entrefaites, la cure de Bullou, au diocèse de Chartres devint vacante (¹). Alors M. de Lazenay, grand archidiacre de Chartres, à qui la nomination de ce bénéfice appartenait, jeta les yeux sur M. Marie ; et quoiqu'il n'ignorât pas la difficulté qu'il aurait à le lui faire recevoir, il alla néanmoins le trouver, et lui dit en le saluant, qu'il venait lui faire un présent bien simple à la vérité, mais qui pourrait par cela même être de son goût. « Je vous prie, lui dit-il, d'accepter la
» cure de Bullou ; vous trouverez de quoi y satis-
» faire votre zèle, et peut-être même avec plus
» de succès que dans les places distinguées, qui
» sont dues à votre capacité. » Ce discours embarrassa M. Marie ; car, d'un côté, il redoutait le ministère (c'était la disposition dominante de son cœur); de l'autre, il méditait depuis longtemps de quitter la ville pour s'aller cacher dans quelque retraite obscure, et l'offre de l'archidiacre lui paraissait une occasion favorable. M. de Lazenay employa tout pour le confirmer dans cette dernière pensée, fit valoir auprès de lui l'innocence

---

(¹) Bullou, d'après le Pouillé de 1738, était du doyenné de Brou et du grand Archidiaconé. Il comptait 200 communiants et la cure avait 750 livres de revenu. Aujourd'hui cette paroisse a 495 habitants, sans compter les 300 habitants de Mézières-au-Perche qui lui est maintenant réuni.

de la campagne, la docilité et la simplicité de ceux qui y habitent. Le mérite personnel et les lumières peu communes que M. Marie avait toujours admirées dans M. de Lazenay, qui depuis longtemps l'honorait de son amitié, ébranlèrent fortement sa résistance, et le déterminèrent enfin à recevoir le bénéfice qui lui était présenté.

Le bruit de son acceptation s'étant bientôt répandu, presque toute la ville en fut mécontente, et chacun en raisonnait selon les préjugés plus ou moins avantageux qu'il avait de lui. Les uns blâmaient ouvertement la conduite des Supérieurs, qui reléguaient ainsi un prêtre qui avait donné tant de preuves de son mérite et rendu de grands services dans les différents emplois dont on l'avait chargé. Quelques-uns ne voyaient dans cet événement qu'un bienfait de la Providence qui l'ensevelissait, afin de mettre à l'abri son humilité à laquelle des applaudissements publics et toujours mérités pourraient devenir funestes. D'autres moins favorables à M. Marie l'accusaient d'inconstance et de légèreté : sa modestie passait dans leur esprit pour une bassesse de cœur, ils disaient que son goût pour le village en était une preuve assez claire ; mais la sagesse du monde est un mauvais juge sur ces sortes de matières, elle n'est, selon la vérité, qu'une folie, et le serviteur de Dieu en pensa de même. Bien loin de s'affliger de ces injustes murmures, il les regarda comme un présage heureux que le Seigneur bénirait son ministère, il se contenta pour lors du témoignage de sa conscience, et, sans perdre le temps à se justifier, il mit entre les mains de Dieu le soin de son innocence, partit aussitôt pour le lieu de sa mission (1662), et se hâta d'aller joindre le petit troupeau que Jésus-Christ lui avait confié. Ce fut le jour de la fête de saint Grégoire-le-Grand, le 12 mars, qu'il prit possession de son bénéfice; il remarqua cette circonstance, et se proposa dès le moment d'imiter ce parfait modèle autant qu'il serait en lui, dans sa charité pour les pauvres, dans sa vie laborieuse, et dans toutes ses vertus pastorales.

Sa réputation l'avoit devancé à Bullou; il y était aimé avant d'y avoir paru, et des cœurs si heureusement disposés à son égard s'ouvrirent sans peine à tout ce qu'il exigea d'eux pour la gloire de Dieu et le changement des mœurs. Il acheva de les gagner tout à fait par des assiduités continuelles, et par des aumônes que son ingénieuse charité trouva le moyen de varier en mille manières différentes.

Un des devoirs qu'il avait le plus à cœur était l'instruction des enfants. Il les regardait comme un plant de bénédiction, qui lui devait servir dans quelque temps à renouveler sa paroisse; il les allait lui-même chercher dans la plaine, devenait alors enfant avec eux, entrait dans leurs petits intérêts, et n'épargnait ni caresses, ni libéralités, pourvu qu'il pût leur dire quelque mot des premières vérités de la religion, et leur communiquer la connaissance et l'amour de Jésus-Christ. Il en usait de même à l'égard des personnes plus avancées en âge, parcourait souvent sa paroisse, s'informait exactement du nombre et de la qualité des pauvres, des vieillards et des malades. Il observait de ne leur parler jamais des biens du Ciel, qu'il ne leur eût auparavant fait part de ceux de la terre; et les fruits qu'il tira de cette charitable conduite le confirmèrent bientôt dans cette maxime assez connue mais rarement pratiquée, qu'un pasteur n'est jamais écouté plus volontiers, que quand l'aumône précède ses instructions. Il eut en effet la joie de voir dans la suite les uns affermis dans la grâce, d'autres élevés à une grande perfection, et beaucoup de pécheurs sortis de l'abîme du crime dans lequel ils avaient croupi depuis bien des années.

Ce qu'on remarquait avec plus d'admiration dans cet excellent curé était sa résidence. Il n'y avait ni parents, ni amis, qui pussent le déterminer à perdre son troupeau de vue, et l'on sait qu'il rendit à peine une visite à son oncle, curé d'Yèvres, qui était cependant un de ses plus

proches voisins. Si quelquefois on lui demandait raison d'une exactitude si scrupuleuse : « Que vou-
» lez-vous? disait-il, je me sens déplacé lorsque
» je m'éloigne de mes brebis, et si le loup m'en
» dévorait quelqu'une pendant mon absence, je
» serais inconsolable (¹). »

Son temps était ménagé avec une telle économie, que, consacrant aux fonctions de son ministère tout celui que sa grande charité l'obligeait d'y donner, il en trouvait encore beaucoup pour l'étude et la prière; car ayant passé presque tout le jour dans les fatigues d'un travail continuel, une bonne partie de la nuit était employée à mé-

---

(¹) Nous ne savons si l'auteur était bien renseigné, ou si M. Marie modifia sa conduite sur ce point lorsqu'il fut devenu curé de Saint-Saturnin; mais nous avons des preuves qu'il se rendait fréquemment chez ses confrères du voisinage de Chartres. Les registres des paroisses limitrophes, et notamment ceux de Jouy, contiennent souvent sa signature au bas des actes où il est nommé comme témoin.

L'oncle de M. Marie, dont il est fait ici mention, était M. Robert Tulloue, lequel, n'étant encore que diacre, avait succédé à son frère M. Mathurin Tulloue dans la cure d'Yèvres (1643). Il mourut à Chartres et fut inhumé dans l'église des Cordeliers, le 6 juillet 1686. (Reg. paroissiaux d'Yèvres et de Saint-Martin-le-Viandier de Chartres. — *Procès-verb. Soc. arch.*, t. V, p. 49, 50.)

diter les vérités qu'il avait annoncées à ses brebis, et à réfléchir sur celles dont il devait faire usage le lendemain, afin de les proportionner au besoin des personnes auxquelles il se proposait de parler. Bullou fut pour lui un lieu de retraite, où il étudia l'Écriture sainte avec tant d'assiduité et une si grande pureté de cœur, que Dieu lui fit la grâce de l'entendre avec cette admirable facilité qu'on remarquait dans ses discours.

Frappé de la beauté des Psaumes, il fit un extrait des meilleurs commentaires sur ces divins Cantiques, et y joignit ses notes, qu'il disposa dans un tel ordre, qu'en lisant le texte sacré, on voyait d'un seul coup d'œil l'interprétation mystique et littérale qui y était jointe. Ce livre fit le reste de ses jours sa plus douce consolation, et souvent il se sentait si touché en récitant ces hymnes sacrées, qu'à l'exemple de saint Augustin, il ne pouvait retenir ses larmes et trouvait une joie inestimable à leur donner un libre cours. (*Exæstuabat indè affectus pietatis, et currebant lacrymæ et benè mihi erat cum eis.* (Aug. Confes., l. 9, cap. 6.) Quelquefois pour méditer avec plus de recueillement les vérités répandues dans le prophète, il se retirait à l'écart sur une petite montagne, d'où on découvrait facilement l'église de Chartres (¹).

(¹) On ne connaît plus dans les environs de Bullou

Il y passait des heures entières dans un commerce très-intime avec Dieu, et il n'en descendait jamais qu'on ne remarquât sur son visage une espèce de calme et de sérénité qu'il est difficile d'exprimer, mais dont tout le monde s'apercevait aisément.

Les délices de la prière lui faisaient presque oublier qu'il eût un corps : et, quoiqu'il fût accablé d'infirmités habituelles, il menait toujours une vie dure et mortifiée. Ses amis le prièrent souvent de quitter une chambre obscure et humide qu'il habitait à Bullou; mais, par un motif de pénitence, il la préféra toujours aux autres à cause qu'elle était la plus désagréable : il aimait à la regarder comme la prison d'un criminel et le sépulcre d'un pécheur indigne de vivre. « Les jours d'un pas-
» teur, disait-il souvent, sont des jours pénibles
» et laborieux. On est indigne de cette place quand
» on aime encore les commodités de la vie ; et
» si l'on veut être utile aux pauvres de Jésus-
» Christ, ne faut-il pas à son exemple être pauvre
» en tout, dans la nourriture, dans les habits,

de lieu élevé auquel ces paroles puissent être appliquées. Cette *petite montagne* n'était sans doute qu'un monticule qui aura disparu depuis. Les clochers de Chartres s'aperçoivent d'ailleurs de plusieurs endroits de la plaine qui environne Bullou, et tout le monde sait qu'on les voit facilement de certains lieux beaucoup plus éloignés encore.

» dans le logement ? C'est dans cette sainte ava-
» rice qu'un curé doit trouver des richesses tou-
» jours prêtes à couler sur les misérables. Leurs
» besoins ne manquent jamais de paraître, à la
» cupidité d'un mercenaire, moins considérables
» qu'ils ne sont en effet; mais un vrai pasteur
» s'aperçoit toujours qu'ils sont plus grands et
» plus pressants qu'on ne croit. »

C'était ainsi que M. Marie pensait des obligations d'un curé, et sa conduite a toujours parfaitement répondu à ces nobles idées que l'esprit de Dieu lui en avait données. Il avait jusqu'ici beaucoup instruit son peuple par de fréquents discours, et les conseils secrets qu'il donnait à chacun en particulier avaient fortement ébranlé les cœurs. On commençait de tous côtés à parler bien sérieusement de réforme et de conversion, et Dieu acheva ce grand ouvrage par un événement qui paraissait y devoir être un obstacle.

Le pasteur fut atteint d'une longue et douloureuse maladie, qui le mit à la vérité hors d'état de vaquer aux fonctions publiques de son ministère, mais qui devint pour son troupeau une source de bénédictions. En effet, ses paroissiens, utilement frappés du spectacle édifiant de sa patience, ne purent s'empêcher d'admirer l'extrême charité avec laquelle il leur marquait sa bienveillance et leur parlait de tout, excepté de ses maux. Ils s'en retournaient chez eux si touchés d'une telle modération, qu'ils se disaient les uns aux autres, qu'il fallait que ce que M. Marie leur répétait sans cesse de la voie étroite et du prix des souffrances fût bien véritable, puisqu'il paraissait lui-même si tranquille et si content au milieu des douleurs les plus aiguës. Les œuvres suivirent de près ces réflexions judicieuses ; on vit un grand nombre de pécheurs renoncer entièrement à leurs désordres passés, et tous les habitants de Bullou mener alors une vie si pure et si conforme à l'Évangile, que les paroisses du voisinage les regardaient comme autant de modèles qu'ils devaient imiter (¹).

Pendant que ces merveilles s'opéraient, le Serviteur de Dieu commençait à jouir d'une santé un peu meilleure; mais bien loin de la fortifier par les délicatesses que le commun des chrétiens se

(¹) Malgré la réforme si merveilleuse que le zèle de M. Marie opéra dans la paroisse de Bullou, les habitants n'ont conservé aucun souvenir de son séjour. Cet oubli n'a rien d'étonnant après un intervalle de 200 ans, et surtout quand on pense que la Révolution de 93 a creusé entre cette époque et la nôtre un abîme dans lequel ont péri presque toutes les vieilles traditions locales. Le séjour de M. Marie à Bullou a d'ailleurs été assez court; le premier acte qu'il a signé comme curé de cette paroisse est du 17 décembre 1662, et le dernier, où il est désigné avec ce titre, est du mois de janvier 1664.

permet dans un temps de convalescence, il voulut réparer le temps qu'il avait, disait-il, perdu dans le lit, et pour faire pénitence des fautes qui échappent souvent aux malades, il redoubla ses mortifications. Mais la faiblesse de son tempérament succombant sous la ferveur de l'esprit, un rhumatisme considérable le rendit perclus de la moitié du corps, et l'on fut obligé de le porter à Chartres chez son frère, où la force des remèdes et les soins d'une famille dont il était aimé, eurent une partie du succès qu'on en pouvait espérer. Le rhumatisme se dissipa peu à peu, mais il ne recouvra jamais une santé parfaite; et le Seigneur voulant en cela favoriser son fidèle ministre, lui donna lieu de pratiquer le reste de sa vie cette maxime qu'il avait souvent dans la bouche : Que les prêtres d'un Dieu souffrant devaient toujours avoir quelque chose à souffrir.

CHAPITRE V.

M. Marie est élu, par le Chapitre de la cathédrale de Chartres, curé de Saint-Saturnin. Il est installé par M. de Villeroi, son évêque. Commencement de son ministère. On lui propose une permutation. Il est subitement délivré d'une timidité naturelle, qui l'empêchait de parler en public. Il entre dans la compagnie dite du Saint-Sacrement.

Le séjour que M. Marie avait été obligé de faire à Chartres pour le rétablissement de sa santé lui paraissait inexcusable; et, ne pouvant plus calmer les remords et les inquiétudes que lui causait une si longue absence, il avait résolu, tout convalescent qu'il était, de monter à cheval et de retourner incessamment à Bullou. Mais il ignorait les desseins de Dieu sur lui; et sa Providence était sur le point de le fixer à Chartres, pour le bonheur d'un nombreux troupeau qu'il devait bientôt gouverner, en qualité de curé de Saint-Saturnin. Avant d'écrire la manière dont la chose se passa, il paraît à propos de dire un mot des différents états où s'est trouvée cette paroisse, qui est une des plus anciennes de la ville.

L'église de Saint-Saturnin était autrefois hors de l'enceinte de ses murs, et située à peu près dans le lieu qu'on appelle aujourd'hui le cimetière de Saint-Thomas (¹). Pendant la guerre des Anglais on se trouva obligé de la raser entièrement, parce que l'ennemi avait coutume de s'en faire un poste d'où il insultait la ville avec trop d'avantage. En 1360, Marie d'Angennes, touchée de l'indécence qui accompagnait le service divin et l'administration des sacrements depuis la destruction de Saint-Saturnin, donna à perpétuité sa maison sise où est actuellement l'église dont nous parlons, pour y servir d'emplacement.

Le Chapitre de Chartres, à qui appartient le patronage de ce bénéfice, y avait toujours nommé un curé en titre, mais en 1475, en vertu des bulles de Sixte IV, et après la démission de Laurent Sevin, dernier titulaire, Pierre Plumé, chanoine de la Cathédrale, prit possession de cette cure au nom du Chapitre (²). Depuis ce temps-là il n'y eut

---

(¹) V. Notes justificatives, 5.

(²) Le chanoine P. Plume ou Plumé introduisit l'imprimerie à Chartres, et la maison où il imprimait, située dans le cloître Notre-Dame, vient d'être détruite pour le dégagement des abords de la cathédrale. Il a imprimé à ses frais, vers 1481, 12 ans seulement après l'introduction de l'imprimerie en

plus à Saint-Saturnin que des prêtres amovibles, qui desservaient sous l'inspection d'un chanoine que le Chapitre commettait tous les ans. Ce chanoine était regardé comme curé de Saint-Saturnin, et il en faisait les fonctions. Tel était l'état de cette église lorsque Jean Brisset, curé de Saint-Michel dans la même ville, en fut pourvu

---

France, un *Breviarium Carnutense*, et en 1482 un Missel à l'usage du diocèse. Ces deux œuvres typographiques du savant chanoine chartrain sont très-remarquables par le soin avec lequel elles ont été exécutées. Le Missel surtout est un chef-d'œuvre dont on conserve précieusement un exemplaire à la bibliothèque de la ville de Chartres. Un second exemplaire qui existe à la bibliothèque Mazarine est décrit ainsi : *Missale Carnutense, per Johannem Dupré. (Parisiis)*, 1482, in-fol. de 222 f., à 2 col. de 41 lig., y compris 6 f. pour le calendrier, caract. goth., avec quelques peintures. (Catalogue Van-Praët.) Enfin un troisième se trouve à la Bibliothèque nationale. Il fut enlevé au département d'Eure-et-Loir par Chardon de la Rochette (juillet 1798) qui, en vertu d'un ordre du ministre de l'intérieur, vint à Anet et à Chartres enlever certains manuscrits précieux. Pour colorer cette spoliation, il osa donner le récépissé suivant : J'ai reçu comme un don fait au département de la Seine par le département d'Eure-et-Loir, le Missel à l'usage de Chartres imprimé aux dépens du chanoine Plume, dans le cloître, par Jean Dupré, en 1482, in-fol. — *Notice sur Hérisson*, par Doublet de Bois-Thibault, p. 11.

en cour de Rome (¹). Sur l'opposition que Jean Badin de Champigny (²) fit à sa prise de possession en qualité de nommé par le Chapitre à la desserte du bénéfice, l'affaire fut portée au Parlement; elle était sur le point d'être jugée, lorsque M. Marie se trouva à Chartres.

(1664.) Jean Brisset perdit son procès, et le Chapitre de Chartres, étant maintenu dans le droit de nommer à la cure de Saint-Saturnin un prêtre titulaire, pensa aussitôt à en faire usage. Plusieurs personnes d'un rare mérite furent proposées pour remplir cette place; chacun d'eux avait ses amis dans le Chapitre et pouvait par ce moyen prétendre au bénéfice vacant. Mais afin que tout se passât dans les règles, Messieurs du Chapitre voulurent incessamment procéder à une nomination canonique; et la voie du scrutin, qui fut

---

(¹) L'église Saint-Michel longeait les remparts de la ville à droite de la porte du même nom. Elle avait un prieuré dépendant, ainsi que la cure, de l'abbaye Saint-Laumer de Blois; le titre de Saint-Michel avec ses revenus fut uni au Collége de Chartres en 1663. C'était au haut du clocher de cette église que les archers du Vidame plaçaient l'oiseau qui leur servait de but pour s'exercer au tir de l'arquebuse. (Lépinois, I, 248, p. 50. — Souchet, II, p. 149.)

(²) Nous donnerons plus loin quelques renseignements sur ce chanoine.

préférée à toute autre, prouva merveilleusement l'estime particulière que cette respectable et nombreuse compagnie faisait de la vertu et de la capacité de M. Marie. Il fut donc élu curé de Saint-Saturnin, à la pluralité et presque même à l'unanimité des suffrages. Tout le monde, jusqu'à ses concurrents, loua hautement Dieu d'un si bon choix; et ceux qui, quelques années auparavant, s'étaient raillés de sa simplicité lorsqu'il fut nommé à la cure de Bullou, reconnurent la témérité de leurs jugements, et commencèrent à penser du serviteur de Dieu, conformément à l'honorable témoignage que la plus illustre portion du clergé du diocèse venait de rendre à son mérite.

Il ne s'agissait plus que de résoudre M. Marie à donner son consentement, et la chose n'était pas facile. Les personnes les plus distinguées du Chapitre le portèrent de tout leur pouvoir à recevoir le bénéfice qui lui était présenté, mais ce fut assez inutilement. Car ne trouvant pas moins d'inconvénients à devenir curé de Saint-Saturnin, qu'il en avait trouvé à l'être de Saint-Aignan quelques années auparavant, il remercia ces Messieurs avec beaucoup d'humilité et de reconnaissance, et les pria de trouver bon qu'il retournât à Bullou, qui était le champ que la Providence lui avait donné à cultiver. M. Tulloue, son oncle et sous-doyen de l'église de Chartres, ne fut guère plus favora-

blement écouté. Mais M. Léris, archidiacre de Vendôme(¹), pour les lumières et la piété duquel il avait beaucoup de déférence, lui fit entendre que ces refus opiniâtres n'étaient point agréables à Dieu, que sa volonté s'était assez nettement déclarée en cette occasion par les suffrages du Chapitre de Chartres, par la joie et les applaudissements du peuple. « Je puis et je dois vous ajouter
» encore, lui dit-il, que M. de Villeroi, notre
» évêque, a témoigné une satisfaction incroyable
» de votre promotion, et qu'il est sur le point de
» vous en donner des marques certaines. » Enfin

(¹) M. Jean de Léris ou de Léry, originaire de Villefranche au diocèse de Rodez, fut confesseur de M. Lescot, premier confesseur, puis supérieur des religieuses de la Visitation (1653), chanoine et archidiacre de Vendôme en l'église Notre-Dame de Chartres, grand pénitencier en la dite église. Il était bachelier en théologie, et c'était, dit le manuscrit de la Visitation, un homme consommé dans les travaux apostoliques par les longues et fréquentes missions qu'il avait faites en plusieurs endroits et surtout dans le diocèse de Chartres, avec saint Vincent de Paul, M. Bourdoise, M. Olier, M. Amelotte, le R. P. de Condren et plusieurs autres grands personnages. (P. 8). Il mourut en 1684 et fut inhumé *dans le sanctuaire* et devant la grille du chœur où chantent les filles religieuses de la Visitation, dans leur chapelle de la rue du Cheval-Blanc. (Reg. parois. de Sainte-Foy.)

M. Marie, qui avait toujours résisté par l'humilité, se rendit aussi par le même motif, et, se confiant uniquement à la miséricorde du Seigneur, il accepta en tremblant la place à laquelle il avait néanmoins tant de sujets de croire que Dieu l'appelait. Il prit possession de sa cure le jour de Pâques 1664, et la cérémonie fut accompagnée de plusieurs circonstances qui méritent de trouver place dans l'histoire de sa vie.

M. de Villeroi, voulant donner en cette occasion des preuves publiques de l'estime et de l'amitié dont il l'honorait, l'installa lui-même en présence d'un grand concours de peuple, fit avec beaucoup de dignité l'éloge du nouveau curé, traça en peu de mots le portrait d'un vrai ministre de Jésus-Christ, et termina son discours en félicitant la paroisse, de ce que Dieu lui donnait un homme selon son cœur, un pasteur rempli de son esprit. Il parlait encore, lorsqu'une voix se fit entendre du milieu de la foule, qui confirma tout ce que le Prélat avait dit jusque-là d'obligeant en faveur de M. Marie. On ajouta qu'il était bien vrai que le Ciel, dans sa miséricorde, confiait le soin de la paroisse à un excellent curé en la personne de M. Marie; mais qu'on avait lieu de craindre de ne le pas posséder longtemps, et que la faiblesse de son tempérament menaçait de ce malheur. M. de Villeroi tâcha d'abord de dissiper les alarmes, et fit entendre que la vigueur des hommes apostoliques ne consiste pas dans la force du corps, mais dans celle de l'esprit; que la science, le zèle et la charité étaient les seules qualités auxquelles on devait faire attention; et que M. Marie possédait ces avantages dans un éminent degré.

Tant d'honorables distinctions de la part d'un grand évêque, les cris de joie qui retentissaient de tous côtés, et bien d'autres circonstances qui témoignaient l'estime générale qu'on avait pour le serviteur de Dieu, lui faisaient désirer de voir finir bientôt une cérémonie qu'il trouvait d'une longueur excessive. Sa modestie souffrait étrangement, et tout le monde s'en aperçut. Enfin, l'heure de Vêpres étant venue, il officia pour la première fois en qualité de curé de Saint-Saturnin, et le Ciel commença dès lors à répandre les bénédictions abondantes dont sa paroisse fut comblée dans le cours de son ministère, et dont on remarqua encore les sensibles effets sous celui de son successeur.

Tout le monde n'était pas aussi contristé que M. Marie des éloges qu'il venait de recevoir et des particularités qui honoraient sa prise de possession. Messieurs les gagers de la paroisse, qu'on appelle marguilliers à Paris et ailleurs, voulurent dès le jour même insérer, dans les annales de leur église, tout ce qui venait de se passer, y transcrire le discours de M. de Villeroi, et faire mention expresse des justes louanges qu'il avait données à leur pasteur, et des acclamations publiques qui les avaient suivies. Mais M. Marie les supplia toujours avec beaucoup d'humilité de ne pas exécuter un tel dessein : « Epargnez-moi, leur » disait-il, l'indignation des siècles à venir. On » connaîtra tôt ou tard que je ne suis qu'un inu- » tile ministre de Jésus-Christ, et l'on vous repro- » chera avec raison de vous être mépris à mon » sujet. » On céda pour lors à sa modestie ; mais les principaux de la paroisse vinrent quelque temps après faire de nouvelles instances, lui déclarant qu'ils ne pouvaient se résoudre à lui obéir en ce point, et qu'il fallait enfin qu'on transmît à la postérité la mémoire d'un fait si intéressant pour la paroisse ; qu'au reste il ne gagnerait rien à résister de la sorte, puisqu'ils étaient résolus de rendre justice à son mérite, et de dresser entre eux un acte qui ne viendrait jamais à sa connaissance. Touché de cette dernière raison à laquelle il ne s'attendait pas, il crut que son humilité trouverait encore mieux son compte s'il assistait avec ces Messieurs, à l'enregistrement de l'acte dont il s'agissait, que s'il les laissait maîtres de le composer selon le projet qu'ils en avaient formé. On marqua donc l'époque du temps auquel il avait été fait curé de Saint-Saturnin ; et tout ce qu'on put obtenir de lui, après bien des prières, fut de le qualifier de premier curé titulaire de cette église, et d'écrire que M. de Villeroi, évêque de Chartres, lui avait fait l'honneur de l'installer lui-même.

A peine ces premiers transports de joie, si onéreux à sa modestie, furent un peu ralentis, qu'il ne songea plus qu'à s'acquitter sérieusement de son ministère. Pour réussir dans l'utile résolution qu'il avait faite de réformer sa paroisse, il crut qu'il fallait y travailler sans en avertir personne, et supprimer pendant quelques mois l'extérieur d'un trop grand zèle, qui, loin de disposer favorablement les esprits, attire ordinairement et multiplie les contradictions. Ainsi, en rendant à ses paroissiens les visites que la bienséance et la civilité exigent d'un nouveau pasteur, il s'insinua d'une manière pleine de douceur dans les familles, dont sa grande pénétration lui fit connaître assez distinctement les bonnes ou les mauvaises dispositions pour la vertu. Il découvrit par ce moyen bien des besoins spirituels, et surtout beaucoup de misère et de pauvreté; on l'avertit cependant qu'il ne connaissait pas encore plusieurs maisons qui souffraient une indigence d'autant plus digne de son attention, qu'elle était inconnue à ceux qui la pourraient soulager. C'est ce qui lui fit prendre aussitôt la résolution d'établir dans tous les quartiers de sa paroisse quelques personnes de piété, à qui il confia le soin de découvrir principalement ces familles affligées, que la honte et les restes d'une belle éducation forçaient de souffrir dans le secret de leurs maisons tout ce que la pauvreté peut avoir de rigoureux. Ceux qu'il avait chargés de cet emploi lui en rendirent bientôt un compte exact, et lorsque ces pieux délateurs venaient lui faire part de ces tristes découvertes, ils s'en retournaient chargés des aumônes qu'il les priait de distribuer, en leur enjoignant expressément de ne jamais dire qu'elles venaient de sa part. Mais une telle précaution était inutile, car le dépouillement total où vivait ce vertueux curé, faisait assez connaître qu'il était la véritable source des grandes libéralités qui se répandaient sur tous les pauvres de Saint-Saturnin.

Ce fut ainsi qu'il prépara le peuple, comme il avait déjà fait à Bullou, aux vérités du christianisme dont il se proposait de leur inspirer l'amour. On le regardait déjà comme le père commun de toute la paroisse, et Dieu fortifia tellement cette favorable opinion, qu'il est difficile d'exprimer quelle autorité il avait dans toutes les familles. Rien ne s'y passait d'important qu'on ne se fît un devoir de lui en demander son approbation. Il était aimé des enfants mêmes, et lorsqu'on exigeait quelque chose d'eux, il suffisait pour l'obtenir de leur faire entendre que c'était M. le curé qui l'avait dit. Un si grand ascendant n'était certainement pas dans lui le fruit d'une curiosité inquiète, qui se mêle de tout, et qui se rend enfin insupportable, en pénétrant dans les maisons contre le gré de ceux qui les composent; car on voyait rarement M. Marie, et même on lui en fit plusieurs fois des reproches d'amitié, auxquels il se crut dans la suite obligé de déférer. Mais quand le devoir et la charité l'appelaient quelque part, il témoignait tant de douceur et de bienveillance à tout le monde, ses manières étaient si ouvertes, sa conversation si pleine de sagesse et de sincérité, qu'on ne pouvait se défendre de l'aimer et de lui ouvrir son cœur : c'était là toute sa politique. Jamais homme ne fut plus simple dans sa conduite, et en même temps si maître de persuader et d'obtenir tout ce qu'il voulait.

Il parla beaucoup, dès la première année, de la nécessité de prier. Et quoiqu'il n'ignorât pas que Dieu se plaît à répandre en nous l'esprit de prière, pour rendre les aspirations et les mouvements de notre cœur dignes de lui, il savait aussi qu'il faut se préparer à le recevoir, et que les plus grandes grâces dépendent de notre fidélité en ce point. *Effundam..... spiritum gratiæ et precum*, Zachar., cap. 12. Ainsi rien ne lui échappa de tout ce qui pouvait inspirer le goût de la prière à son peuple, et lui en faire regarder la pratique comme la source du salut. Il voulut aussi que le temple destiné à ce saint exercice fût orné avec plus de décence qu'il n'avait été jusque-là, et que les sens et l'imagination dont les hommes dépendent, ne fussent plus choqués par le dérangement ou la malpropreté du lieu saint. Il donna à son église une forme plus avantageuse, en reculant le maître-autel et le plaçant dans l'endroit où il est aujourd'hui, et ménagea par ce moyen une nef assez spacieuse. Ce fut encore par ses soins qu'on plaça plusieurs petits autels fort propres, qu'il enrichit d'ornements convenables. Il régla le temps des offices divins, qui devinrent plus fréquents. Il se forma un nombreux clergé, l'instruisit avec beaucoup de zèle des cérémonies de l'Église, qui furent très-exactement observées. Mais il s'appliqua d'une manière bien plus sérieuse à lui faire connaître les devoirs importants de son état, et les soins qu'il y apporta eurent un tel succès, que c'était faire l'éloge d'un ecclésiastique que de dire qu'il était habitué de Saint-Saturnin.

(1665.) M. Marie commençait à régler de la sorte sa paroisse, lorsque Jean Badin de Champigni, chanoine de Chartres, qui avait servi longtemps l'église de Saint-Saturnin avec beaucoup de zèle et de désintéressement, fut le trouver et lui proposa la permutation de sa cure contre son canonicat(¹). M. Marie, qui n'avait accepté la charge

(¹) *C'est M. Badin de Champigni qui a donné à*

pastorale qu'avec beaucoup de peine, goûta fort la proposition; mais comme il ne se déterminait jamais qu'après avoir pris conseil, il demanda du temps pour ne rien faire témérairement, et s'adressa aux personnes les plus capables de lui donner un bon avis. Aucun d'eux n'approuva la permutation. Tout le monde au contraire lui répondit qu'il était dans sa véritable place, et qu'il n'y avait plus moyen de douter que Dieu ne voulût qu'il y travaillât au salut de ses frères. Le peuple même, informé de ce qui se passait, témoigna que, quoiqu'il respectât beaucoup le mérite de M. Badin, il n'était cependant pas disposé à consentir à l'échange qu'on voulait faire.

Malgré tant de motifs capables de fixer son incertitude et ses doutes, il ne pouvait encore se

---

l'église de Saint-Saturnin les tapisseries et presque toute l'argenterie qui s'y voient à présent. Nous pensons que le chanoine Badin ou Basdin de Champigni appartenait à la famille de Champigni qui habita longtemps Chaudon, près Nogent-le-Roi, et était ainsi parent du vénérable P. Honoré de Champigni, capucin, homme d'un grand mérite et d'une éminente sainteté, qui naquit à Chaudon en 1567 et mourut à Chaumont en 1624. — Mre Jehan Badin, docteur ès-sainctz décretz, prieur de N.-D. du Guay et des Péseries, sieur de Champigni et de Guibert, mourut en 1667 et fut inhumé dans le chœur de l'église Sainte-Foy. (Reg. parois. de Sainte-Foy.)

persuader que Dieu l'eût appelé au ministère qu'il exerçait actuellement; il croyait toujours que la permutation que Mr de Champigni lui proposait était une issue que la Providence lui avait ouverte dans sa miséricorde, pour sortir au plus tôt d'une place qu'il occupait contre ses ordres, et voici la raison secrète qui le fortifiait dans cette opinion. Sa timidité naturelle, jointe à l'idée désavantageuse qu'il avait de lui-même, l'empêchait de monter en chaire aussi souvent qu'il l'aurait désiré; il appuyait beaucoup sur ce point, et s'imaginait qu'on ne pouvait rien opposer de solide à une raison qui lui paraissait décisive. Il la proposa donc au R. P. Gobert, chanoine régulier de la Congrégation de France, prieur-curé de Sainte-Foy de Chartres, son directeur. « J'entends, lui dit-il,
» de tous côtés le cri des enfants qui demandent
» le pain de la parole, et vous savez que je n'ose
» le leur distribuer. Un tel défaut se peut-il cou-
» vrir dans un pasteur? N'est-ce pas une marque
» assez claire que Dieu ne m'a pas destiné à paître
» ses brebis? Et ne vaut-il pas mieux que je sois
» un passablement bon chanoine, qu'un mauvais
» curé? » A ces mots le prieur de Sainte-Foy, très-expérimenté dans les voies de Dieu, le pria de ne se pas alarmer ainsi, lui dit que l'affaire méritait d'être examinée devant Dieu, et qu'il ne devait prendre aucun parti sans l'avoir consulté

dans la prière, « Vos intentions, lui dit-il, sont
» trop pures pour que le Ciel ne s'explique pas
» en votre faveur; continuez en paix l'exercice de
» votre ministère, attendez le Seigneur, et vos
» difficultés ne subsisteront plus. » En effet, à
peine M. Marie se fut-il adressé par un jeûne
rigoureux et par de ferventes prières, à Celui qui
calme d'un seul mot les plus furieuses tempêtes,
qui rend éloquente la langue des enfants, et qui
convertit quand il lui plaît une humble retenue en
une généreuse hardiesse, qu'il éprouva dans lui-
même ces heureux prodiges. La tranquillité de
cœur lui fut rendue, sa crainte disparut en même
temps, la timide lenteur avec laquelle il parlait en
public fut changée tout à coup en une rapidité
noble et soutenue; et tout le monde, extrêmement étonné d'un changement si subit, écouta
depuis ses discours avec une satisfaction incroyable.
Quoique son éloquence fût bien moins fondée sur
une rhétorique vaine et fastueuse que sur les
solides et profondes vérités qu'il annonçait, sa
composition était néanmoins exacte, régulière,
naturelle; et la manière vive et touchante avec
laquelle il s'exprimait, ébauchait toujours quelques grandes conversions qu'il achevait dans le
tribunal. Tant de grâces inespérées et qui avaient
même quelque chose d'extraordinaire le portèrent
enfin à croire avec confiance, qu'étant dans l'ordre

de Dieu, il ne devait plus songer qu'à se sanctifier le premier, afin de travailler avec plus de succès au salut de ses paroissiens.

Depuis le peu de temps qu'il occupait la place de curé, il n'avait pas laissé, comme on vient de voir, d'avancer beaucoup l'œuvre que le Seigneur avait commise à ses soins. Il se préparait encore à de plus grands travaux, lorsque sa santé se dérangea totalement; il tomba dans une espèce de langueur, et les remèdes ordinaires lui devinrent absolument inutiles. Il n'y eut que les eaux de Bellême dont il tira de grands secours (1). Son tempérament reprit une vigueur nouvelle, et de longtemps il ne s'était si bien porté.

Ce nouveau bienfait ranima son zèle et son

---

(1) Ces eaux de Bellême sont sans doute les eaux de la fontaine de la Herse, située sur la commune de Saint-Martin, dans la forêt de Bellême, près de la route qui va de cette ville à Mortagne. Cette source minérale est entourée de pierres sur deux desquelles on lit des inscriptions romaines ; ce qui permettrait de supposer que les Romains, si experts en eaux thermales, avaient reconnu les propriétés curatives de celles-ci. Ces eaux sont ferrugineuses froides, propres aux affections dartreuses, aux maladies de foie et de reins. (Bellestang, premier sous-préfet de Mortagne.) Naguère le docteur Jousset, de Bellême, a donné l'appréciation des propriétés de ces eaux, et son travail a reçu l'approbation de l'Académie de médecine.

activité pour le bien de sa paroisse. Plus que jamais occupé d'un sincère désir de ramener à Dieu tous les pécheurs, s'il était possible, et de soulager la misère des pauvres, la Providence lui présenta une occasion favorable de procurer de si grands biens, non-seulement à son troupeau, mais encore à une grande partie du diocèse.

(1651.) Il y avait quelques années que Pierre de Braquemont, conseiller au présidial de Chartres, avait travaillé, avec l'agrément de M. Lescot alors évêque, à l'établissement d'une compagnie ou société, dite du Saint-Sacrement (1). Cette Société du Saint-Sacrement a pris naissance à Paris en 1627. M. de Ventadour, lieutenant du roi en Languedoc, en donna la première idée; et le R. P. Philippe d'Angoumois, capucin, en qui ce seigneur avait beaucoup de confiance, en dressa le plan. Plusieurs évêques y entrèrent bientôt, aussi bien qu'un grand nombre de personnes qualifiées dans la robe et dans l'épée. Le roi même écrivit

---

(1) La famille de Bracquemont de Feugerolles a fourni à la ville de Chartres pendant tout le XVIIe siècle des échevins, des sergents et huissiers royaux. Une partie de cette famille a habité Illiers et Blandainville vers la même époque. Il reste encore des Feugerolles dans le pays chartrain; quant aux Bracquemont, ils ont disparu de la province; mais une famille de ce nom habite encore en ce moment Paris.

en 1630 à l'archevêque de Paris en faveur de cet établissement, et le prit sous son auguste protection. Les femmes étaient exclues de cette assemblée. Elle s'est toujours tenue à Chartres si secrètement, qu'il n'y a jamais eu que l'évêque et les confrères qui en aient eu connaissance. Il y a plusieurs villes de France où cette Société est établie comme Paris, Orléans, Nantes, etc. (¹). Le but principal de cette institution était d'adorer, d'une manière plus particulière que le reste des fidèles, la divine Eucharistie, de porter les aumônes des confrères aux pauvres de la campagne, et de s'opposer dans l'occasion au libertinage, autant que la charité conduite par la sagesse pourrait le permettre. Cette société était composée de quarante ou cinquante personnes des plus vertueuses et des plus notables de la ville, tant ecclésiastiques que

---

(¹) La Confrérie du Saint-Sacrement a été très-répandue dans le diocèse de Chartres, et les plus petites paroisses avaient leur Confrérie et leur *bâton* qui se vendait chaque année, ainsi que le pratiquent encore plusieurs confréries de saints dans certaines paroisses rurales. Quelques églises du diocèse possédaient même des confréries du Saint-Sacrement longtemps avant l'institution de celle qui est mentionnée ici; c'est ainsi qu'au Mesnil-Thomas, il y en avait une en 1540 et que l'église Saint-Maurice de Chartres avait la sienne dès 1539.

laïques. Elle s'acquittait avec édification des bonnes œuvres, que ses lois particulières lui prescrivaient, lorsqu'elle pria M. Marie de présider à ses assemblées, et de faire de nouveaux règlements, qui pussent rendre cette association encore plus utile qu'elle n'avait été jusque-là. Mais le serviteur de Dieu ne pouvant se résoudre à recevoir la qualité de chef ou de supérieur qui lui était déférée, se mit au dernier rang, et pria qu'on ne le regardât jamais que comme un des plus inutiles membres de ce corps et le moindre des confrères.

On lui confia néanmoins la distribution de tous les emplois, mais il eut toujours soin de garder pour lui les plus pénibles et les plus humiliants ; et pour témoigner à la Compagnie le respect qu'il avait pour elle, et combien il s'intéressait à tout ce qui pouvait contribuer à son progrès, il se fit un devoir de donner, pendant plus de quarante ans, son presbytère en hiver et son jardin en été pour le lieu de ses assemblées. Il se chargea même de plusieurs dépenses inévitables dans ces sortes d'occasions, et la seule pensée où il était qu'elles avaient quelque rapport à la gloire de Dieu les lui fit faire avec une extrême joie. Enfin les nouveaux règlements auxquels il avait travaillé tombèrent par des voies indirectes entre les mains des confrères ; mais malgré l'humilité de ce vertueux pasteur qui prétendait se cacher, la Compagnie découvrit dans ce petit écrit tant de nobles caractères de zèle, de sagesse et de charité, qu'elle reconnut bientôt que M. Marie en était le véritable auteur. Ces lois furent universellement approuvées et ne tardèrent pas longtemps à produire beaucoup de bons effets. Car on ne se borna plus, comme on avait fait jusqu'alors, à donner par hasard un avis salutaire à quelques libertins déclarés; la vertu commença à être publiquement honorée; le zèle et la prudence des confrères qui prenaient toujours les intérêts de Dieu et de l'Évangile dans les rencontres particulières, bannirent enfin la licence de presque toutes les conversations; les peuples de la campagne furent instruits en secret de leurs devoirs; les aumônes devinrent abondantes; le libertinage fut réprimé et la paix ramenée dans les familles de Chartres.

Des avantages si considérables s'établirent imperceptiblement; on les procurait avec tant de ménagement et de dextérité, que MM. les curés, bien loin de regarder la conduite des confrères comme une espèce d'usurpation sur leur ministère, agissaient de concert avec eux, et facilitaient eux-mêmes une œuvre dont ils tiraient des biens infinis; car la conversion des grands pécheurs, au salut desquels ils avaient inutilement travaillé, était ordinairement attachée aux exhortations et aux travaux persévérants de quelqu'un des confrères, et surtout à l'admirable douceur de M. Marie, comme nous en verrons plusieurs exemples dans la suite.

CHAPITRE VI.

Il va faire une retraite dans la maison de Saint-Sulpice à Paris ; il célèbre la canonisation de Saint-François de Sales. Mort de M. Tulloue, son oncle, sous-doyen de l'église cathédrale de Chartres. Il termine avec beaucoup de désintéressement les affaires de sa succession. Il achète un jardin hors des murs de la ville, s'y retire souvent pour vaquer à la prière et à l'étude. Sa conduite charitable envers deux pécheurs. Il défend les immunités de son église.

Plus le juste avance dans les voies de la perfection, et plus il découvre en lui de nouveaux sujets de gémissements et de crainte : sa vertu ne le rassure jamais pleinement, et toujours il se croit un serviteur inutile. Tels étaient les sentiments de M. Marie ; il se persuada que paraissant faire quelque chose pour le salut de ses frères, il négligeait le sien : « Ma vie, disait-il, est une vie de » tumulte et de dissipation. Ne dois-je pas crain- » dre, avec bien plus de sujet que le grand apôtre, » de devenir moi-même un réprouvé après avoir

» annoncé l'évangile à mon troupeau (¹)? Je fais
» tous les jours de nouvelles pertes, j'y suis
» presque insensible, et le mouvement continuel
» dans lequel je suis obligé de vivre m'enlève le
» temps et le moyen de les réparer. » Ces pensées, qu'il avait toujours présentes à l'esprit, lui firent prendre dès lors une résolution constante de faire tous les ans une retraite, dans laquelle après avoir sérieusement examiné ses fautes, il put, selon sa manière de parler, faire une provision de ferveur capable de le soutenir le reste du temps, au milieu des agitations et des périls dont le commerce des hommes est ordinairement la source.

Pour commencer l'exécution de ce projet salutaire, il fut cette année 1666, vers le mois de septembre, s'enfermer dans la communauté de Saint-Sulpice à Paris, et fit le voyage avec M. de Léris, archidiacre de Vendôme, qu'un semblable motif appelait dans cette sainte maison. Le supérieur et plusieurs prêtres de la communauté, qui se souvenaient d'avoir vu M. Marie autrefois parmi eux, le reçurent comme un des plus fidèles disciples de leur Institut. Ils lui fournirent tous les secours spirituels dont il avait besoin pour employer d'une manière utile ces jours de renouvellement et de

---

(¹) *Ne fortè cum aliis prædicaverim, ipse reprobus efficiar*, 1, Cor., 9, 27.

pénitence. Ce fut là que, dans une parfaite séparation des créatures, il réfléchit profondément sur la grandeur de ses obligations; qu'il sonda en présence de Dieu les plus secrètes dispositions de son cœur, et que, débarrassé des soins de sa paroisse et de toute autre affaire que celle de sa conscience, il goûta dans une parfaite tranquillité les douceurs d'une sainte retraite et les délices de la prière. Il eût désiré finir ses jours dans cet asile, où les faveurs du ciel lui paraissaient être plus abondamment distribuées que partout ailleurs; mais, fidèle à sa vocation, il en sortit quoiqu'avec peine, et vint avec une ferveur toute nouvelle répandre sur son troupeau les grâces qu'il semblait n'être allé recueillir que pour lui.

Un des premiers objets qui occupèrent sa piété après son retour à Chartres, fut la cérémonie de la canonisation de saint François de Sales, (¹) qu'il

---

(¹) *Elle commença à Chartres le samedi huitième jour d'octobre* (note de l'auteur), le neuvième d'après le manuscrit de la Visitation. Cette cérémonie dura huit jours au monastère de la Visitation; ce fut pendant un des jours de cette octave qu'eut lieu la procession solennelle de Saint-Saturnin à ce monastère. Au moment où le pape Alexandre VIII canonisait le saint évêque de Genève, celui-ci guérissait miraculeusement, en présence de M. de Léris, supérieur de la Communauté, une religieuse de la Visitation de Char-

avait regardé dès sa jeunesse comme un de ses protecteurs auprès de Dieu, et dont jusqu'à l'extrême vieillesse il tâcha d'imiter la douceur et la charité. Il prépara son peuple à cette solennité par un discours plein d'onction; fit l'éloge de ce grand évêque; releva la sainteté de ses maximes, la sincérité de son zèle, la douceur de ses manières, et surtout l'admirable pureté de son cœur. Enfin la noble et touchante peinture qu'il fit de ses vertus frappa vivement les auditeurs et les larmes coulèrent de toutes parts; chacun se sentit enflammé du désir de marcher sur ses traces et de célébrer son triomphe avec toute la piété dont il pouvait être capable. Il parut bien que ces résolutions n'étaient pas l'effet d'un mouvement passager, qu'une véhémente éloquence produit quelquefois dans les cœurs; car le jour auquel la paroisse de Saint-Saturnin devait aller processionnellement à l'église des religieuses de la Visitation étant arrivé, elle

tres, sœur Marie-Thérèse de Bercy de Challet, laquelle avait dans le corps *une carrière de pierres* selon l'expression du célèbre abbé Gendron (François), qui fut successivement missionnaire au Mexique et aux Indes, vicaire de Voves, sa patrie, et médecin de la reine Anne d'Autriche, à laquelle sans doute il dut ses titres d'aumônier et conseiller du roi et d'abbé de Maizières en Bourgogne. (Msc., p. 133. — *Mém. Soc. Arch. d'Eure-et-Loir*, V, 33.)

édifia toute la ville par la piété singulière qu'elle témoigna dans cette occasion.

Un grand nombre d'enfants vêtus de blanc, rangés dans un bel ordre, ouvrait cette pompe religieuse. La candeur et la modestie qui éclataient dans leurs yeux et dans leurs démarches annonçaient non seulement la sainteté de cette cérémonie, mais invitaient tout le monde à prendre part à l'innocente joie qui la devait accompagner. Ils étaient immédiatement suivis d'un clergé respectable par le mérite des sujets dont il était composé. L'exemple de recueillement et de gravité que donnait partout M. Marie fut imité par son peuple; ce qui fit dire alors qu'il avait un talent admirable pour communiquer aux autres son esprit de prière, et sa crainte respectueuse pour tout ce qui regarde le culte du Seigneur. Il offrit solennnellement les redoutables mystères à la Visitation, et distribua la Victime du salut à une grande partie de ses paroissiens, qui s'étaient disposés à la recevoir, par un renouvellement de ferveur et de pénitence. Tout se passa dans un silence, dans un ordre et dans un recueillement si édifiant, que ceux qui en furent témoins se disaient les uns aux autres, qu'à cette fois le sein de la miséricorde s'allait ouvrir, et que Dieu remplirait infailliblement de ses grâces des mains et des cœurs qu'on élevait au ciel avec tant de zèle et de foi. Chacun même était si persuadé que la piété du troupeau était une suite des instructions et des bons exemples du pasteur, qu'on disait hautement, en faisant allusion à la canonisation du saint évêque de Genève, que M. Marie aurait aussi son tour.

Peu de temps après cette cérémonie, la mort lui enleva M. Tulloue, son oncle, sous-doyen de l'église de Chartres. La douleur qu'il ressentit de cette perte fut à la vérité modérée par les motifs de l'espérance chrétienne, qui ne permet pas que la mort du juste soit pleurée comme celle de l'impie. Mais il parut presque inconsolable de se voir chargé seul de l'exécution testamentaire de ce cher défunt. Il craignait qu'un semblable ministère ne troublât la paix de son cœur et ne devînt même la cause de discussions dont il était naturellement ennemi. Mais Dieu le préserva toujours de ces écueils toujours redoutables à une vertu sincère; car les affaires de sa famille furent en peu de temps réglées avec tant de sagesse et de désintéressement de sa part que chacun fut satisfait. Une exacte justice régna dans les partages, et sa prudence en éloigna pour toujours tout ce qui pouvait dans la suite devenir matière de disputes et de procès. Il céda à son frère, qui avait souffert de grandes pertes par des banqueroutes, tout ce qui pouvait lui revenir de la succession de M. Tulloue; ce qui allait à six ou sept mille livres.

Pour affermir et sanctifier l'œuvre qu'il venait de faire, il voulut qu'une partie de la succession de son oncle passât dans les mains des pauvres de Jésus-Christ, et envoya aux Carmélites une somme considérable d'argent et des matériaux qui leur furent d'un grand secours pour achever le bâtiment de leur église et des lieux réguliers (1).

(1) Ces bâtiments que construisaient alors les Carmélites étaient ceux qu'elles occupèrent jusqu'à la Révolution, rue Sainte-Thérèse. — Acceptées par la ville, le 15 avril 1619, elles s'étaient installées, le 15 juin 1620, dans la rue Saint-Père, au bas du tertre de l'Etape-au-Vin. Dès le mois d'octobre de la même année, elles allaient s'établir rue des Vasseleurs (aujourd'hui rue des Lisses) dans quelques maisons que leur céda le Chapitre. En 1650, elles agrandirent leur monastère au moyen d'un échange avec les Chevaliers de Malte, possesseurs du terrain qui les séparait du couvent des Jacobins, aujourd'hui occupé par les Sœurs de Saint-Paul de Chartres. Ce fut là qu'elles firent bâtir une église qui, de nos jours, a été transformée en Cour d'assises, et un couvent qui sert maintenant de maison de détention. Elles eurent pour première Supérieure sœur Geneviève de Saint-Bernard, troisième fille de Mme Acarie que nous honorons dans le diocèse de Chartres, le 18 avril, sous le nom de Bienheureuse Marie de l'Incarnation. Le nom de sainte Thérèse, leur illustre réformatrice, a été conservé à la rue par laquelle on avait accès à leur maison. A la Révolution, elles étaient au nombre de 25, sans compter les Sœurs converses, et leurs revenus étaient de 12,000

« C'est ainsi, disait-il à sa famille, que nous
» devons intéresser Dieu même dans notre cause.
» Plus nous donnerons aux pauvres et plus il
» deviendra magnifique et libéral à notre égard. »

Cependant les visites inutiles qu'il était obligé de recevoir, les consultations fréquentes auxquelles il répondait exactement, et mille autres embarras qu'il ne pouvait prévoir, lui ravissaient tout son loisir, et ne lui laissaient presque pas un moment dont il pût disposer pour s'occuper de l'oraison dans la retraite et le recueillement. Il gémissait souvent d'un tel malheur et cherchait les moyens d'y remédier, lorsque la Providence lui en fournit l'occasion qu'il ne laissa pas échapper. Un jardin situé dans la paroisse et cependant hors des murs de la ville, était à vendre, il l'acheta pour s'en faire une solitude qu'il fréquenta le plus qu'il lui fut possible, et dans laquelle il se renfermait uniquement pour réparer ses forces intérieures dont il craignait toujours l'affaiblissement (¹). « Notre divin

---

livres. Quand la paix eut été rendue à l'Église de France, elles reparurent à Chartres et s'établirent d'abord dans une partie de l'ancien couvent de la Visitation, rue du Grand-Beauvais; mais, en 1830, la communauté, devenue plus nombreuse, se transporta dans le lieu dit le Pélican, un peu au-dessus de l'ancien monastère de Saint-Jean-en-Vallée, où elle est encore.

(¹) Dans une note l'auteur précise l'emplacement de

» maître, disait-il à ce sujet, n'a-t-il pas donné aux
» pasteurs l'exemple de la retraite ; puisque, après
» avoir enseigné le peuple et guéri leurs malades,
» il échappait souvent à ses propres disciples, se
» cachait quelquefois dans un désert ou sur une
» montagne solitaire pour prier à l'écart ? Sans
» doute il n'avait pas besoin de se recueillir ainsi ;
» mais il connaissait notre faiblesse, et voulait
» nous instruire.

A peine M. Marie se vit propriétaire de ce jardin, que le premier meuble qu'il y fit porter fut une

ce jardin, en disant qu'il se trouvait *dans le Grand-Faubourg, proche le vieux couvent des Cordeliers*. Des habitants de Chartres disent qu'il était dans la rue d'Amilly, et que la croix placée par M. Marie a été fort longtemps respectée. Quoi qu'il en soit, ce jardin ne devait pas être fort éloigné de la place des Épars, puisqu'il était proche du vieux couvent des Cordeliers et que ce couvent était sur l'emplacement des maisons portant les nos 7, 8, 9 du faubourg des Épars ou Grand-Faubourg. (Lecocq, *Chroniques*, p. 239.)

Les Cordeliers s'étaient établis dans ce lieu qui était sur la paroisse Saint-Saturnin, après avoir sollicité l'autorisation du Chapitre auquel il appartenait et qui le leur abandonna gratuitement. Sous prétexte que l'éloignement et le mauvais état des chemins ne permettait pas aux fidèles de fréquenter leur église, ils demandèrent à entrer en ville, mais il leur fallut attendre cette permission pendant trois siècles. Leur couvent, brûlé une première fois à l'approche des en-

grande croix, sur laquelle était attaché un Christ de grandeur naturelle ; il planta cet arbre au bout d'une allée assez obscure, vis-à-vis la porte du cabinet qui était pratiqué dans cet endroit. Il regarda toujours cette petite solitude comme un asile et comme un lieu de refuge, où il puisait au pied de la croix les consolations dont il avait besoin dans les peines inséparables du ministère. On l'a quelquefois surpris lorsqu'il était en prière dans cet oratoire ; son corps paraissait immobile, et ses yeux, fixés sur Jésus crucifié, versaient des torrents

nemis en 1358, fut rasé complétement lors du siége de Chartres par Henri IV en 1568, comme pouvant nuire à la défense de la ville. Ce couvent était, dit-on, très-beau ; vers 1620 on fit construire sur son emplacement une petite chapelle qui fut détruite à la Révolution. Les religieux de Saint-Père donnèrent aux Cordeliers chassés par la guerre, un clos de vigne de plus de deux arpents contigus à leur monastère. Ceux-ci bâtirent en ce lieu un nouveau couvent dont les bâtiments, en partie conservés, servent aujourd'hui au collége de la ville. En 1859 on a retrouvé dans les jardins du collége le sceau du couvent portant l'image de Saint-François d'Assise avec les mots : *Sigillum conventus fratrum minorum.* (*Proc. Verb. Soc. Arch. d'Eure-et-Loir*, I, 202.) L'impasse et le tertre Saint-François, qui en sont peu éloignés, conservent le souvenir du passage des Cordeliers dans ce quartier. Pour distinguer leur nouvelle maison de l'ancienne, on appelait celle-ci les *Vieux-Cordeliers*.

de larmes. Mais s'étant aperçu qu'il n'était pas dans cet endroit aussi caché qu'il se l'était imaginé, il se retira dans le cabinet pour éviter de pareilles surprises. Il ne se passait guère de jours qu'il n'allât ainsi se recueillir dans son jardin ; il y donnait toujours un temps considérable à la lecture des Livres Saints ; il les étudiait à genoux, la tête nue, comme l'ont remarqué des personnes qu'une pardonnable curiosité portait à le suivre de près ; il lisait peu à la fois, puis croisant les bras sur sa poitrine, il réfléchissait quelque temps sur ce qu'il venait de lire, et paraissait saisi de ces heureux attendrissements de cœur, qui ne sont bien connus que de ceux qui les ont éprouvés. Il avait tant de fois pratiqué ce saint exercice, qu'il savait par cœur le Nouveau-Testament, ainsi que le livre admirable de l'Imitation de Jésus-Christ. Il portait toujours ces deux volumes sur lui et en lisait quelque chose aussitôt qu'il était seul ; mais c'était principalement dans son jardin qu'il en faisait une sérieuse lecture. Il y étudiait encore le Pastoral de saint Grégoire, et, quoiqu'il le possédât à fond, il le lisait encore tous les jours, et il se fit un devoir le reste de sa vie de régler toute sa conduite sur les principes de ce saint docteur.

C'est ainsi qu'il se soutenait dans les voies de la perfection sacerdotale, et que faisant succéder tour à tour aux soins et aux fatigues de Marthe, le repos et la tranquillité de Marie, il cherchait dans le secret de la retraite les lumières dont il avait besoin pour connaître les profondeurs de l'Évangile et les secours nécessaires pour le pratiquer lui-même, et pour en persuader l'amour aux pécheurs les plus obstinés. Un des moyens qu'il employa toujours avec succès pour les ramener à Jésus-Christ, fut une douceur inaltérable, à laquelle le libertinage et le désordre se trouvaient enfin heureusement forcés de se rendre.

Un jeune homme de la paroisse, connu de toute la ville par le déréglement de ses mœurs, ne tenait aucun compte des avis que les personnes les plus respectables pouvaient lui donner; ses parents, fatigués des plaintes continuelles qu'on leur faisait de sa conduite, étaient sur le point de faire enlever ce libertin, et de terminer ainsi le scandale qui les déshonorait. M. Marie, informé d'une résolution si rigoureuse, fut les trouver et les pria de n'en pas venir encore à ces extrémités. « Vous pouvez, leur » dit-il, faire un hypocrite, mais jamais un péni- » tent; attendez encore, je vous en conjure, au » nom de celui qui ne veut pas la mort du pécheur; » et si votre fils ne se corrige, on examinera le » parti qu'il faut prendre. » Cependant le pasteur, qui avait déjà couru longtemps après sa brebis égarée, ne se rebuta point, et la poursuivit encore avec plus d'activité qu'il n'avait fait jusque-là.

Enfin le jeune libertin, plus touché de la peine et de l'inquiétude qu'il causait à un si honnête homme, que du désir de mener une vie chrétienne, se laissa approcher un jour par celui qui le cherchait. Il écouta d'abord avec impatience des discours auxquels la corruption de son cœur l'empêchait de rien comprendre ; mais voulant justifier en quelque sorte sa conduite, il en rejeta la cause sur les mauvaises manières prétendues de ses parents, qui refusaient, disait-il, « de payer beaucoup de dettes » qu'il avait contractées. » « Mais, lui dit M. » Marie, si vous êtes accablé de dettes, vous » savez bien que ce n'est pas une raison d'en con- » tracter de nouvelles ; au reste il y a remède à » tout, et vous pouvez compter sur mes services. » Il n'en dit pas davantage ; mais ces paroles furent dites avec tant de douceur et de charité, ou pour mieux dire, Dieu les rendit si pénétrantes, que le jeune homme fondant en larmes, embrassa les pieds de son pasteur, lui répéta cent fois qu'il avait péché devant Dieu et devant les hommes, et le conjura de demander au ciel le pardon des crimes qu'il avait commis. Aussitôt M. Marie le releva et l'encouragea à persévérer dans la pénitence ; il fit sur-le-champ payer une partie de ses dettes, lui prêta de quoi payer le reste, et affermit dans la suite par des soins assidus cette conversion, qui, pour avoir été subite, n'en était pas moins sincère, comme l'a indubitablement prouvé la vie édifiante et mortifiée que ce jeune homme a menée jusqu'à la mort.

Le principe ordinaire de la conduite de M. Marie était, comme on vient de le voir, celui de saint François de Sales : qu'il ne fallait jamais flatter le crime, mais ménager le pécheur; et l'expérience lui fit effectivement connaître qu'on en obtenait ordinairement plus par la douceur et la compassion que par une inflexible rigidité. Nous en rapporterons encore un exemple.

Il y avait dans une des églises de la ville, en 1670, un bedeau qui eut le malheur de commettre un crime honteux dans le lieu saint. Ce sacrilége étant venu à la connaissance du public, le coupable fut privé de son emploi, et ne sachant plus où se réfugier, il était sur le point de succomber à la tentation du désespoir. Les ministres mêmes de J.-C., bien loin de lui tendre les bras, le rejetaient avec mépris, et prétendaient, disaient-ils, lui faire connaître par ce moyen l'horreur de son péché. M. Marie ne put s'empêcher de blâmer en cette occasion le zèle de ses confrères, qui lui paraissait trop amer. « Pensons, leur dit-il, à l'esprit » de notre divin Maître, qui n'est descendu sur » la terre que pour sauver ce qui était perdu. » Si nous sommes les médecins des âmes, pour- » quoi nous refusons-nous à celles qui ont d'au-

» tant plus besoin de notre ministère que leur
» maladie est plus désespérée ? Laissons plutôt
» pour quelques moments ceux qui jouissent d'une
» parfaite santé, et courons au secours d'un mal-
» heureux qui est aux portes de la mort. » Il exécuta lui-même ce qu'il venait de proposer aux
autres, alla chercher ce pauvre pécheur qu'il
trouva plongé dans une excessive tristesse ; il releva ses espérances abattues, lui promit tout de la
bonté de Dieu, le prit par la main, l'emmena
dans sa paroisse, le logea dans une chambre qu'il
lui avoit louée vis-à-vis le presbytère, et lui dit en
le quittant : « Je vous ai placé auprès de moi,
» parce que j'espère que vous serez un bon voisin.
» Je veux être de vos amis ; ne vous mettez point
» en peine de votre petit ménage : nous en au-
» rons soin jusqu'à ce que vous ayez trouvé le
» moyen de gagner votre vie. Ne vous occupez
» maintenant que du soin d'apaiser la colère de
» Dieur, que vous avez offensé ; craignez sa jus-
» tice, mais espérez encore plus en sa miséri-
» corde infinie. »

Une charité si désintéressée attendrit ce malheureux, il versa des larmes saintes qui ne finirent
qu'avec sa vie, il se condamna lui-même dès ce
moment à coucher sur la dure, et à ne vivre plus
que de pain et d'eau le reste de ses jours. Cette
sévère pénitence édifia toute la ville ; et chacun fit

succéder à son égard la plus grande estime au mépris le plus humiliant. M. Marie, plus instruit que personne de la conversion de son nouveau paroissien, lui fit donner à Saint-Saturnin la même place dont il avait été destitué ailleurs à cause de son crime. Enfin ce pécheur justifié, après avoir passé plus de vingt ans dans la terrible pénitence dont nous venons de parler, termina sa pénible carrière par une mort précieuse aux yeux de Dieu.

Comme la douceur et la bonté de M. Marie n'étaient point chez lui des vertus auxquelles le Christianisme a moins de part que le tempérament, il était plus ferme qu'un autre dans l'occasion, et s'opposait avec force à l'injustice quand il s'apercevait que la condescendance et les ménagements pouvaient aigrir le mal ou favoriser la cupidité. Nous serions en état d'en citer bien des preuves ; mais la loi que nous nous sommes faite de suivre l'ordre des temps le plus exactement qu'il nous sera possible, ne nous permet pas de les placer toutes en cet endroit.

(1669.) Il suffit de dire ici que les immunités de son église étant alors attaquées par des personnes intéressées, qui lui disputaient la franchise des entrées accordée à son bénéfice, il en usa d'abord avec une grande douceur à l'égard de ceux qui lui contestaient ce privilége ancien et bien établi. Mais ayant remarqué que ces hommes avares ne se rendaient pas à ses raisons, il eut recours à l'autorité des magistrats, se chargea lui-même de la poursuite de cette affaire, défendit ses droits avec tant de vigueur et fit valoir avec tant de force la justice de sa cause, qu'il obtint aisément tout ce qu'il demandait (¹). Il est vrai qu'il se fit une extrême violence dans cette rencontre, et que le maintien des libertés de son église fut l'unique motif qui pût le déterminer à paraître devant les tribunaux séculiers. Car on ne l'y vit jamais soutenir les intérêts les plus légitimes, lorsqu'ils ne regardaient que lui personnellement. Fidèle à la doctrine de l'Apôtre (I, Cor., VI, 7.), il aima toujours mieux souffrir la fraude et la mauvaise foi des hommes que de les traduire devant les juges. « Il ne convient pas à un prêtre, disait-il, » de passer son temps dans la chicane du Palais, » et c'est toujours une triste nécessité que celle » qui nous fait recourir aux gens du siècle pour » décider les affaires du Sanctuaire. »

(¹) Nous pensons qu'il s'agit ici d'un privilége, grâce auquel les prêtres de Saint-Saturnin étaient exempts des droits qu'il fallait payer ordinairement pour entrer en charge dans une église paroissiale.

CHAPITRE VII.

M. Marie se pratique dans sa maison même une solitude. Son règlement de vie.

Quelque sainte et retirée que fût la vie de ce grand homme, il crut néanmoins n'avoir pas assez fait, s'il ne se procurait dans son presbytère même une retraite aussi profonde que celle de son jardin, dont il ne pouvait goûter les avantages que pour des moments qui lui paraissaient toujours trop rapides. Il voulait encore par ce moyen remédier à plusieurs inconvénients dont son humilité se trouvait trop souvent alarmée. Comme tout le monde avait une libre entrée, non-seulement dans sa maison mais même jusque dans sa chambre, excepté les femmes auxquelles l'entrée n'en fut jamais permise quand il y était seul, il semblait qu'on prît plaisir à le surprendre plusieurs fois le jour, lorsqu'il vaquait à l'oraison, ou qu'il se livrait aux plus tendres mouvements de sa piété; ce fut donc pour se dérober aux regards trop curieux des hommes, qu'il se pratiqua, par le moyen d'une cloison assez grossièrement construite, une solitude au fond de son grenier; ainsi, loin du bruit et du tumulte, il suivit en liberté dans la prière toute l'ardeur de son zèle, qu'il s'était vu jusque-là obligé de réprimer avec une espèce de violence.

Il n'ignorait cependant pas qu'en qualité de curé il devait répondre à tout le monde, et qu'un pasteur est aussi répréhensible de ne se laisser voir à personne, que de se répandre trop au dehors. Ainsi, pour éviter ces deux extrémités également vicieuses, il fit en sorte que les personnes qui avaient besoin de ses conseils ou qui venaient seulement lui faire visite, ne s'aperçussent jamais de la grande solitude qu'il gardait. Il avait donné ordre qu'aussitôt que quelqu'un le demanderait, et principalement les pauvres, on l'en avertît par le moyen d'une sonnette; au premier signal il quittait tout, paraissait sur-le-champ et recevait son monde avec beaucoup de politesse et de douceur. On a souvent remarqué avec étonnement qu'il descendait de sa retraite et y remontait avec un air aussi content et aussi serein la vingtième fois que la première; et c'est ce qui a fait juger sainement à plusieurs personnes que l'amour de la mortification y avait au moins autant de part que celui de la solitude.

Ce vertueux curé s'était fait un plan de conduite

qu'il a toujours fidèlement suivi; tout était réglé, tout était mesuré et tout fut exécuté jusqu'à la mort avec une exactitude presque inimitable. On ne sera peut-être pas fâché que nous entrions dans une espèce de détail qui pourra être utile aux ministres de Jésus-Christ, et dans lequel toutes les personnes qui font profession de piété trouveront de quoi s'édifier.

Nous avons déjà vu quelle estime il faisait de la prière, et combien cet exercice lui était devenu familier. Un prêtre, selon lui, en devait être occupé jour et nuit; et il était si pénétré de cette maxime, qu'il ne pouvait comprendre que des ecclésiastiques s'ennuyassent d'un emploi si honorable pour eux et si consolant pour toute l'Église. Il avait des heures marquées pour le jour et pour la nuit, dans lesquelles il se présentait devant la Majesté divine, et lui offrait le tribut de sa reconnaissance et de son amour. Comme il avait une porte qui communiquait du presbytère à son église, il allait trois fois le jour devant le Saint-Sacrement réciter son Bréviaire, et toujours à genoux sur le pavé, la tête nue et sans s'appuyer jamais quelque las et fatigué qu'il fût. Il disait ainsi Matines à neuf heures du soir; elles duraient une heure entière pour les jours ordinaires, mais quand l'office était celui de la Férie, il ne se retirait qu'à onze heures. Comme il était sujet à de grands rhumatismes, les médecins lui défendirent dans la suite de se tenir si longtemps à genoux sur le pavé; il obéit et fit faire une petite planchette de bois de chêne épaisse d'un pouce, qu'il mit sous ses genoux. Le public ignora d'abord cette dévotion du serviteur de Dieu, parce qu'il la cachait avec beaucoup de soin; mais cependant au bout de quelques années, Dieu permit qu'elle fût découverte et même si connue dans la ville, que ceux qui passaient devant l'église pendant le silence de la nuit s'y arrêtaient quelques moments, et avaient coutume de dire, sans crainte de se tromper : « Voilà le bon curé de Saint-Saturnin qui » prie pour ses paroissiens. »

Il retournait tous les jours à l'église de très-grand matin, y passait encore deux heures dans le Sanctuaire. Une partie de ce temps était employée à la méditation, le reste à la récitation des petites heures, à la célébration des saints Mystères et à son action de grâces. A trois heures après midi, il revenait encore au même endroit dire à genoux Vêpres et Complies, qui étaient suivies d'environ une demi-heure d'oraison, ce qui durait jusqu'à quatre heures. Il sortait enfin de l'église, et retournait vers ses malades auxquels il avait déjà rendu visite dès le matin.

Ces trois stations, qu'il faisait régulièrement chaque jour devant l'adorable Sacrement de l'autel, étaient pour lui des moyens privilégiés, qui n'entraient point en ligne de compte, et ne l'empêchaient pas d'assister à tous les offices de son église : obits, fondations, confréries, sépultures, même des enfants, des pauvres comme des riches : rien en un mot n'échappait à son zèle; on le voyait présent à tout. Il regardait le chant et la psalmodie comme une félicité anticipée, dont il voulait jouir le plus qu'il lui était possible; et ce fut par cette vue qu'il se fit une loi de chanter des deux côtés du chœur, et quoiqu'il n'eût pas presque de poitrine, l'ardeur de sa piété suppléait à ce qui lui manquait de force, et soutenait tellement sa voix qu'elle se faisait fort bien entendre et réglait même celle des autres.

Depuis que Dieu l'eut délivré, comme on l'a dit ailleurs, de la timidité naturelle qui l'empêchait de parler en public, il n'a jamais passé aucun dimanche sans monter deux fois en chaire; il y faisait à la première messe la lecture des instructions du rituel, puis il expliquait d'une manière persuasive et familière quelqu'un des commandements de Dieu ou des articles du symbole; il prêchait encore à la grand'messe sur l'évangile du jour; il en développait d'abord à son peuple le sens mystérieux, mais conformément à la méthode des saints Pères, il insistait davantage sur ce qui est pratique et qui concerne les mœurs. « Ce qui manque le plus

» aux fidèles, disait-il, à ses amis, c'est une solide
» instruction. Qu'il y en a peu qui connaissent
» comme il faut la grandeur de la religion et
» l'étendue des devoirs de leur état ! » Aussi en
parlait-il souvent en public et en particulier. Il ne
se rebutait jamais de l'indifférence ou même de
l'indocilité de ses brebis ; il avait une telle charité pour la moindre d'entre elles, qu'il eût désiré,
s'il eût été possible, de les conduire toutes par
lui-même dans les voies du Seigneur ; mais son
peuple était trop nombreux, et malgré l'ardeur et
l'activité de son zèle, il était contraint de se décharger d'une partie du travail sur la vigilance de ses
coopérateurs. Cependant pour contenter en quelque
sorte sa charité sur ce point, il s'était chargé de
former à la piété chrétienne tous les enfants de sa
paroisse ; et il n'a jamais manqué de faire lui-même
toute l'année le catéchisme à ceux qu'il destinait
à faire leur première communion. Il se proposait
en cela de suivre l'exemple des plus saints évêques,
et principalement de saint François de Sales, qui
ne dédaignaient pas d'exercer la fonction de catéchiste. Le respect qu'il avait pour ce ministère
était si grand, qu'il désirait qu'on ne le confiât
qu'aux pasteurs les plus savants et les plus vertueux.
Son attention sur cet article important fut toujours
suivie d'un heureux succès, et les confesseurs de
la cathédrale disaient communément qu'ils connais-

saient ses paroissiens à la manière dont ils étaient instruits des choses de Dieu.

Il s'était fait encore une règle inviolable de se lever à trois heures et demie du matin, les dimanches et les jours de fêtes ; il ouvrait lui-même les portes de son église, afin de faciliter ainsi aux domestiques le moyen de s'approcher du sacrement de Pénitence, et de recevoir les conseils et les instructions dont ils couraient risque d'être privés, parce qu'ils ne pouvaient pas disposer du reste de la journée. Il les attendait quelquefois des heures entières dans l'église à genoux ; et quand ils venaient le trouver, il ne leur témoignait jamais la moindre impatience.

Le penchant qu'il avait pour la mortification la lui faisait pratiquer jusque dans le tribunal; car pendant quarante-six ans il s'y tint debout pour entendre les confessions, et descendait par deux degrés dans son confessionnal qu'il avait fait creuser exprès. Il est vrai que cette gênante situation était une suite de la loi qu'il s'était imposée de ne s'asseoir jamais par respect pour la présence de Dieu. Mais il y joignit bientôt le motif de la pénitence, et cette pratique mortifiante à laquelle il s'était depuis longtemps condamné volontairement, devint dans la suite pour lui une nécessité presque indispensable; car les fatigues du ministère et la dureté de sa vie mortifiée, l'avaient rendu si maigre, que les os lui percèrent presque la peau, et qu'il ne pouvait plus s'asseoir sans en être extrêmement incommodé. Quoique accablé du nombre et de la longueur des confessions, il ne manquait point d'aller au sortir du tribunal voir et consoler les malades dans les faubourgs de sa paroisse. Cette fonction lui était spécialement réservée, et pendant toute sa vie il ne se reposa jamais sur qui que ce fût de cette œuvre de charité, qu'il regardait comme la plus honorable et la plus importante de son ministère.

C'était là un des principaux effets de la tendresse inconcevable qu'il a toujours eue pour les pauvres et pour tous ceux qui étaient dans l'affliction. Il avait le cœur si sensible à leurs peines et si porté à les soulager, qu'il faisait entrer dans presque toutes ses exhortations la nécessité de l'aumône ; et l'on a remarqué plusieurs fois que ses discours n'étaient jamais si nobles, si touchants que lorsque cette vertu en était la principale matière. « N'avez-vous jamais admiré, dit-il un jour, » l'étrange expression du prophète ? *Beatus qui in-* » *telligit super egenum et pauperem* (¹)! Heureux celui » qui conçoit le pauvre ! N'était-il pas plus naturel » de dire : Bienheureux celui qui regarde le pau- » vre en pitié, et qui tâche de le secourir ? Non,

(¹) Ps. 40, 1.

» mes frères, non; le prophète a voulu nous
» apprendre par cette manière extraordinaire de
» parler, qu'il fallait méditer le pauvre, comme on
» médite les choses les plus difficiles à compren-
» dre, et tâcher par de profondes réflexions de
» voir Dieu même languir, pleurer, souffrir et se
» plaindre dans la personne des pauvres, que l'in-
» digence ou la maladie environne de tous côtés. »
Il disait souvent que « l'aumône est le sacrifice de
» l'amour, et que Dieu à qui il est offert le reçoit
» toujours comme un parfum d'une agréable
» odeur. »

Réglant lui-même sa propre conduite sur de si saintes maximes, il n'a jamais refusé l'aumône à aucun pauvre. M. Marie donnait toujours un sol marqué à tous ceux qui lui demandaient l'aumône (1). Il ne les envisageait jamais, et il lui

---

(1) Le sou marqué valait un sou et demi ou dix-huit deniers. Plate comme une feuille de papier, cette monnaie se tenait parfaitement en pile; elle avait même été inventée pour cet usage, et on en formait des rouleaux qui n'entraient point dans les bourses en cuir déjà trop chargées des monnaies d'une valeur supérieure. On en faisait un très-grand usage dans tout l'ouest de la France. On s'en servait encore en 1840. Longtemps après qu'il eut été complétement démonétisé, on employait encore dans le Midi le sou marqué, pour détacher les œufs de vers à soie des étoffes de laine où ils étaient pondus; étant très-mince sans être tranchant,

arrivait très-souvent de donner au même pauvre trois ou quatre fois par jour. Quand on l'avertissait que ceux à qui il avait déjà donné lui demandaient encore, il répondait qu'il ferait de même s'il était en leur place; il les priait même de venir dîner chez lui, et pendant vingt ans il en eut deux tous les jours auxquels il donnait à manger; mais la jalousie et les murmures des autres pauvres qui se plaignaient que leur tour ne venait pas assez souvent, l'obligèrent d'en agir autrement dans la suite et de retrancher cette aumône pour s'en tenir à celles qu'il distribuait d'une autre manière et qui étaient encore bien plus abondantes. En effet, il donnait toujours à tout venant, et ne se bornant pas à soulager les misérables de sa paroisse, ni ceux même de toute la ville, il parcourait exprès la campagne, à quatre lieues à la ronde, et les allait chercher avec une charité qui ne peut avoir trop d'imitateurs. Il disait agréablement à ce sujet, que les curés sont par état chasseurs de pauvres : *Venatores pauperum sumus*.

Quand le désir de servir ses frères l'appelait dans

et grâce à un côté qu'on a relevé pour donner prise, il passait pour le meilleur racloir. Il doit se trouver beaucoup de ces petites monnaies chez les collectionneurs de vieux sous. (D'après M. A. F., employé à la Bibl. nationale, et M. V. P. *Polybiblion*, t. XXII, p. 384, et t. XXIII, p. 95.)

quelque village, aussitôt qu'il y était arrivé, sa coutume était d'aller d'abord à l'église, pour y adorer Dieu et le prier de bénir les aumônes qu'il se proposait de répandre. Il visitait ensuite le curé du lieu et l'engageait, par ses manières obligeantes et civiles, à lui donner quelque connaissance des besoins les plus pressants de sa paroisse; il n'en était pas plus tôt instruit qu'il se mettait en devoir d'aller trouver les pauvres et surtout les malades dont on lui avait donné les noms. Il les saluait avec respect, leur parlait de même, et quand il croyait n'être aperçu de personne, il prenait un plaisir singulier à leur rendre les services les plus pénibles et les plus humiliants, comme on l'a su par le moyen de ces bonnes gens, qui n'avaient pas plus tôt recouvré la santé qu'ils venaient à Chartres, et racontaient à tout le monde la tendresse et la charité de leur bienfaiteur.

On était toujours bien reçu chez lui lorsqu'on venait lui apprendre que dans certains hameaux il y avait quelque malade couché sur la paille et privé de tous secours, qui avait échappé à ses recherches. Il montait aussitôt à cheval, allait le visiter dans sa cabane, lui portait un matelas et une grande couverture qu'il pliait en deux, le couchait lui-même sur une moitié, le couvrait de l'autre; il le consolait toujours par des paroles étincelantes du feu de la charité, il compatissait à sa misère, lui laissait de l'argent en le quittant, et donnait ordre aux voisins qu'on ne manquât pas, les jours de marché, de lui venir apprendre de ses nouvelles. On le faisait exactement, et s'il ne lui était pas possible de retourner les voir aussitôt qu'il eût désiré, il avait soin d'envoyer ses aumônes par des personnes fidèles; et par le mémoire ou catalogue des pauvres qu'il avait toujours sur lui, à l'exemple de saint Grégoire-le-Grand, l'on voit qu'il faisait encore tenir des habits et des chemises à ceux qui en manquaient. On n'a jamais bien su les grandes aumônes qu'il faisait aux pauvres de la campagne qu'après sa mort. Ces bonnes gens voyant que M. Marie ne venait plus chez eux à l'ordinaire, et que personne ne leur apportait rien de sa part, jugèqu'il fallait qu'il fût mort. Ils vinrent à Chartres pour le pleurer, et publièrent de tous côtés les libéralités qu'ils avaient reçues de lui pendant sa vie.

Si les pauvres que la maladie ou quelque autre raison légitime mettaient hors d'état de travailler étaient le principal objet de ses soins et de son amour, il reprenait avec force ceux dont l'indigence n'était qu'une suite de leur fainéantise. Et pour leur ôter tout prétexte de rester dans l'inaction et la paresse, il leur distribuait les outils de leur métier et s'employait de tout son pouvoir pour leur procurer du travail et un honnête salaire. Il avait un tourneur affidé, qui lui faisait un grand nombre de rouets et de fuseaux, qu'il donnait aux pauvres femmes qui n'en avaient point.

M. Marie secourait, comme on vient de le voir, un nombre prodigieux de pauvres; il en a sustanté plus de deux cents dans sa seule paroisse, pendant les quarante-six années de son ministère; et quoiqu'il ne fût certainement pas bien riche, il tirait encore très-peu de chose du casuel de son bénéfice; car jamais il n'exigea ni les honoraires, ni les rétributions attachées à sa qualité de curé, et lorsqu'on les lui présentait, il avait coutume de ne les recevoir que comme des aumônes faites à un pauvre prêtre qui n'a droit à rien(1) : « Nous autres pasteurs, » disait-il à son clergé, nous ne pouvons éviter » avec trop de soin jusqu'au moindre soupçon d'avi- » dité pour l'argent; autrement nous ne passons

---

(1) Cette conduite de M. Marie était certainement inspirée par les intentions les plus droites et la plus louable charité. Nous ne croyons pas cependant qu'elle puisse être proposée à l'imitation du clergé paroissial. Les prêtres auxquels leur fortune personnelle permet de faire l'abandon du casuel doivent néanmoins l'exiger; car, en ne l'exigeant pas, ils attirent des blâmes injustes sur ceux de leurs confrères auxquels le casuel est nécessaire. La charité, d'ailleurs, n'y perd rien, puisqu'ils ont toujours la liberté de faire avec ce casuel des aumônes très-méritoires.

» dans l'esprit des fidèles que pour des merce-
» naires. Que peuvent-ils penser quand ils nous
» voient marchander, pour ainsi dire, une sépul-
» ture ou même le redoutable sacrifice de la
» messe ? Convient-il de leur refuser notre minis-
» tère et de rejeter leur offrande, uniquement
» parce qu'elle n'est pas assez considérable ? Croyez-
» moi, ajoutait-il, nous sommes encore de ce
» monde réprouvé, si nous aimons l'argent comme
» les gens du monde. C'est peu d'avoir reçu le
» caractère sacerdotal, si nous ne menons une vie
» sacerdotale ; et je suis persuadé que c'est dans
» un détachement général des biens de la terre
» qu'elle consiste principalement. »

Sa vie ne fut qu'une preuve continuelle de ces vérités qu'il avait profondément gravées dans le cœur, et qu'il pratiquait avec tant d'exactitude, que sa famille craignit plus d'une fois qu'il ne tombât lui-même dans la dernière indigence. Elle se crut même souvent obligée de faire assigner à son insu ses fermiers et de saisir leurs blés, pour les contraindre de payer ce qu'ils lui devaient. Mais aussitôt que ses débiteurs recouraient à lui et l'instruisaient des poursuites qu'on faisait contre eux, ils en obtenaient main-levée; et pour peu qu'ils lui représentassent la difficulté de le satis-faire, sans que leur pauvre famille en souffrît, son cœur s'attendrissait, et toujours disposé à se mettre à l'étroit plutôt que d'y réduire les autres, il leur remettait la dette entière et les renvoyait en paix. Les revenus de son bénéfice et ceux de son patrimoine n'étaient donc pas le principal fonds de ses libéralités, tout le monde le savait bien et il en était lui-même dans l'admiration.

Afin de pouvoir donner abondamment aux pauvres, il aimait sincèrement la pauvreté et la pratiquait en tout. Il garda toujours une sévère sobriété, et de crainte d'accorder quelque chose à la sensualité, il aimait mieux s'exposer à donner à la nécessité même des bornes trop étroites. Les viandes dont il usait étaient toujours très-communes. Il faisait abstinence tous les mercredis, et jeûnait rigoureusement tous les vendredis de l'année et toutes les veilles des fêtes. Il ne prenait jamais qu'une once de pain et un verre de vin à sa collation, souvent même il la supprimait tout à fait; ou pour mieux dire sa vie était un jeûne continuel, car il refusait tout à la cupidité, réprimait sévèrement ses moindres saillies, parlait peu, travaillait beaucoup, ne dormait presque point, lisait sans cesse, souffrait toujours quelque douleur corporelle, et vivait dans un grand détachement. Son lit consistait en un mauvais matelas étendu sur des planches, et il se couchait presque tout habillé. Une petite lampe brûlait toute la nuit à côté de son chevet; toutes les fois qu'il s'éveillait, il tirait un lutrin qui était à la portée de sa main, sur lequel était une *Imitation* in-folio de l'édition du Louvre, et il en lisait quelque chapitre.

Pendant plusieurs années, il nourrit et gagea des clercs, qui lui faisaient la lecture pendant ses repas. Mais, dans la suite, ses grandes aumônes ne lui permettant plus de faire cette dépense, il avait toujours un livre ouvert devant lui sur sa table. Il n'avait jamais qu'un habit, qui lui servait l'hiver et l'été; l'étoffe en était de vil prix, et tout répondait chez lui à la simplicité de son habillement. Les plus beaux meubles de son presbytère étaient des chaises de paille, qu'il faisait réparer tous les dix ans; il n'avait pour tapisserie dans sa chambre que quelques estampes de piété, et le reste de sa maison était parfaitement assorti à l'esprit de dénûment et de pauvreté dont il était rempli [1]. En

---

[1] C'était alors l'usage d'orner les murs de tapisseries auxquelles on donnait souvent un encadrement en bois sculpté. On pourrait croire que cet usage tend à revenir, car déjà on voit dans de riches habitations modernes, les murailles décorées de tentures qui imitent assez bien la tapisserie antique. Les dessins de ces ouvrages représentaient parfois des fleurs et des scènes de fantaisie, mais le plus souvent ils avaient trait à des souvenirs de l'histoire religieuse ou de l'histoire profane. Un grand nombre d'églises possédaient des tapisseries de ce genre qui sont aujourd'hui fort recherchées

un mot, les meubles qu'il laissa en mourant étaient si peu de chose, que des personnes charitables, croyant qu'une pauvreté si générale était portée un peu trop loin, contribuèrent à meubler un peu moins mal M. son Neveu et son successeur; elles firent porter chez lui quelques ameublements plus propres et plus commodes. Mais un parent du nouveau curé, M. Mathurin Perot, chanoine de la cathédrale, se trouvant dans le presbytère, lorsqu'on commençait à y faire ce changement. « Si » vous voulez, mon cher cousin, lui dit-il, que » Dieu bénisse vos travaux, comme il a béni ceux » de votre cher oncle, croyez-moi, commencez » par conserver son esprit de pauvreté. Cette vertu » fait l'éloge de cet illustre défunt; il faut qu'elle » fasse aussi le vôtre. » Le curé suivit sans hésiter ce bon conseil, renvoya sur l'heure les nouveaux meubles, et conserva les anciens comme de précieux monuments de la piété de son prédécesseur.

Ce vertueux prêtre aimait beaucoup le travail des mains; il le recommandait souvent aux clercs de son église, et c'était pour lui une véritable mortification de ne pouvoir leur montrer en ce point l'exemple qu'il leur donnait partout ailleurs.

des amateurs; celles qui en possèdent encore ne les font plus servir que comme tapis d'autel.

Mais, outre que sa faible santé ne le lui permettait pas, il était si fort occupé des divines fonctions de son ministère, si continuellement occupé aux soins des pauvres et des malades, qu'à peine trouvait-il le temps de prendre ses repas. S'il lui restait un peu de loisir, ce qui arrivait très-rarement, il cultivait de ses mains quelques arbres, et se plaisait à laisser grossir leurs fruits dans des vaisseaux de verre faits exprès. Il avait du goût pour les mécaniques, et louait les prêtres et les religieux qui, s'y appliquant modérément, font succéder le travail à la prière, et tâchent de prier même en travaillant.

L'éloignement qu'il avait pour la perte du temps et pour l'inutilité de ces visites que la bienséance du monde exige quelquefois, les lui faisait supprimer autant qu'il le pouvait sans blesser la charité ; il eût souhaité qu'on ne vit un prêtre qu'à l'autel ou actuellement occupé des œuvres saintes de son état. « Nous tombons dans le mépris, disait-il quel-
» quefois en gémissant, parce qu'on nous rencon-
» tre souvent où nous ne devrions jamais nous
» trouver. Que fait un prêtre dans une compa-
» gnie toute séculière ? S'il a beaucoup de vertu,
» ne l'expose-t-il pas à de grands dangers ? S'il
» en a peu, il l'affaiblit encore, et mérite de
» perdre le peu qui lui en reste. » Se considérant lui-même comme le plus faible des hommes,

il évitait avec soin de se trouver parmi les personnes du siècle, chez qui l'on ne parle que des choses vaines et frivoles. Mais les visites qu'il rendait le plus volontiers étaient celles qu'il faisait aux pauvres malades de l'Hôtel-Dieu ; il leur portait régulièrement toutes les semaines cinq sols à chacun, et souvent davantage. S'ils étaient de la campagne, il les invitait à le venir voir sitôt qu'ils seraient guéris, et pour lors il leur donnait en secret l'argent nécessaire pour s'en retourner chez eux à petites journées.

Il allait voir encore très-souvent les prisonniers, prenait part à leur disgrâce, pleurait avec eux au fond de leur cachot, s'insinuait peu à peu dans leur cœur, et la grâce qui était répandue sur ses lèvres les pénétrait enfin des sentiments de la plus sincère pénitence. Il leur procurait encore tous les adoucissements dont leur extrême misère était susceptible ; il s'employait même auprès des personnes puissantes pour obtenir leur grâce. Il écrivait sur des tablettes le nom de ceux qui étaient en prison pour dettes, et travaillait à les faire élargir par le moyen de ses amis ; souvent même il payait une partie de leurs dettes. Et c'était dans ces occasions délicates qu'on remarquait aisément que l'ardeur de son zèle était alors tempérée par une prudence et une sagesse profonde. Il respectait toujours la justice de la loi, et n'osant pas demander qu'on la violât à sa prière, il se bornait à supplier qu'on voulût au moins n'en pas exiger l'exécution dans sa rigoureuse sévérité. Dieu bénissait quelquefois les sollicitations de son serviteur. Mais si les criminels étaient condamnés au supplice, il redoublait pour eux sa tendresse et sa charité ; il ne les abandonnait point dans ce comble de leur malheur, les accompagnait au lieu de l'exécution et recevait leur dernier soupir. C'était ordinairement M. le curé de Saint-Aignan qui accompagnait les criminels, parce que les prisons de Chartres sont sur sa paroisse. Mais lorsqu'il était malade, M. Marie prenait sa place, et il faisait toujours cette fonction quand il y avait plusieurs criminels d'exécutés à la fois [1].

[1] Les prisons royales ainsi que le siége du bailliage furent, jusqu'en 1789, dans l'enceinte du château des comtes de Chartres, dont la place Billard occupe aujourd'hui l'emplacement ; elles se trouvaient ainsi sur la paroisse Saint-Aignan. Les prisons de l'évêque étaient rue du Four-Boileau (depuis rue du Cygne), près de l'église Saint-Saturnin. Les prisons des religieux de Saint-Père étaient dans l'enceinte de leur monastère ; enfin celle des officiers de Notre-Dame était dans la tour droite de la chapelle Saint-Piat qu'on appelait *tour Painchaud*. Les exécutions avaient lieu sur la place des Halles qui était de la paroisse Saint-Saturnin ; mais les corps des suppliciés étaient apportés au cimetière Saint-Aignan, qui enveloppait l'église, parce

Comme sa vie n'a presque été qu'un cercle continuel de maladies et de guérisons, il s'était accoutumé de bonne heure à regarder ces vicissitudes comme un flux et reflux de bienfaits de la part de Dieu, et d'actions de grâces de la sienne. C'était dans le fort de ses souffrances qu'on découvrait en lui quelque nouveau trait de sa piété parfaite; et plus ses douleurs étaient violentes, plus il témoignait à Jésus-Christ d'amour et de reconnaissance; il répétait alors avec une incroyable ferveur ces paroles du Prophète : *Quid retribuam Domino pro omnibus quæ retribuit mihi.* Psal. 15. C'était là son unique consolation, il les avait sans cesse dans la bouche, et ne connaissait point d'autre soulagement à ses infirmités, que d'en parler à Dieu seul. Pour s'unir à lui d'une manière encore plus intime, il recevait souvent la sainte Eucharistie dans le cours de ses maladies. Aussitôt qu'on la lui apportait, il descendait du lit, se mettait à genoux et se prosternait devant Jésus-Christ. Les assistants, toujours édifiés de la grandeur de sa foi et touchés de compassion pour lui, se présentaient souvent pour l'aider et le soutenir

qu'on pensait que leur dernier domicile avait été sur cette paroisse. Le tertre Saint-François fut longtemps appelé pour cette raison *tertre des Pendus*. (Lecocq, *Chroniques*, p. 29. Lépinois, etc.)

de leurs mains dans une situation si pénible pour un malade, mais il les remerciait avec sa douceur ordinaire : « Je vous prie, leur disait-il, de me » laisser faire ; quand je suis à genoux les forces » me reviennent, et je me sens soulagé. »

Ce que nous venons de dire de M. Marie et de sa manière de vivre, paraît suffire pour nous faire connaître, au moins en général, le caractère de cet homme de Dieu. Descendons maintenant dans le particulier, et reprenons la suite de son histoire.

CHAPITRE VIII.

Il inspire à son peuple la dévotion à la Sainte Vierge et rétablit l'usage de sonner l'Angelus. Il tombe dangereusement malade ; est guéri contre toute apparence ; fait à pied un voyage de dévotion à Notre-Dame de Saumur. Il convertit une grande pécheresse.

Ce vertueux pasteur avait affermi pendant plus de sept ans ses paroissiens dans la fidèle pratique des maximes de l'Evangile, lorsqu'il entreprit de relever le culte presque obscurci de la bienheureuse Mère de Dieu. Convaincu depuis longtemps par sa propre expérience qu'elle est véritablement un des plus fermes appuis que le Seigneur ait voulu donner à notre faiblesse, il n'omit rien de tout ce qu'il crut pouvoir contribuer à l'honneur qui lui est dû ; il s'efforça par des discours pleins de lumière et de piété de la faire regarder par son peuple comme la véritable mère des fidèles, le refuge des pécheurs et la protectrice des misérables.

Pour réveiller dans les cœurs une dévotion si chrétienne, il rétablit dans son église l'usage de sonner trois fois le jour la prière de l'*Angelus*. La coutume s'en était aussi entièrement abolie dans les autres paroisses de la ville ; et c'est à l'exemple que leur donna pour lors M. Marie, qu'elles sont maintenant redevables de cette utile et pieuse pratique. Il se faisait un honneur de sonner lui-même cette prière ; et pour s'acquitter de cet emploi avec plus d'exactitude, il se trouvait toujours sous la cloche avant que l'heure sonnât. Son zèle, en cette rencontre, occasionna deux biens qu'il s'était proposés : premièrement, ses clercs s'accoutumèrent par un tel exemple à respecter tout ce qui peut avoir quelque rapport au culte de Dieu, et comprirent que les moindres fonctions de l'Église ne sont jamais au-dessous même des premiers ministres de l'autel ; en second lieu, il confondit les excuses intéressées des sonneurs qui, dans toutes les églises de Chartres, faisaient difficulté de se soumettre à une telle servitude, comme ils l'appelaient, à moins que leur rétribution ne fût augmentée (¹).

Ce fut là le premier signal que M. Marie voulut donner publiquement de la piété dont toute sa paroisse commençait à faire une profession nouvelle envers la sainte Vierge. Cette dévotion naissante s'accrut et s'affermit en peu de temps par les fréquentes exhortations du pasteur. Elles produisirent partout des fruits de bénédiction ; et comme il répétait sans cesse que, pour honorer la Mère de Dieu, il faut s'efforcer de pratiquer la loi de Jésus-Christ son Fils, on joignit l'esprit de religion aux dehors édifiants de la piété, et la paroisse de Saint-Saturnin fut une des églises de Chartres où l'on rendit à la bienheureuse Vierge Marie le culte le plus solennel et en même temps le plus pur.

(1672.) M. Marie ressentit bientôt lui-même de nouveaux effets de la protection que cette Mère commune des fidèles accorde à ceux qui la servent dans l'innocence et la droiture du cœur. Une fluxion de poitrine, dont il fut alors attaqué, se déclara dès les premiers jours avec tant de violence, que l'art des médecins s'opposa inutilement

(¹) V. Pièces justificatives, VI.

aux progrès du mal, qui devinrent si rapides qu'on craignit pour la vie du malade. Toute la ville fut touchée de la perte qu'elle se croyait sur le point de faire; mais au milieu des alarmes des gens de bien et des souffrances dont cet homme juste paraissait accablé, son cœur jouissait d'une paix inaltérable. Sa parfaite soumission aux ordres de la Providence éclatait dans ses manières et ses paroles; il ne lui échappa aucune plainte; il ne demanda et ne refusa jamais rien de ce qui pouvait contribuer à sa guérison. Une indifférence admirable pour l'effet des remèdes et un sincère détachement de la vie ne furent pas seulement la preuve éclatante de sa patience, mais firent encore connaître l'ardeur de son amour pour la pénitence, et le désir qu'il avait de se rejoindre à son principe : « N'est-il pas temps, disait-il alors, que je » quitte un corps de mort, dans lequel je ne fais » qu'offenser Dieu ? Mes péchés sont à la vérité » sans nombre ; mais une longue vie ne sert le » plus souvent qu'à les multiplier encore. » Il attendait ainsi l'heure de son sacrifice qui paraissait prochaine, lorsque la santé lui fut tout à coup rendue contre l'espérance de ses meilleurs amis et le jugement des médecins.

Cette guérison subite, qui fut peu de temps après suivie d'un voyage qu'il fit à pied à Notre-Dame de Saumur, confirma tout le monde dans l'opinion où l'on était déjà, que le rétablissement inespéré de sa santé était l'effet d'un vœu dont il n'avait voulu parler à personne (¹). En effet, il était trop ami de la retraite, et trop fidèle observateur des

(¹) Le pélerinage de Notre-Dame de Saumur, ainsi appelé parce qu'il est peu éloigné de la ville de Saumur en Anjou, est plus connu sous le nom de Notre-Dame des Ardilliers. La dévotion à ce pélerinage était autrefois très-répandue en France, ainsi qu'on peut le voir dans la *Vie de M. Olier*, qui s'y rendit plusieurs fois. Elle doit son origine à une petite statue de Notre-Dame de Pitié, trouvée en 1530 par un pieux paysan en bêchant la terre. Il s'opéra à cette occasion divers miracles qui portèrent les habitants de Saumur à élever un arceau au lieu même où la statue avait été trouvée. Cet arceau ne tarda pas à être remplacé par une chapelle (1534) que la piété de plusieurs grands personnages combla de riches présents; et, le nombre des pélerins augmentant d'année en année, ce lieu acquit promptement une grande célébrité (*Vie de M. Olier*, I, p. 365). Voici ce que nous apprend de Notre-Dame des Ardilliers un auteur contemporain de M. Gilles Marie : « Son nom est illustre par toute la France, tant à cause du grand concours de peuple que les miracles y attirent, qu'à l'occasion d'une fontaine qui guérit de plusieurs maladies. L'image représente Notre-Dame de Pitié, tenant son Fils Jésus mort, de qui la teste est soutenuë par deux anges. Sa feste se célèbre le Vendredy de devant le Dimanche des Rameaux. » (De Saint-Pérès. *Heures de la Sainte-Vierge*, 1671. — V. aussi *Iocrius. Mariæ Augustæ*, l. 4, c. 6.)

canons de l'Eglise, qui recommandent la résidence, pour s'absenter sans raison d'un troupeau qu'il chérissait uniquement. Il demeura donc presque pour constant qu'il n'y avait que la juste reconnaissance du bienfait singulier de sa convalescence, qui eût pu le déterminer à se mettre en chemin; il n'osa pas cependant le faire sans l'assentiment de son évêque et l'obtint facilement.

Ainsi, après avoir pris de sages mesures pour le bien de sa paroisse qu'il laissait dans un état florissant, il partit le lendemain de la Nativité de la Sainte Vierge, accompagné de trois personnes, dont il y avait un curé et deux laïques : M. Blet, curé de Saint-Martin de Chartres; M. Piat, depuis curé de Guainville; M. Duhan des Changes, depuis chanoine de la collégiale de Saint-André de Chartres[1]. La règle était que, pendant le voyage, les

---

[1] M. Michel Piat était curé de Guainville en 1690, et il mourut en 1694. — M. Duhan des Changes appartenait à une famille de haute bourgeoisie de Chartres, laquelle habitait sur la paroisse de Saint-Martin-le-Viandier. Parmi ses membres nous remarquons André Duhan, *pharmacopola* (1571); Pierre, lieutenant des gardes, délégué à l'Assemblée générale en 1589, au temps des guerres de la Ligue; Étienne, avocat délégué de la ville vers le duc de Mayenne pendant le siége de 1591; Jean, avocat, député vers le duc d'Orléans à Paris en 1723; Duhan de Mézières, sénéchal (1729);

deux prêtres diraient tous les jours la sainte messe, que les deux laïques y assisteraient exactement et même y communieraient une ou deux fois la semaine. On pouvait sans doute observer cette loi, dans une compagnie qui pendant la route ne s'occupait que de Jésus-Christ, et qui, comme les pèlerins d'Emmaüs, s'entretenait de ses souffrances et de sa gloire en marchant. La lecture et la prière se succédaient tour à tour, et la conversation, qui avait ses heures marquées, loin de dissiper les voyageurs, ne servait qu'à ranimer la charité de leur cœur, sans fatiguer ni gêner trop leur esprit.

M. Marie ne tira d'autre avantage de la qualité de chef qui lui avait été décernée dans la compagnie que celui de la prévenir en tout ; il devançait

sœur Anne Duhan de Beauchêne, religieuse de la Providence (1716). Nous croyons que celui qui fut le compagnon de M. Marie dans son pélerinage est le même contre lequel est dirigé un mémoire judiciaire imprimé à Chartres en 1716, lequel est intitulé : *Mémoire à consulter pour le Chapitre Saint-André, demandeur en complainte, contre Messire Michel Duhan, prêtre, vicaire perpétuel de ladite église.* Ce qui, d'ailleurs, ne prouve aucunement que ce ne fût pas un saint prêtre, car il ne s'agissait sans doute en cette affaire que de question de préséance ou de juridiction, source inépuisable de procès et de contestations à cette époque.

toujours sa petite troupe, afin de disposer ce qui était nécessaire dans les hôtelleries, et qu'elle n'eût d'autre soin en arrivant que celui de se délasser. C'était pour lui une véritable joie de servir autant qu'il le pouvait les compagnons de son voyage, et de leur procurer mille petits soulagements qu'il se refusait à lui-même. « N'est-ce pas à moi, leur » disait-il pour cacher son humilité aussi bien que » sa mortification, à faire les honneurs d'une mai- » son dont j'ai pris possession avant vous ? » Ils arrivèrent enfin à Saumur, sans presque s'être aperçus de la longueur du chemin, et après qu'ils eurent satisfait dans le temple à la dévotion qui les y avait conduits, ils partirent pour Chartres, et obtinrent par la sainteté de leur conduite la grâce d'un heureux retour. En arrivant chez eux, les trois compagnons de M. Marie se trouvèrent fatigués et se mirent au lit; mais pour lui, ayant appris en entrant dans son presbytère qu'il y avait deux de ses paroissiens malades à l'extrémité, il y courut aussitôt pour les assister dans leur agonie.

Tout à la vérité s'était passé dans l'ordre pendant le voyage du pasteur, mais on ne pouvait s'accoutumer à son absence; il fut donc reçu avec une extrême joie, et jamais affection ne fut ni plus marquée, ni plus réciproque. Le pasteur qui connaissait ses brebis les appelait par leur nom, et les brebis de leur côté sentaient un nouveau plaisir à entendre la voix du pasteur. Il les gouverna depuis son retour avec un nouveau zèle, et tous les gens de bien avaient les yeux attentifs sur la piété de ce peuple heureux, et sur la sagesse de celui qui le conduisait.

(1674.) Ses supérieurs, persuadés comme les autres de sa grande capacité, le chargèrent quelque temps après d'un ministère qui augmenta beaucoup l'idée que l'on avait déjà de ses lumières et de sa vertu. L'affaire qu'on lui confiait avait exercé jusque-là, assez inutilement, le zèle de plusieurs personnes d'un grand mérite ; il s'agissait de la conversion d'une fille plongée depuis longtemps dans un abîme d'iniquités de toute espèce.

Cette malheureuse pécheresse était d'Illiers, à quatre lieues de Chartres ([1]) ; et une passion violente qu'elle avait conçue pour un soldat de l'armée de M. le Prince, lui avait tellement corrompu le cœur et troublé l'esprit, qu'elle eut recours aux prestiges les plus détestables pour la satisfaire. Elle

---

([1]) Il s'agit ici de la lieue ancienne, car Illiers est à 24 kilomètres, c'est-à-dire à 6 lieues de Chartres, d'après notre manière actuelle de compter. — C'est le duc d'Enghien, prince de Condé, qui est appelé ici *M. le Prince;* les recrues du régiment d'Enghien séjournèrent à Chartres en 1674 et 1675 et y commirent de grands désordres. (Lépinois, II, 445.)

était souvent hors d'elle-même, et frappait cruellement ceux qui osaient l'approcher. Cette fille se mêlait de magie, souffrait des convulsions extraordinaires, disait alors quantité de choses horribles, avançait des calomnies atroces contre les gens de bien, et dans les accès fréquents de sa fureur, elle avait estropié beaucoup de personnes.

Le Seigneur, par un effet de sa miséricorde, la conduisit à Chartres, dans la paroisse de Saint-Saturnin. Alors M. Marie, qui avait appris d'ailleurs sa conduite scandaleuse, crut entrevoir dans plusieurs visites qu'il lui rendit, que la malice, l'imposture et la dépravation des mœurs avaient plus de part à de pareils excès qu'une extravagance involontaire. Elle s'obstinait cependant à dire qu'elle souffrait beaucoup, qu'elle sentait de temps en temps une main invisible qui la prenait à la gorge pour l'étouffer, et que sa maladie était une véritable obsession. Afin de donner quelque preuve des choses étonnantes qu'elle avançait avec beaucoup d'assurance, elle ajouta qu'elle était affligée depuis longtemps d'un horrible ulcère dont le démon seul pouvait être auteur. L'homme de Dieu, qui connaissait de quoi la passion peut être capable, et qui d'ailleurs était ennemi d'une superstitieuse crédulité, en avertit deux médecins et un chirurgien. MM. Facheux, Cassegrain, médecins, avec M. Coubré, chirurgien, furent ceux qu'on employa dans cette affaire, et qui dressèrent leur procès-verbal conforme à ce qui est énoncé ici (¹).

Ils ne tardèrent pas à s'assurer de la vérité des choses, et il demeura pour constant, par le rapport qu'ils en firent, que cette personne avait une plaie considérable, qu'après y avoir introduit la sonde, ils avaient reconnu qu'elle avait pénétré jusqu'à l'os, et que l'os même n'était plus recouvert de son périoste; ils certifièrent de plus que cette plaie n'avait jamais été pansée, et conclurent tous qu'un tel accident n'était pas naturel.

Sur ces entrefaites, la fille dont nous parlons quitta la paroisse de Saint-Saturnin, et alla s'éta-s'établir dans celle de Saint-Hilaire, dont M. Ménard était alors curé. Il consulta bientôt son évêque sur la conduite qu'il devait tenir en cette étrange conjoncture, dont tout le monde était informé. M. de Villeroi l'encouragea à secourir cette pécheresse et à ne rien négliger pour sa conversion qui lui paraissait difficile, et lui donna pour adjoints son grand pénitencier M. Pintart (²), et M. Marie,

(¹) M. Julian Coubré, sieur de Launay, maître chirurgien à Chartres, habitait la paroisse Saint-Saturnin. (Reg. parois., 1652.). — M. Facheux fut commis pour examiner les eaux de la source minérale des Filles-Dieu, laquelle fut presque aussitôt oubliée que découverte. (1674.)

(²) M. Pintart appartenait à une vieille famille char-

8

afin d'y travailler tous trois de concert. On suivit les intentions du prélat; mais au bout de quelque temps, le grand pénitencier et le curé de Saint-Hilaire abandonnèrent à M. Marie le soin de cette entreprise. Il eut beau représenter qu'un tel travail était au-dessus de ses forces, et que cette fille n'étant plus sa paroissienne, il n'était pas juste qu'il demeurât lui seul chargé de tout; après bien des résistances, il fut obligé de céder et de prendre en main cette affaire. Pour y employer des moyens efficaces, qui sont toujours ceux que suggère l'humilité, il commença par se regarder lui-même comme coupable des crimes qu'il voulait expier; il fit la pénitence que cette malheureuse aurait dû faire, et s'efforça d'obtenir sa conversion par des larmes amères et par un jeûne très-rigoureux qu'il entreprit dans cette vue. Il usa longtemps de ces armes puissantes que Jésus-Christ même nous

traine; Jean Pintart, procureur, était délégué à l'Assemblée générale de 1589. Chevard, dans son *Histoire de Chartres*, confond M. Pintart, chanoine et grand pénitencier, avec l'historien du même nom auquel nous devons une *Histoire chronologique de Chartres* encore inédite. Ces deux homonymes vivaient à la même époque; mais nous savons que Pintart (Alexandre), l'historien, après avoir été échevin, fut greffier du grenier-à-sel et percepteur des revenus des maladreries et léproseries du diocèse. (*Archives de l'Hôtel-Dieu*. Lépinois, II, p. 463.)

met en main contre ce genre de démons. Il le combattit ainsi avec tant de force et de persévérance, que le cœur de cette pécheresse s'ouvrit aux mouvements d'un repentir salutaire. Elle découvrit enfin à l'homme de Dieu toutes les horreurs d'une vie passée dans le crime et dans une impiété inouïe. Jusque-là cette malheureuse n'avait jamais voulu convenir de ses désordres, et ce ne fut qu'à force de prières et de larmes que M. Marie put en obtenir l'aveu.

Les illusions cessèrent aussitôt, les fantômes indécents s'évanouirent, son esprit devint calme, et une sérieuse pénitence succéda de près aux dérèglements les plus honteux. La douleur dont elle fut pénétrée fut si profonde et si constante, qu'elle répétait cent fois le jour : « J'ai péché, ô mon Dieu, mes crimes sont énormes, et vous me laissez vivre encore ! » Le reste de ses jours se passa ainsi dans les gémissements d'un cœur contrit et humilié ; enfin, après avoir lavé ses péchés dans l'eau de ses larmes, Dieu lui fit la grâce de mourir avec les sentiments de la plus édifiante pénitence.

La conversion merveilleuse de cette fille attira l'attention de toute la ville. On ne put s'empêcher de faire hautement l'éloge du ministre dont Dieu s'était servi pour opérer ce prodige éclatant de sa miséricorde. Mais lorsque quelqu'un voulait féliciter M. Marie d'un tel succès, il témoignait toujours que de pareilles louanges lui étaient tout à fait à charge, et ne répondait autre chose, sinon que la conversion des cœurs n'appartient qu'à Dieu, et que lui seul mérite d'en être éternellement remercié. « Au reste, ajoutait-il, cette pauvre fille dont » la pénitence fait tant de bruit, n'était pas si dif- » ficile à ramener qu'on se l'imaginait. » Mais une telle modestie, loin d'affaiblir, comme il le désirait, l'idée avantageuse que tout le monde avait de sa vertu, ne servit qu'à l'augmenter.

CHAPITRE IX.

M. Marie donne sa table à M. le Beau, son cousin germain; il prêche contre les spectacles : effet de son zèle à ce sujet. Sa charité généreuse opère la conversion d'un paroissien indocile. Il ne rougit point de la mauvaise fortune de ses parents. Il tombe malade, est guéri, et se livre au service de sa paroisse avec une nouvelle ferveur.

Vers le commencement de l'année suivante, M. Marie, toujours attentif à ce qui pouvait l'édifier lui-même et soutenir la piété des autres, offrit sa maison et sa table à un excellent ecclésiastique,

M. Le Beau, son cousin germain, dont la vie exemplaire et la science profonde furent pendant quelques années l'honneur du clergé et le modèle de toute la paroisse. M. Le Beau couchait chez M. Olive, son frère, dans la paroisse de Saint-Saturnin, mais il venait toujours manger chez M. Marie, son ami inséparable ([1]). Tous deux animés d'une même ardeur pour les intérêts de leur commun Maître, affermirent partout le règne de la vertu, et déclarèrent une guerre ouverte à tout ce qui pouvait être capable d'en ébranler les fondements.

L'amour des spectacles fut un des vices qui

([1]) Nous pensons que ce saint et savant prêtre appartenait à la famille Lebeau qui pendant près de trois siècles a été rangée parmi les plus notables de la ville de Chartres. Après Périn Lebeau qui était appariteur en 1462, nous trouvons sans cesse des échevins, des conseillers, des avocats, des capitaines de compagnie bourgeoisie, dans cette même famille. L'un d'eux, fut député par la ville en 1670, pour porter les compliments de condoléance au duc d'Orléans à la mort de la première duchesse, et en 1671 pour présenter les félicitations et les hommages à la nouvelle duchesse (Lépinois. *Passim*). Nous croyons que M. Le Beau, l'ami de M. Marie, devint chanoine et grand-pénitencier, et que ce fut lui qui fonda en l'église de Notre-Dame de Chartres, une messe d'obit avec représentation. (*Inventaire des papiers du Chapitre*, n° 264. Fondation de François Lebeau).

exerça davantage, et en même temps avec plus de succès, le zèle de M. Marie. Il voyait avec une sensible douleur qu'une partie de son peuple s'assemblait sur la place, même les jours de fêtes, et passait le temps destiné à la prière solennelle, à entendre les bouffonneries fades et dangereuses de certains opérateurs qui avaient établi leur théâtre sur sa paroisse. Une ancienne coutume semblait autoriser ce désordre, la cupidité le faisait regarder comme un délassement permis, et rien ne paraissait plus difficile que de retrancher un tel abus. Mais les contradictions ne rebutant jamais M. Marie, il parla souvent en public et en particulier contre les spectacles, développa les sentiments de l'Eglise sur cette matière, releva la sévérité de sa discipline, fut au-devant de toutes les objections, n'en laissa aucune sans réponse, et Dieu donna aux paroles de son ministre une telle bénédiction, qu'il eut bientôt la joie de voir ses paroissiens ne prendre plus aucune part à ces divertissements profanes. Mais le danger subsistait toujours pour le reste de la ville, et son cœur en était sensiblement affligé. Enfin, un autre abus, encore plus intolérable que le premier, l'enflamma d'un nouveau zèle et lui fournit une heureuse occasion de faire entièrement cesser le scandale.

(1676.) Quelques jours avant la Fête-Dieu, on avait élevé, selon la coutume, un reposoir pour la procession du Saint-Sacrement, dans la même place où était le théâtre de ces baladins(¹). M. Marie, choqué d'une telle indécence, alla les trouver, et leur dit qu'il ne convenait pas que l'idole de Dagon demeurât placée à côté de l'Arche d'alliance ; qu'un pareil contraste révoltait la piété, même la moins éclairée ; puisqu'il y avait déjà trois mois qu'ils étaient à Chartres, il était temps qu'ils se retirassent ; mais que s'ils voulaient y rester encore ils devaient abattre leur théâtre par respect pour le Saint-Sacrement. Peu touchés de cet avertissement, ils traitèrent le serviteur de Dieu comme un imbécile, et ne répondirent à sa proposition que par des éclats de rire insultants. Le zélé pasteur qui sacrifiait toujours ses intérêts personnels à la gloire de son divin maître, loin de se laisser affaiblir par cette humiliante mortification, la regarda au contraire comme un honneur singulier, et en prit occasion d'agir avec plus de courage et de fermeté. Ainsi la veille de la fête il fit une seconde tentative auprès de la troupe, et leur déclara que si les motifs de la religion ne les faisaient pas rentrer dans leur devoir, il ne manquerait pas de faire le sien : « Sachez, ajouta-t-il, que je suis homme à ren-

---

(¹) Cette place était celle des Halles, laquelle se trouvait sur la paroisse Saint Saturnin, comme on le verra plus loin.

» verser moi-même votre théâtre, si vous ne voulez
» pas m'en épargner la peine. » Il tint effectivement parole, et dès le lendemain, qui était le jour de la solennité, s'étant transporté sur la place publique de très-grand matin, il démonta lui seul en moins d'une heure le théâtre qu'il trouva encore sur pied, et fit sommer juridiquement celui qui l'avait fait construire d'en retirer incessamment les débris. Mais le seul parti que prit alors l'opérateur fut de monter sur l'heure à cheval, et d'aller se plaindre à Versailles d'un procédé, qui selon lui n'était rien moins qu'une désobéissance manifeste aux volontés du roi, qui l'avait gratifié de ses priviléges. La piété du prince n'en jugea pas ainsi, et son conseil ordonna à l'injuste complaignant de retourner au plus tôt à Chartres, et d'y publier de la part de Sa Majesté, que si tous les curés de France ressemblaient à celui de Saint-Saturnin, Dieu et le roi seraient mieux servis. La chose fut exécutée au grand contentement des gens de bien, et quatre jours après, l'opérateur sortit de la ville avec toute sa troupe aussi déconcertée que lui.

M. Marie étant souvent exposé à des difficultés à peu près semblables avec ces sortes de gens, qui de tout temps ont élevé leur théâtre dans les Halles, qui font partie de sa paroisse(¹), il tâchait de

(¹) La place des Halles était primitivement un ter-

prendre les mesures les plus sages pour éviter l'éclat, et pour prévenir les contre-temps et les indécences dont la religion pourrait être offensée. Il avertissait pour cette raison les vicaires de ne jamais porter, autant qu'il serait possible, le saint Viatique aux malades, tandis que ces farceurs seraient sur leur théâtre, ou même lorsqu'on exécuterait quelque criminel.

Il eut cependant le chagrin de ne pouvoir pas toujours pratiquer lui-même cette prudente maxime. En effet la maladie subite et pressante d'un de ses paroissiens l'obligea un jour de lui administrer les derniers sacrements, lorsque des opérateurs nouvellement arrivés à Chartres jouaient une

---

rain vague qui servait de voirie. Les bouchers y établirent leurs tueries, et au Moyen-Age, on y éleva des bâtiments dans lesquels les marchands au détail vendaient leurs marchandises, qui consistaient en drap, cuir et menues denrées. Ce fut sans doute à cette époque, qu'elle échangea son nom primitif de *marché des Pierres*, contre celui de *place des Halles* qu'elle porte encore aujourd'hui. En 1683, on y transporta le marché au blé qui tenait précédemment dans la rue de la Volaille ou de la Poulaillerie (aujourd'hui, rue du Vieux-Marché-au-Blé), et s'étendait jusqu'à l'église Saint-Saturnin. Cette place servait aux exécutions criminelles avant la Révolution; la rue du Pilori qui vient y aboutir, conserve dans son nom le souvenir de cette funèbre destination (Doyen, I, p. 25; Lépinois, p. 326, etc.).

scène extravagante ; il les fit avertir de se retirer et de faire silence, parce que le Saint-Sacrement allait passer au pied de leur théâtre. On obéit assez exactement; mais le chef de la troupe donna un scandale que M. Marie ne put dissimuler. Cet homme téméraire, affectant une contenance assurée, parut seul sur son théâtre, et ne daigna pas fléchir les genoux pour adorer Jésus-Christ. Le zélé pasteur le reprit en peu de mots d'une telle irréligion. Ses paroles ne produisirent sur lui que peu d'effet [1], mais elles firent une impression sur les assistants et servirent à éteindre en eux la passion qu'ils témoignaient pour des spectacles, dont les acteurs impies faisaient à leurs yeux profession publique de refuser à Dieu même les adorations qui lui sont dues. Le peuple, touché des paroles enflammées qui sortirent alors de sa bouche, abandonna le théâtre et reconduisit en foule le Saint-Sacrement. Le crédit de l'opérateur tomba visiblement en peu de jours, et personne ne voulant plus aller entendre ses bouffonneries, ni acheter aucun de ses remèdes, il fut obligé de chercher fortune ailleurs.

[1] L'opérateur, confus d'une réprimande si justement méritée, et craignant que son impiété n'eût de fâcheuses suites, mit seulement un genou sur une chaise qui se trouva là par hasard.

(Note de l'auteur.)

Ainsi M. Marie, qui ne savait ce que c'est que de faire son devoir à-demi ou de composer avec l'injustice, agissait contre elle à l'occasion avec toute la fermeté dont un homme apostolique peut être capable; mais il revenait bientôt à son caractère naturel, qui était une douceur pleine de charité, dont il avait remarqué plusieurs fois les admirables effets.

Il en fit encore cette année une heureuse expérience, au sujet d'un artisan de la paroisse, dont la vie peu chrétienne et l'étrange obstination auraient dû pousser à bout sa patience et sa bonté, si la vertu des véritables ministres de Jésus-Christ était capable d'un tel affaiblissement. M. Marie supporta longtemps les grossièretés et les paroles insultantes de sa brebis devenue furieuse, et ne cessa point de demander à Dieu la patience et principalement la conversion de cet homme déraisonnable. La Providence, dont il attendait les moments avec une grande foi, lui fournit alors une occasion précieuse pour le salut de son paroissien; il résolut de ne pas la laisser échapper. Les affaires de cet artisan se dérangèrent totalement, et sa famille tomba tout à coup dans une extrême indigence. Aussitôt l'homme de Dieu, dont on ne découvrait ordinairement les ennemis que parce qu'il leur faisait plus de bien qu'aux autres, crut qu'il serait bien vengé des injures fréquentes qu'il avait reçues de ce libertin,

si par ses largesses, dont il avait un besoin pressant, il pouvait le rendre un peu plus traitable et mériter son amitié. Il s'adressa pour cet effet à une personne de confiance, entre les mains de laquelle il remit une somme d'argent capable de relever la malheureuse famille de ce pauvre pêcheur. « Je ne
» veux point être connu, lui dit M. Marie, cela
» pourra venir en son temps; ayez seulement la
» bonté de couler adroitement cette aumône dans
» la maison de mon paroissien et retirez-vous. »
Cette bonne œuvre fut faite si secrètement, que l'artisan, à la vue d'une bourse pleine d'argent qu'il trouva sur la table, crut d'abord que ses yeux le trompaient; mais, s'apercevant bientôt que la chose était véritable, il pensait en lui-même d'où lui pouvait venir une libéralité si grande. Enfin, après bien des réflexions, il jugea que c'était à M. Marie qu'il était redevable de cette aumône, et du rétablissement de ses affaires. Confus d'avoir traité avec tant d'aigreur et d'insolence un si bon pasteur, il alla sans craindre de se méprendre trouver le serviteur de Dieu, lui témoigna une reconnaissance proportionnée à la grandeur du bienfait qu'il en avait reçu, se prosterna en pleurant à ses pieds, et lui fit l'aveu sincère de ses égarements passés. Il les expia depuis par une austère pénitence, et embrassa un genre de vie qui dissipa pleinement le scandale qu'il avait donné depuis longtemps à la pa-

roisse. Ce qui fit dire alors à des personnes sensées, que les conversions ne seraient peut-être pas si rares ni si difficiles, parmi les gens du peuple, si les pasteurs et les ministres du sanctuaire pouvaient se résoudre, à l'exemple de M. Marie, à les acheter au dépens de leur propre bien.

Si les étrangers et même ses ennemis, comme on a vu jusqu'ici, n'étaient pas exclus de ses grandes libéralités, il portait encore plus loin la générosité à l'égard de ses parents, qui quelquefois en avaient un véritable besoin. « Ce sont là, » disait-il, mes premiers pauvres, et je leur dois » la préférence. » Etant un jour informé qu'un d'entre eux, qui demeurait à La Loupe, était sur le point d'abandonner la culture de ses héritages, faute de fonds nécessaires pour les faire valoir, il fit tenir à ce cher parent une somme d'argent, et cette première libéralité devint pour lui une charge annuelle, sa bonté le portant à la continuer tous les ans. Il arriva dans la suite, par je ne sais quel contre-temps, que cette rente se fit attendre un peu plus qu'il ne convenait aux besoins de celui qu'il en gratifiait. Ce qui obligea ce nouveau créancier de venir à Chartres et de se jeter entre les bras de son bienfaiteur, devenu volontairement son débiteur. « Vous me faites plaisir, lui dit M. » Marie, de me venir voir ; la seule chose qui » m'afflige, c'est de me trouver en retard avec

» vous pour le paiement de ma dette. Au reste,
» demeurez ici quelque temps, j'espère que vous
» ne vous en retournerez pas les mains vides. »
Il séjourna huit jours à Chartres dans le presbytère,
et ce fut dans cet intervalle que l'on vit paraître
dans tout son jour la candeur et l'humilité de M.
Marie, qui bien loin de rougir de l'indigence et de
la simplicité de ce bon parent, se faisait un honneur de le posséder chez lui et de le mener chez
ses amis.

M. Le Beau, son cousin, qui demeurait chez
lui depuis plus de quatre ans, en agit de même,
et ne se croyait pas déshonoré par la présence d'un
parent pauvre, qui n'avait d'autres manières que
celles que la campagne peut donner, mais qui
avait le mérite d'une grande droiture de cœur. Il
eut pour lui toutes les déférences imaginables, profita même avec un plaisir secret de cette rencontre humiliante, pour s'abaisser au-dessous de cet
homme de bien, et pour affaiblir en lui les idées
trop flatteuses, que pouvait lui inspirer la réputation d'homme savant et de génie supérieur qu'il
s'était acquise dans la province.

C'est ainsi que M. Marie et lui s'encourageaient
par de mutuels exemples à pratiquer les maximes
de l'évangile, dont ils méditaient sans cesse les
divines instructions, et qui faisaient le plus ordinaire sujet de leurs agréables et édifiants entretiens.

Mais cette société avantageuse à l'un et à l'autre fut quelque temps après interrompue. M. Le Beau fut pourvu d'un canonicat par le moyen de la permutation qu'il fit de sa chapelle de Saint-Sauveur, dans l'église paroissiale de Saint-Martin de Chartres, avec la prébende de M. Gobinet, depuis chantre en dignité de la Cathédrale (¹) et se trouva dans la

(¹) L'église Saint-Martin-le-Viandier *(Ecclesia S. Martini vitam dantis)* avait été élevée pour conserver le souvenir d'un miracle de saint Martin, qui rendit la vie à un enfant dans le pays Chartrain. Elle était primitivement hors la ville, elle fut renfermée dans son enceinte à l'époque des guerres avec les Anglais. Elle était bâtie à l'extrémité de la place qui s'appelle encore *Cloître-Saint-Martin*. Sa façade occidentale se trouvait là où s'élève maintenant une pension de jeunes gens.

Si nous avons été bien renseignés, sa crypte, qui était de la même grandeur que le sanctuaire, existerait encore et servirait de cave. Les chapelles étaient nombreuses dans cette église, qui n'avait d'ailleurs rien de remarquable ; outre la chapelle Saint-Sauveur ici mentionnée, on y voyait encore celles de Saint-Fiacre, de Saint-Blaise, de Saint-Roch, de Notre-Dame-de-Pitié, de Saint-Claude, des Trois-Maries, de Saint-Jean, de l'Ecce-Homo et de Saint-Côme. A l'époque dont nous parlons, elle venait d'être reconstruite en entier, car son état de délabrement avait obligé de la démolir en 1670. La première pierre de la nouvelle église, fut posée au mois de mars 1672. La grande Révolution la vit disparaître et la paroisse, qui était considérée comme très-riche, n'a point été rétablie (Lépinois, t. II, p. 246).

nécessité de quitter le quartier de Saint-Saturnin, pour s'approcher davantage de l'église cathédrale; à la vérité, cette séparation coûta des larmes à tous deux, mais parmi de vrais chrétiens l'attachement le plus permis ne l'emportera jamais sur le devoir. La voix de Dieu fut seule écoutée, et l'on fit de part et d'autre, avec une égale piété, le sacrifice que la Providence exigeait. Quand ils furent sur le point de se quitter, le nouveau chanoine voulut compter et payer sa pension de quatre années; mais M. Marie lui dit que, bien loin de recevoir son argent, il était plutôt disposé à lui en donner lui-même, si le bonheur de vivre encore avec lui pouvait s'acheter.

(1678.) Cependant les travaux du ministère et ceux de la pénitence, auxquels M. Marie se livrait de plus en plus, lui occasionnèrent une fièvre maligne et d'autant plus dangereuse, qu'on n'osait rien se promettre de la science des médecins, car les remèdes étaient ou trop faibles pour la violence du mal, ou trop forts pour un corps exténué par de longues et rigoureuses mortifications. Il souffrit cette maladie comme il avait coutume de souffrir les autres, c'est-à-dire avec une patience et une douceur toujours plus longues que l'épreuve. Dieu lui rendit au bout de quelques mois une santé parfaite, elle fut bientôt consacrée à la gloire de Celui qui la lui avait redonnée.

Quoiqu'il fût difficile d'ajouter quelque chose à la grandeur du zèle dont il avait été jusqu'ici embrasé pour le service de sa paroisse, cependant après sa convalescence tout le monde fut frappé du renouvellement de sa ferveur, et se convainquit de cette vérité que les âmes lâches n'oseraient envisager, que la plus éminente vertu peut tous les jours être portée à de plus hauts degrés de perfection. La sienne reçut alors cet accroissement, et l'on ne sera peut-être pas fâché d'apprendre quelle en fut l'occasion.

Dans le cours de la maladie dont nous venons de parler, son chirurgien, M. Coubré, s'entretenant un jour avec lui, fut averti par un exprès qu'on le demandait au plus tôt dans un village dont il ne venait que d'arriver. « Des courses si fatigantes, lui dit » alors M. Marie, ne vous dégoûtent-elles point » de votre profession ? Pour moi j'admire jusqu'où » vous portez la patience et la charité. » Ce bon laïque l'ayant assuré que la satisfaction qu'il trouvait à rendre service à ses frères, le dédommageait de toutes ses peines et les lui rendait même agréables. « O l'excellente leçon ! s'écria aussitôt le ver- » tueux malade, et qu'elle est propre à confondre » la négligence d'un lâche et timide pasteur, tel » que j'ai toujours été ! » L'édifiante réponse qu'il venait d'entendre ne s'effaça jamais de sa mémoire, et dès le même moment, il s'imposa l'obligation de tout quitter et de partir, aussitôt qu'on viendrait l'avertir pour quelque malade que ce fût, quand même sa visite pourrait être différée sans la moindre apparence de danger. Non seulement il exécuta avec une inviolable fidélité cette gênante loi, mais on l'a vu très-souvent, même dans son extrême vieillesse, retourner avec joie sur ses pas aux extrémités de la paroisse, aussitôt qu'il apprenait que les mêmes personnes qu'il venait de voir le demandaient encore.

CHAPITRE X.

Il établit un nouvel ordre parmi son clergé. Sa manière d'agir avec ses ecclésiastiques. Il prend soin de leur établissement et de leur subsistance; il leur inspire l'amour de l'humilité et leur en donne un bel exemple. Il engage son frère à demeurer avec lui. Il réforme un abus dans son église. Sa grande confiance en Dieu dans une occasion périlleuse.

(1679.) Les malades et les personnes affligées ne furent pas les seules qui se ressentirent des effets d'une telle vigilance et du renouvellement de son zèle; il tâcha de perfectionner encore la piété, la science, la modestie et les autres vertus de son clergé, dont il voulait, disait-il, former un rempart de justice et d'innocence, à l'abri duquel le reste de la paroisse pourrait se tenir à couvert des insultes de l'ennemi. Dieu favorisa cette sainte entreprise, et les règlements qu'il fit à ce sujet font assez connaître qu'il était vraiment rempli de l'esprit de son état, et qu'il avait un talent particulier pour le communiquer aux autres.

La bonne intelligence et la paix devaient, selon lui, faire la gloire et l'honneur de ses clercs. Il les rappelait souvent à ce devoir essentiel, et par ses soins, aussi bien que par son exemple, la pratique leur en devint familière. Ils se prévenaient tous par de mutuelles déférences. Une exacte subordination était entre eux fidèlement observée : les clercs inférieurs rendaient aux prêtres et aux diacres l'honneur et le respect dus à leur caractère; et comme cette conduite avait pour principe une charité sincère, elle était gardée, non-seulement dans les fonctions du ministère et les assemblées solennelles, mais encore dans le domestique et dans le commerce ordinaire de la société civile.

Après avoir établi cette parfaite union entre les ecclésiastiques, il mit en usage tous les moyens qu'il crut les plus propres à sanctifier de plus en plus un clergé qui faisait déjà l'honneur et l'édification de la ville; il entra dans un grand détail, et nous voudrions pouvoir y entrer aussi, mais il est impossible de rendre compte de tout, et nous tâcherons seulement de donner la plus juste idée que nous pourrons, de la pureté de son zèle et des grands sentiments qu'il a toujours eus du sacerdoce.

Il nommait tous les mois deux prêtres d'une prudence et d'une piété reconnues, dont l'un était secrètement chargé de veiller sur les mœurs de son clergé, de remarquer le bien et le mal, ou plutôt les petites fautes de chacun en particulier, et de lui en donner avis, afin qu'il pût à propos louer la vertu et remédier aux plus légères apparences du vice. L'autre prêtre avait soin d'instruire les jeunes clercs des fonctions de leurs ordres; ce qui renfermait la manière de bien lire, de chanter avec grâce, et de donner aux cérémonies de l'église la décence et la dignité qui les doivent accompagner partout. Ainsi rien ne se faisait dans le sanctuaire d'une manière négligente ou précipitée; mais tout répondait à la majesté du lieu saint, et ceux qu'on y admettait pour le service de l'autel enseignaient par leur profond recueillement, avec quelle respectueuse frayeur les plus saints ministres doivent s'y présenter.

Chacun était marqué à son rang pour l'exercice de son ordre, et lorsque, en punition de quelque fautes, le nom d'un clerc était rayé du catalogue des cérémonies, c'était pour lui la plus sévère pénitence, et il ne pouvait espérer de s'en relever, à moins que le prêtre qui veillait sur sa conduite n'eût rendu témoignage à M. Marie de son repentir et de la satisfaction qu'il en avait faite. Par ce moyen, les jeunes ecclésiastiques se formaient insensiblement à une grande pureté de cœur, et conservaient une relation continuelle avec les prêtres et les diacres, qu'ils respectaient comme leurs pères, et dont ils imitaient de leur mieux la sagesse.

La satisfaction que le serviteur de Dieu goûtait au milieu de ces vertueux ministres, n'était pas de ce qu'un clergé si florissant faisait son éloge par l'innocence de ses mœurs et la régularité de sa conduite, mais de ce que la piété était honorée, l'Eglise dignement servie et le peuple édifié. En effet, ce bel ordre frappait utilement les fidèles qui en étaient témoins, et ils goûtaient un tel plaisir à le voir observer partout, qu'après avoir travaillé d'abord à l'établir dans leur conscience, ils le firent heureusement passer dans le sein de leur famille. Mais un bon pasteur, qui connaît la faiblesse et l'inconstance du cœur humain, ne se rassure jamais sur les plus heureuses dispositions de ceux qui lui sont confiés. Il craint toujours pour eux, il ne cesse point de les encourager par ses exemples, de les consoler par sa présence, de les animer par ses discours, et de les mener aussi loin qu'ils peuvent être capables de le suivre. M. Marie en agissait de la sorte avec ses clercs. Il avait coutume de leur rendre visite plusieurs fois l'année, et de leur laisser quelques nouvelles marques du tendre attachement qu'il avait pour eux. Les connaissant tous à fond, il leur parlait d'une manière conforme à leurs dispositions présentes et ses avis appliqués à propos ne manquaient jamais de produire leur effet. Il dirigeait les études et les lectures des uns, relevait le découragement ou modérait le zèle indiscret des autres, prévenait de loin les moindres causes de relâchement, écoutait avec bonté les peines dont on le rendait dépositaire, répondait aux difficultés et joignait toujours à ses décisions les solides preuves sur lesquelles il les avait établies : « En agir autrement, disait-il, » c'est fortifier les doutes, au lieu de les résou- » dre, et donner contre nous une preuve trop » certaine de notre ignorance ou de notre présomp- » tion. » Il n'est pas concevable combien il se faisait aimer et respecter de ses clercs par une conduite si charitable et si judicieuse. Ils n'avaient rien de caché pour lui, et plus ils remarquaient que ce grand homme était ennemi d'une avide curiosité qui veut tout savoir, et d'une orgueilleuse vanité qui affecte de dominer partout, plus ils aimaient à n'agir que par ses conseils, et à lui confier le soin de tout ce qui pouvait les intéresser; et comme ils savaient tous que la vertu était l'unique moyen de mériter sa bienveillance, ils s'efforçaient tous les jours d'y faire de nouveaux progrès.

A la vérité, M. Marie leur parlait souvent de la sainteté de leur profession ; mais il évitait avec une extrême précaution de les presser trop vivement, et son zèle, tempéré par une sage condescendance, n'avait rien d'austère ou de rebutant. Il en usait surtout avec beaucoup de ménagement avec la jeunesse, et pour ne pas l'exposer au découragement par une application trop suivie, il avait soin de lui procurer quelques délassements, qui pussent contribuer à soulager le corps, sans jeter l'esprit dans la dissipation. Son jardin, situé hors des murs de la ville, était le lieu ordinaire où ses clercs prenaient leur récréation. On s'y rendait à des jours marqués ; il les y conduisait très-souvent lui-même, et loin que sa présence apportât quelque obstacle à leurs plaisirs innocents, elle répandait dans les cœurs cette joie pure et véritable qui ne se trouve jamais dans les divertissements du monde. Cependant, après les avoir vus commencer quelques jeux honnêtes et permis par les saints canons, il disparaissait quelquefois pour leur laisser, disait-il, plus de liberté ; mais il savait bien que tout se passerait dans l'ordre, et que les prêtres et les diacres qui restaient avec cette pieuse jeunesse et dont ils étaient sincèrement aimés, la contiendraient sans gêne dans les bornes de son état.

Un des secrets motifs qu'il se proposait en agissant ainsi, était d'accoutumer de bonne heure les clercs à préférer la société des ecclésiastiques à toute autre compagnie; ce point lui parut toujours important, et c'était selon lui un fâcheux préjugé contre la vertu, lorsqu'un homme d'église se plaisait à converser avec des gens remplis de l'esprit du monde, et principalement avec les personnes du sexe. Les avis que saint Jérôme [1] donne sur ce sujet à Népotien furent toute sa vie présents à sa mémoire, et l'on ne peut les suivre avec plus de fidélité qu'il le fit. « La maison d'un prêtre,
» disait-il quelquefois après ce saint docteur, ne
» devrait jamais être fréquentée par des femmes,
» et nous serions heureux si nous n'en connais-
» sions aucune; il y a presque toujours plus à
» perdre qu'à gagner, ajoutait-il, en conversant
» familièrement même avec les plus vertueuses
» d'entre elles. » Aussi l'éloignement qu'il avait pour tout ce qui pouvait l'engager à former ces

---

[1] *Hospitiolum tuum aut raro aut numquam mulierum pedes terant! Omnes puellas et virgines Christi aut æqualiter ignora, aut æqualiter dilige.* Ad Nepotianum Ep., 2ᵃ

sortes de liaisons était extrême ; il en retranchait, autant qu'il était possible, toutes les occasions ; il les trouvait déjà trop fréquentes dans l'exercice indispensable du ministère, et il se serait accusé d'une témérité criminelle, s'il les eût encore multipliées sans nécessité. « Une de mes appréhen-
» sions, disait-il un jour en voyant un homme
» infirme soigné par deux ou trois femmes, est
» de tomber pour la même raison entre leurs
» mains et de me voir gouverner comme ce pau-
» vre malade. » Il n'oublia cependant jamais qu'il était pasteur, et que sa place exigeait qu'il reçût indifféremment tous ceux qui s'adressaient à lui ; ainsi quand les personnes du sexe avaient besoin de ses conseils, il ne faisait aucune difficulté de leur parler. Il observait seulement de renfermer en peu de mots ce qu'il avait à leur dire ; et quoiqu'il eût les manières du monde les plus douces et les plus prévenantes, il les supprimait presque toutes à dessein, quand il traitait avec elles, et n'était pas même fâché de passer dans leur esprit pour un homme un peu plus sévère qu'il n'était en effet. Il en agit ainsi dans la suite avec ses propres nièces, qu'il reçut dans sa maison après la mort de leur père ; elles s'en plaignirent à un ami commun, et lui avouèrent qu'elles craignaient que les manières sérieuses et réservées de leur oncle ne fussent des marques de son indifférence

à leur égard : « Non, dit-il à la personne qui lui
» en parlait de leur part, je ne suis point insen-
» sible aux intérêts de mes nièces ; l'amitié que
» j'ai pour elles est sincère, je leur en donnerai
» des preuves dans l'occasion ; mais je sais combien
» la retenue et la gravité sont nécessaires à un
» prêtre. » Telles étaient et la conduite particulière de ce grand homme, et les sages maximes
qu'il eut le bonheur de persuader à tous les clercs
de sa paroisse. Ils se plaisaient autant à l'écouter
qu'il trouvait lui-même de joie à vivre au milieu
d'eux ; et son presbytère, qui leur était toujours
ouvert, pouvait passer pour une excellente école,
où ils venaient s'instruire à fond des devoirs et des
obligations de leur ministère.

Outre les visites assez fréquentes qu'il rendait à
ses ecclésiastiques, et bien d'autres marques d'estime et d'amitié qu'ils recevaient de lui dans l'occasion, il les assemblait tous à certaines fêtes de
l'année dans sa maison et leur donnait à manger,
afin d'entretenir ainsi parmi eux l'union et la paix,
dont il ne cessait point de resserrer les nœuds par
toutes les voies que sa grande charité lui suggérait.
D'utiles et d'agréables entretiens étaient l'ordinaire
assaisonnement de ces festins de charité ; cette
vertu présidait seule à ces repas ; c'était elle qui
marquait les rangs d'un chacun, qui réglait les
bienséances, qui décidait les petites contestations

de civilité; elle seule remplissait les cœurs des conviés, et rien ne se passait dans ces espèces d'agapes qui ne convînt parfaitement à la dignité d'un nom si respectable.

Prêtre aussi humble que pasteur désintéressé, il regardait tous ses clercs comme ses collègues, les prévenait même par toutes sortes de déférences, et tenait lieu de père à plusieurs d'entre eux, qui ne subsistaient que de ses libéralités. Attentif à leur mérite personnel et fidèle à le récompenser, non-seulement il trouvait le moyen de les placer toujours avantageusement, mais encore il faisait la dépense de leur établissement; et la manière obligeante dont il en usait dans ces occasions avait encore quelque chose de plus agréable que le bienfait même. Un d'entre eux ayant été pourvu d'une cure à la campagne dans le temps qu'il y pensait le moins, M. Marie lui en apprit la première nouvelle, et lui témoigna la joie qu'il ressentait de ce que l'on rendait justice à son mérite. Puis en lui mettant une bourse d'argent entre les mains: « Tenez, Monsieur, lui dit-il, je ne puis
» mieux m'acquitter de mes dettes qu'en cette
» rencontre; voilà de quoi vous mettre en ménage.
» Je devais quelque chose à votre mère et me voilà
» quitte maintenant. »

Quand il avait ainsi placé quelques-uns de ses prêtres, il ne pouvait encore les perdre de vue, et ne se croyait jamais dispensé de s'intéresser à ce qui les regardait; il se faisait un devoir de leur rendre de nouveaux services; il les consolait par ses lettres, satisfaisait exactement aux consultations fréquentes qui lui venaient de leur part, les encourageait à supporter généreusement les fatigues et les dégoûts du ministère, allait même les voir de temps en temps, et leurs paroisses étaient comme autant d'entrepôts de ses charités, auxquelles les pauvres du lieu avaient un droit plus spécial que les autres.

Il n'est pas étonnant, après ce que nous venons de voir du zèle et de la sagesse avec lesquels il se comportait à l'égard de son clergé, que l'église de Saint-Saturnin soit devenue si florissante sous son administration; et que la piété de ses ecclésiastiques ait mérité l'estime et l'admiration du public. Ceux qui ont connu ce grand homme conviennent que tant d'heureux succès étaient autant le fruit de ses exemples que de ses discours, et qu'il observait avec soin de ne parler jamais à ses prêtres d'aucune vertu, qu'ils ne la lui eussent vue pratiquer plus d'une fois auparavant. « C'est ainsi, disait-il,
» qu'on doit détromper les hommes, qui sont
» ordinairement portés à croire impossibles ou
» peu intéressants, des devoirs qu'un pasteur se
» contente de recommander, sans se mettre lui-
» même en peine de les remplir avec exactitude. »

Fidèle observateur de cette importante maxime, et convaincu d'ailleurs que l'humilité doit être l'inséparable compagne des ministres d'un Dieu anéanti et humilié, sa vie, sa conduite, ses paroles, tout exhalait en lui l'excellente odeur de cette vertu ; et c'était par ce moyen qu'il tâchait d'en inspirer l'amour à ses ecclésiastiques. Ils remarquaient depuis longtemps en lui une singulière modestie, et les exemples qu'il leur en avait donnés en mille rencontres avaient déjà fait sur eux une impression profonde ; mais un événement que la Providence disposait pour leur édification, acheva de les convaincre qu'il mettait véritablement sa joie et sa gloire, non-seulement dans l'humilité, mais encore dans les plus sensibles humiliations.

En l'année 1681, une extrême sécheresse désolant toute la campagne et menaçant encore de plus grands maux, on fit une procession générale, à laquelle Messieurs de Saint-Lazare, nouvellement établis au Séminaire de Chartres, furent invités de se trouver (1). Le rang qu'ils devaient y occuper

(1) Le grand séminaire de Beaulieu et le petit séminaire Saint-Charles furent confiés aux Lazaristes ou prêtres de la Congrégation de la mission de France, en 1680. (Lépinois se trompe en donnant la date de 1690 : le fait raconté par notre auteur en est une preuve évidente, puisqu'il se passe en 1681, et que Messieurs de

donna lieu à quelques contestations, qui, s'étant mues parmi les curés de la ville, furent terminées la veille de la cérémonie, par la décision de ceux à qui il appartenait d'en juger, et qui assignèrent les places, du consentement des parties. Cependant, Messieurs les curés s'étant rendus en chape avec leur clergé à la Cathédrale, M. Marie prit la place qu'on lui avait marquée le jour précédent; mais une personne constituée en dignité le trouva mauvais, et, quoique l'on fût déjà en marche, on lui ordonna de se retirer. Le serviteur de Dieu répondit qu'il n'occupait que le rang que ses supérieurs lui avaient donné, et que d'ailleurs c'était celui qu'il avait toujours tenu en de pareilles cérémo-

Saint-Lazare y sont mentionnés comme étant déjà établis à Chartres).

La sécheresse de l'année 1681 dura longtemps et donna des craintes très-sérieuses, à une époque où la famine n'était point chose inconnue. Ce fléau désastreux cessa à la suite de la procession générale qui se fit de l'église Notre-Dame à l'abbaye de Josaphat. Le souvenir de cette cérémonie nous a été conservé par Jacques Anquetin, greffier de la ville, dans un petit volume fort curieux qui a pour titre, *la Beauce desséchée* et dans lequel les questions de préséance jouent un rôle que nous ne comprenons plus aujourd'hui. On peut voir aussi, dans les registres de la paroisse d'Armenonville-sous-Gallardon, des détails intéressants sur cette procession.

nies. Son excuse fut prise pour une résistance formelle, et sur l'heure on lui ôta publiquement la chape dont il était revêtu. Tout le monde en murmura; mais M. Marie, aussi tranquille que s'il ne lui était rien arrivé de mortifiant, fut se placer humblement au milieu des pauvres du Bureau, et assista parmi eux au reste de la procession, avec une modestie et une douceur dont toute la ville fut extrêmement touchée. Après la cérémonie, plusieurs personnes de mérite, aussi bien que le supérieur du Séminaire, lui firent leurs excuses, et l'assurèrent qu'ils n'avaient en rien contribué à l'affront qu'on venait de lui faire. Mais une telle satisfaction était superflue, car plus M. Marie s'examinait, et moins il pouvait se persuader que quelqu'un l'eût offensé.

Mais s'il paraissait insensible à ce qui le regardait personnellement, on ne peut s'intéresser avec plus de zèle et de charité que lui à ce qui touchait les autres. Il avait un frère qui demeurait à Lèves, dans la banlieue de Chartres [1]; ce frère était

---

[1] C'était M. Mathurin Marie, son unique frère. La manière de parler de l'auteur pourrait faire croire que M. Marie avait plusieurs frères; mais il est dit au commencement de cette vie, que seuls, Gilles et Mathurin Marie survécurent à leurs frères et sœurs morts en bas âge. Le neveu dont il est parlé plus loin s'appelait également Mathurin, et ce fut lui qui succéda à

veuf, et, quoique sa probité fût universellement reconnue, M. Marie craignit qu'une assez agréable solitude, et la vie aisée qu'un homme du monde mène ordinairement dans sa maison de campagne, ne fussent pour lui un sujet d'affaiblissement, et ne devinssent même dans la suite un piége fatal à sa vertu. Il lui avait plusieurs fois inutilement proposé de quitter un séjour trop éloigné de la ville, et de venir demeurer à Chartres avec lui. Mais, la première messe de son neveu se devant pour lors célébrer à Saint-Saturnin, ce cher frère avait promis de s'y trouver avec sa famille, et de se rendre de l'église au presbytère. Le pasteur, saisissant cette occasion, dit à son neveu qui demeurait en sa maison, que quand son père serait arrivé, il eût soin de se saisir de son manteau et de l'enfermer dans une chambre assez propre, qui lui était depuis longtemps destinée. La chose fut ponctuellement exécutée ; ainsi le père du nouveau prêtre, se disposant à retourner chez lui, s'aperçut que son manteau ne se trouvait plus, et pria son frère de lui apprendre ce qu'il était devenu : « Sui- » vez-moi, lui dit le curé de Saint-Saturnin, vous » allez être satisfait. » Et en lui montrant ce qu'il

---

M. Marie dans la cure de Saint-Saturnin, après avoir occupé successivement les cures de Saint-Sauveur de Bonneval et de Saint-Maurice de Chartres.

cherchait: « Regardez, mon frère, continua-t-il,
» retenez bien la place, car désormais ce sera là
» votre chambre. Je suis affligé de vous voir
» demeurer toujours dans votre maison de Lèves,
» où vous n'avez d'autre compagnie que celle d'une
» domestique. Pourquoi vous priver ainsi de toute
» consolation, et des secours que vous pouvez
» trouver ici? Ma maison vous convient, regar-
» dez-la comme la vôtre. » On ne peut se défendre contre une telle amitié; le frère se jeta au
cou de son frère, et depuis ce jour ils vécurent
toujours ensemble.

Quoiqu'une parfaite et sincère union régnât
entre eux, cependant M. Marie ne laissa pas
d'éprouver bientôt que la société la plus douce
a quelquefois ses désagréments. Il était allé aux
environs d'Illiers, dans le Perche, porter ses aumônes à de malheureuses familles que le feu du
ciel venait de réduire à la mendicité; il avait même
engagé plusieurs effets pour cette bonne œuvre.
Pendant son absence qui dura deux jours, son frère
et son neveu, consultant plus leur goût particulier
que celui de leur cher parent, firent abattre dans
son jardin plusieurs grands arbres, à l'ombre desquels il avait coutume de méditer ou prier. Ce
changement auquel il s'était toujours opposé le
surprit à son retour, et il fit même entrevoir contre
son ordinaire qu'il en était mortifié, ce qui affligea

sensiblement son frère; mais comme les gens de bien aiment mieux souffrir que de contrister personne, M. Marie se repentit bientôt d'avoir donné les plus légères marques de mécontentement, et se reprochant la difficulté de son humeur, et surtout son attachement aux biens de la terre, il voulut réparer sa faute, et porta même si loin la condescendance et la charité, qu'il dit humblement à son frère, que ce n'était que par un effet de son mauvais goût et de son peu d'intelligence, qu'il avait toujours voulu conserver ces arbres, dont il voyait maintenant que l'abatis donnait plus d'air et de grâce à son jardin.

Peu de temps après, profitant lui-même, pour la gloire de Dieu, de l'expédient dont son frère et son neveu lui avaient donné l'idée, il se servit à son tour de l'absence de quelques-uns de ses paroissiens, pour faire un changement d'une autre espèce, non pas dans un lieu profane, mais dans son église; et Dieu, qu'il avait seul en vue dans cette réforme qu'il méditait depuis longtemps, favorisa son entreprise. Plusieurs personnes distinguées dans la robe et dans l'épée avaient leurs bancs situés aux deux côtés du grand autel, et tellement disposés qu'il fallait passer dans le sanctuaire pour y entrer et en sortir. L'homme de Dieu souffrait depuis longtemps avec peine que des laïques entrassent ainsi dans ce lieu redoutable, où les prêtres mêmes ne sont admis que pour la célébration des saints mystères.

Enfin, après s'être attiré l'estime et l'amitié de ces messieurs, auxquels il n'avait cependant jamais pu faire ouvrir les yeux sur cet abus, il prit l'occasion d'un voyage qui obligea les principaux d'entre eux de s'absenter pendant quelques jours, pour exécuter son dessein. Il fit donc fermer du côté de l'autel l'ouverture de ces bancs, continua le balustre jusqu'à la muraille (¹), de sorte qu'ils ne fussent plus renfermés dans l'enceinte du sanctuaire, et leur donna une issue dans le chœur. Ce tempérament fut goûté de tout le monde, et les personnes mêmes qui y étaient intéressées témoignèrent beaucoup de satisfaction de ce que leur sage et zélé pasteur eût ainsi trouvé le moyen de retrancher cette espèce d'indécence, et leur eût en même temps conservé les places qu'une possession immémoriale leur avait assignées.

Nous devons rapporter encore à cette même an-

(¹) Le mot *balustre* était alors communément employé pour désigner une balustrade. A proprement parler, le balustre n'est qu'un des piliers de la balustrade.

Le fait qui est rapporté ici rappelle des traits nombreux de la même nature, dont est remplie la vie de M. Bourdoise, si zélé pour le bon ordre de la maison de Dieu.

née, un événement qui donna lieu à M. Marie de faire éclater une foi extraordinaire, et de montrer une intrépidité qui mérite d'être remarquée. Les gens du monde, injustement prévenus contre une tendre et solide piété, s'imaginent que la crainte et la petitesse du cœur en sont inséparables. Ils pourront comprendre ici que rien n'est plus capable de donner un courage supérieur à tous les dangers, et même à ceux d'une mort presque inévitable, qu'une foi soutenue par la constante pratique des vertus chrétiennes.

Un prêtre de Saint-Saturnin offrant les saints Mystères dans cette église, à l'autel de la Vierge, et les dons étant déjà même consacrés, une grosse pierre de taille se détacha du cintre de la grande croisée, elle tomba sur le coin de l'autel, fracassa les lambris et causa un grand désordre. Le prêtre s'évanouit, le peuple prit la fuite, et tout le monde n'attendait que la chute entière du pignon de l'église déjà fortement ébranlé. Aux cris tumultueux qui retentissaient de tous côtés, l'homme de Dieu sort de son confessionnal, et, bientôt instruit de l'accident, court au prêtre qu'il trouva sans parole; l'ayant recouvrée peu après, il ne s'en servait que pour demander avec instance qu'on le reportât aussitôt chez lui; mais M. Marie, après avoir employé tous les moyens que sa prudence et sa charité jugèrent les plus propres à le faire

revenir de sa première frayeur, essaya de le déterminer à finir le sacrifice. « Rassurez-vous, lui
» dit-il, je vous en conjure ; il n'y a plus rien à
» craindre, je vous réponds sur ma tête qu'il ne
» vous arrivera aucun accident ; et pour vous don-
» ner quelque garant de ce que j'avance, je vais
» me mettre à genoux sous l'endroit même d'où
» cette pierre est tombée, et j'y resterai en prières
» jusqu'à ce que vous ayez donné la bénédiction
» au peuple. » Il exécuta sur l'heure sa promesse,
et le prêtre, utilement étonné d'une telle foi, ranima la sienne, remonta à l'autel et consomma heureusement l'action qu'il y avait commencée. Cette merveille se passa à la vue d'un grand peuple, que le bruit de cet accident avait attiré, en fort peu de temps, de tous les quartiers de la ville. Chacun en rendit hautement grâce à Dieu, et regarda la foi et la confiance de son serviteur, comme un prodige encore plus admirable que le favorable succès dont le Seigneur l'avait récompensée.

CHAPITRE XI.

Dieu lui communique ses lumières sur la destinée des personnes qui s'adressent à lui. Il se livre aux œuvres de charité. Ses tentatives pour retirer un homme de l'hérésie. Mort de deux de ses amis et de son frère. Sa conduite condescendante pour le bien de la paix. Son aversion pour la satire. Il tombe malade. Mort du R. P. Gobert, prieur de Sainte-Foi, son directeur et son ami particulier. Il enrichit son église de plusieurs reliques des saints Martyrs.

Ce que nous avons dit jusqu'ici de la sagesse et du zèle de M. Marie dans l'administration de sa paroisse, est une preuve assez claire qu'il avait reçu de Dieu la science du salut, et ces dons privilégiés qu'il a coutume d'accorder aux ministres qu'il destine d'une manière particulière à devenir les instruments de sa miséricorde. En effet, il avait le talent de rendre le joug de l'Évangile aimable et doux à tout le monde; il démêlait avec une étonnante pénétration ce que l'on pensait de la vertu; et, quoique personne n'agît en tout avec plus de simplicité que lui, on le trompait rarement sur cet article.

Deux jeunes demoiselles uniquement occupées du soin de plaire au monde, étant nouvellement arrivées de Paris à Chartres, y entendirent quelquefois parler de M. Marie. On leur rapporta même des traits si extraordinaires de sa vertu, et principalement du don qu'il avait de discerner les esprits, que, poussées plutôt par la curiosité ordinaire à leur sexe que par le désir de s'édifier, elles voulurent en faire l'épreuve. Ainsi, l'étant allé voir un jour, elles lui dirent qu'informées par le bruit public de sa prudence et de sa charité, elles s'étaient flattées qu'il voudrait bien ne leur pas refuser ses conseils au sujet d'une affaire qu'elles lui expliquèrent, et à laquelle, toute imaginaire qu'elle était, elles surent donner un air de vérité. Mais l'homme de Dieu découvrant l'artifice, au lieu de répondre à la question proposée, ne leur parla que des biens futurs; et il le fit en des termes si touchants, que ces deux demoiselles changèrent aussitôt de discours, et le prièrent avec instance de vouloir bien les entendre au confessionnal. M. Marie reconnut que cette demande était sincère et y satisfit avec joie. Alors ces nouvelles pénitentes furent elles-mêmes étonnées des mouvements extraordinaires de piété dont elles se sentirent tout à coup saisies. Mais leur surprise fut extrême, lorsqu'après s'être confessées, elles apprirent l'une de l'autre que ce vertueux curé leur avait tenu à chacune en particulier ce discours: « Allez en paix, ma fille, le monde ne vous pos- » sèdera pas encore longtemps; et dans peu vous » et votre compagne serez consacrées à Dieu par » la profession religieuse. » En effet, un mois s'était à peine écoulé, que la parole de M. Marie s'accomplit à la lettre; les deux demoiselles renoncèrent entièrement au monde, reçurent ensemble le voile sacré des vierges chrétiennes, et, le temps de leur probation étant expiré, elles prononcèrent les promesses de leur engagement solennel, et vécurent depuis dans la même retraite comme de très-fidèles épouses de Jésus-Christ.

A ces grâces extraordinaires dont Dieu favorisait son serviteur, il voulut bien en ajouter une autre incomparablement plus nécessaire: ce fut de le préserver des retours flatteurs de l'amour-propre qui s'enorgueillit des dons les plus excellents, et qui les fait tourner à notre perte, en les faisant servir à la vanité. Ce grand homme ne recevait jamais de nouveaux bienfaits du Seigneur qu'il ne s'anéantît alors profondément devant lui, et qu'il ne s'appliquât avec plus de soin qu'auparavant aux œuvres de charité les plus humiliantes. Comme il en cherchait toujours les occasions avec un désir sincère de les trouver, il ne manquait presque jamais de faire ces sortes de découvertes aussi précieuses à son grand amour pour les pauvres, que favorables aux désirs qu'il avait de s'abaisser au-dessous du dernier de ses frères.

(1684.) Un jour qu'uniquement occupé à ce louable dessein, il visitait exactement sa paroisse, il trouva au Grand-Faubourg un homme et sa femme tout couverts de lèpre, cachés depuis fort peu de temps dans une étable obscure. L'horreur naturelle, qui accompagne la vue de ces sortes de maladies, lui fit d'abord soulever le cœur; mais, surmontant les dégoûts de la nature par l'ardeur de sa charité, il coucha lui-même l'homme dans un lit, le changea de linge et le nettoya du mieux qu'il lui fut possible. La bienséance ne lui permettant pas de rendre les mêmes services à la pauvre lépreuse, ce fut pour lui une véritable affliction de se voir obligé de laisser à d'autres le soin d'une si bonne œuvre; mais, pour y avoir au moins quelque part, il revint promptement à la ville chercher une jeune personne de la paroisse de Saint-Saturnin, Mademoiselle Couppé, dont la tendresse pour les misérables lui était bien connue. Elle accourut avec joie, et voyant ce que M. Marie avait déjà fait à l'égard du lépreux, elle imita son exemple envers sa femme, et par une sainte émulation tâcha même de surpasser son pasteur; car, non contente d'avoir secouru de son mieux cette pauvre abandonnée, elle passa toute la nuit auprès d'elle dans l'étable infecte qui lui servait de retraite. Cependant la maîtresse du logis, témoin de ce qui se passait sous ses yeux, en fut touchée, et s'accusant en secret de faiblesse et de timidité, voulut aussi participer à cette bénédiction; elle se joignit sur l'heure à la personne charitable, dont elle ne pouvait assez admirer le courage; et toutes deux ensemble gardèrent pendant la nuit la pauvre malade et la consolèrent. Mais Dieu les soutint elles-mêmes et les consola puissamment dans cette occasion. Car après avoir passé depuis six heures du soir jusqu'à huit heures du matin dans ce triste et dégoûtant séjour, elles avouèrent à M. Marie, qui leur en fit un reproche obligeant, qu'elles n'avaient jamais été si contentes, et que loin de s'être ennuyées, le temps leur avait paru trop rapide.

Le zèle de M. Marie, l'appliqua peu de temps après à une œuvre encore plus intéressante. Il y avait dans sa paroisse un médecin protestant, qu'il s'efforçait depuis longtemps de gagner à Dieu. Le succès de cette entreprise était difficile, parce que ce docteur fuyait avec soin toutes les personnes qui voulaient parler de religion, et surtout évitait la rencontre du serviteur de Dieu, qui cherchait continuellement l'occasion de converser avec lui. Enfin la Providence permit qu'ils se trouvassent ensemble chez un ami commun, (M. Coubré, chirurgien), et que le médecin satisfait de l'entretien et des bonnes manières de M. Marie, lui demanda une seconde conférence; elle lui fut volontiers accordée pour quelques jours après. On entra de nouveau en matière; et la solidité avec laquelle M. le curé de Saint-Saturnin prouva la vérité des points controversés, et répondit aux plus fortes objections du médecin, commencèrent à l'ébranler; on le vit bientôt paraître aux assemblées solennelles des catholiques, il assista aux divins offices avec beaucoup de modestie, et se plut extrêmement au chant des cantiques sacrés de l'Église. Mais de si heureux commencements furent presque aussitôt suivis d'un engagement encore plus obstiné que le premier dans le schisme et l'hérésie. Ce faux prosélyte disparut à l'insu de tout le monde, alla se cacher en Angleterre, et laissa M. Marie dans une extrême affliction de sa perte. Il s'humilia de ce triste événement; et saisi d'une frayeur salutaire à la vue des jugements impénétrables du Seigneur : « Je vois bien, s'écria-t-il avec l'Apôtre, que celui » qui plante et qui arrose n'est rien, et que Dieu » seul peut donner l'accroissement à la semence » de sa parole, après que ses ministres l'ont » répandue (¹). »

Cependant sa douleur était tempérée par la joie que lui causait l'heureux succès avec lequel il voyait

---

(¹) *Neque qui plantat est aliquid. neque qui rigat sed qui incrementum dat Deus.* I, Cor., 3, 7.

un de ses anciens amis (M. Pillier, curé de Saint-Escobille), convertir tous les jours quelqu'un de nos frères prétendus réformés, dont sa paroisse était pleine (¹). Ce vertueux et savant ecclésiastique avait reçu du ciel le talent de convaincre et de persuader les cœurs; il excellait surtout dans la controverse, et ramena au sein de l'Église un nombre considérable de personnes que l'erreur en avait séparées. Mais le temps de sa récompense était proche. Dieu l'en avertit par une courte maladie; ses forces s'affaiblirent tout à coup; il mourut enfin regretté des gens de bien, et ce fut M. Marie qui lui rendit les honneurs de la sépulture.

Il avait encore perdu, dès l'année précédente, un ami particulier dans la personne de M. de Léris, chanoine de Chartres, archidiacre de Vendôme. L'amour de la retraite, de la prière et de la pénitence avait étroitement uni ces deux grands hommes, et ils semblaient n'avoir qu'un cœur et qu'une âme. Cela parut principalement dans la dernière maladie dont M. de Léris fut atteint; son ami ne le quitta presque pas d'un moment, il lui parlait sans cesse du royaume de Dieu, et ses

---

(¹) La paroisse Saint-Egobille ou Ecobille, aujourd'hui Saint-Escobille, autrefois du diocèse de Chartres, doyenné de Rochefort, est maintenant du diocèse de Versailles.

discours, animés du feu de la charité, étaient la seule consolation capable de soutenir le malade au milieu de ses douleurs, et de calmer les alarmes dont les justes mêmes ne sont pas toujours exempts aux approches de la mort. M. de Léris, soutenu et encouragé dans ce terrible passage par le zèle et la ferveur de son ami, rendit paisiblement le dernier soupir entre ses bras.

Ces tristes événements produisirent dans son cœur un tel détachement des choses de la terre, qu'il portait une sainte envie à ceux qu'il voyait passer ainsi à une meilleure vie, et ne se consolait de rester encore exposé aux dangers de celle-ci, que par l'espérance de voir aussi finir bientôt son exil et sa captivité. C'était ainsi qu'il s'en expliquait souvent avec son frère, qui demeurait depuis quelques années avec lui. Mais Dieu voulant purifier de plus en plus sa vertu déjà si pure, et lui apprendre à ne se reposer plus sur quelque appui humain que ce pût être, lui ravit encore cet homme de bien, le plus cher confident qui lui restât de ses peines. Une violente apoplexie le frappa subitement en sa présence. Le malade perdit sur-le-champ la parole; mais Dieu la lui rendit pour quelques heures, à la prière de son vertueux frère. On profita utilement de cet intervalle pour lui faire administrer les derniers sacrements. Il les reçut avec une piété admirable, et rendit aussitôt l'esprit. M. Marie regretta toujours depuis un frère qu'il aimait tendrement. Mais pour parler avec plus d'exactitude, il offrit à Dieu seul le sacrifice de sa douleur, et, parfaitement soumis à ses ordres, il se contenta de se plaindre en secret dans la prière, de ce qu'il lui enlevait une personne dont la droiture de cœur et la probité à toute épreuve étaient, selon lui, un exemple domestique nécessaire à sa faiblesse.

C'est ainsi que les justes, toujours affligés de ce qui semble manquer à leur vertu, se prosternent devant Dieu et gémissent de leurs infirmités, dans le temps même que, sans le savoir, ils sont un objet d'admiration pour les plus parfaits qui se font gloire de les imiter. Le cher défunt dont nous parlons était de ce nombre; il respectait sans doute dans son frère l'extrême douceur de son humeur, son grand amour pour la paix, le soin qu'il prenait pour s'y affermir lui-même, et le désir sincère qu'il avait de la procurer aux autres. Le vertueux laïque était souvent témoin de ces vertus; et, peu de temps avant sa mort (en 1685), il remarqua un trait de sa charité qu'il jugea d'autant plus singulier, (quoique peu considérable en lui-même), qu'il paraissait incompatible avec la retraite et l'austère mortification dont son frère faisait profession.

Il s'agissait de deux personnes notables de sa paroisse, qui étaient sur le point de se marier; les deux familles n'étaient pas également satisfaites de cette alliance, et l'on avait lieu de craindre une rupture prochaine. Ce malheur venait principalement de ce que l'oncle de la demoiselle, dont on avait intérêt de ménager les bonnes grâces, avait donné son consentement d'une manière trop équivoque, et semblait même en quelque façon vouloir le retirer, en refusant toujours de se trouver au festin des noces. Il ne répondait autre chose aux instances qu'on lui faisait, si non que, quand M. le curé de Saint-Saturnin serait du repas, il s'y trouverait aussi ; et comme tout le monde savait que l'homme de Dieu avait un éloignement incroyable pour ces sortes d'assemblées, auxquelles il n'avait jamais assisté, la réponse de l'oncle fut prise pour un vrai refus et embarrassa les deux futurs époux. Après qu'il eurent délibéré sur le parti qu'ils avaient à prendre, ils se déterminèrent enfin à risquer une démarche qu'ils regardaient comme une espèce de témérité. Ils la firent cependant, et rendirent secrètement visite à M. Marie, le supplièrent de faire quelque chose pour eux ; lui rapportèrent la réponse bizarre et mortifiante de leur oncle ; lui firent surtout remarquer les suites fâcheuses qu'elle pouvait avoir pour eux ; enfin le prièrent de se trouver au festin de leurs noces, et d'y amener avec lui leur parent, qui ne voulait y venir qu'à cette condition. Cette demande avait sans doute de quoi surprendre celui à qui elle était faite. Mais pour contribuer à la fortune et à la paix des deux jeunes gens, il se crut obligé de relâcher quelque chose de l'ordinaire sévérité de sa conduite : « Qu'à cela ne tienne, leur dit-il; pour que vous » viviez heureux devant Dieu et devant les hommes, » je ferai ce que vous demandez de moi. Vous » aurez seulement la bonté de me pardonner bien » des fautes, car je n'ai pas coutume de me trou- » ver à de semblables fêtes. » Après la bénédiction nuptiale, M. Marie pressa l'oncle des deux époux de vouloir bien lui-même le conduire au repas des noces. « J'espère, lui dit-il, y être bien reçu sous » vos auspices. » A ces mots si peu attendus, le parent n'osa rétracter sa parole, entra parmi les conviés et se comporta d'une manière pleine de douceur et de bonté avec tout le monde. La présence de M. Marie ne déconcerta personne; les choses se passèrent dans une joie sainte et chrétienne; et depuis ce temps-là l'union régna entre ces deux familles, que peu de chose avait été sur le point de jeter dans une fatale mésintelligence.

(1687.) On ne doit pas être étonné qu'un homme si disposé à tout faire pour conserver ou pour rétablir la paix parmi ses frères, ait été l'ennemi déclaré de tout ce qui la pouvait troubler, et principalement de ces écrits malins et satiriques, dont la réputation, même la mieux établie, ne laisse pas de recevoir quelquefois de cruelles flétrissures. Il parut alors à Chartres un ouvrage de cette espèce qui, sous un titre burlesque *(La Sauce Robert)*, déchirait sans ménagement un ecclésiastique, aussi respectable par son mérite personnel que par une des premières places qu'il occupait dans le clergé. Les exemplaires de cette satire inondèrent toute la ville, et l'on trouva même le secret d'en glisser un sur la table de M. le curé de Saint-Saturnin. Mais il n'eut pas plus tôt connu à la première lecture l'aigreur et la passion qui régnaient dans cet ouvrage, qu'il le déchira et le mit au feu. Cependant, persuadé qu'il ne suffisait pas de se préserver lui seul de ce poison, s'il ne faisait tous ses efforts pour en arrêter le progrès surtout dans sa paroisse, il sollicita toutes les personnes qu'il connaissait disposées à l'écouter de ne point lire cet injurieux libelle, et de ne contribuer en rien à le répandre. Il en fit une recherche exacte, et fut assez heureux pour effacer du cœur de plusieurs les fâcheuses impressions que la calomnie avait déjà commencé d'y faire. Il déclarait librement dans l'occasion les sentiments qu'il avait de cet écrit dangereux, et s'en expliqua au poète même qui l'avait composé, et qui lui demanda un jour, sans se vanter d'en être l'auteur, ce qu'il pensait de cette pièce, qui faisait tant de bruit dans la ville. « Je pense, dit-il, que

» la haine et l'emportement y ont beaucoup plus
» de part que le sel et l'enjouement, et que si
» l'auteur est un prêtre, comme il n'y a guère
» lieu d'en douter, il ne peut offrir les saints
» mystères sans se rendre coupable d'un grand
» sacrilége, à moins qu'il ne dépose le fiel amer
» dans lequel il a trempé sa plume, et qu'après
» une sérieuse pénitence il ne fasse une réparation
» publique à celui dont il a déchiré la réputation. »
Cet avis était sans doute équitable et salutaire; mais le satirique voyant qu'au lieu des applaudissements qu'il s'attendait follement de recueillir, on le traitait sans le connaître avec tant de mépris et de sévérité, il sortit brusquement, et ne remporta chez lui que la honte et les reproches qu'il avait justement mérités (¹).

(¹) Le pamphlet que M. Marie stigmatisait si énergiquement est bien connu des bibliophiles chartrains. Il fait plus d'honneur à la causticité de l'auteur qu'à sa charité, et nous partageons entièrement l'opinion de M. Marie à son sujet. Voici quelle en fut l'occasion. Le grand archidiacre Robert ayant eu le malheur de froisser ce personnage, celui-ci s'en vengea par un factum très-violent auquel il donna le nom de *Sauce-Robert*. La vie de cet écrivain fut d'ailleurs fort tourmentée, et il avait presque toujours à soutenir quelque discussion dans laquelle il exerçait sans ménagement sa verve satirique. Il était contemporain et compatriote de M. Marie, car il naquit à Chartres en

(1687.) M. Marie, moins accablé de ses travaux continuels que des peines et des chagrins que le juste éprouve à la vue des scandales et des péchés qu'il ne peut empêcher, tomba dans une langueur mortelle, et devint en un mois de temps si pâle et si sec qu'on avait peine à le reconnaître. Mais l'ardeur de son zèle infatigable ne lui permettant pas de rester dans l'inaction, il ne cessa de remplir les fonctions de son ministère que lorsqu'il se vit tout à fait hors d'état de se remuer. Les médecins reconnurent que le mal était un rhumatisme universel qu'ils jugèrent presque incurable, parce que le malade l'avait caché trop longtemps, et que son amour pour les souffrances l'avait empêché de se plaindre et d'employer les secours de la médecine. Entre ceux qu'elle a coutume de prescrire pour de telles infirmités, on ne trouva que les eaux de Bourbon (¹); mais ce remède parut à M. Marie plus fâcheux que le mal, car, outre qu'il craignait

---

1636, sur la paroisse Saint-Saturnin. Nous imiterons la discrétion de l'auteur en taisant un nom qui figurerait ici d'une manière peu honorable.

(¹) Les eaux de Bourbon-l'Archambault, département de l'Allier, sont connues de temps immémorial. Au XVIIᵉ siècle surtout, elles étaient très-fréquentées; comme M. Marie, M. Olier y fut envoyé par les médecins; il y alla même plusieurs fois, et avec autant de succès que le pieux curé de Saint-Saturnin.

de tomber dans la dissipation et de commettre bien d'autres fautes qu'il est difficile d'éviter dans les voyages, il ne pouvait du tout se résoudre à quitter ainsi pour longtemps le nombreux troupeau dont il était chargé.

Cependant, obligé de soumettre ses raisons et ses craintes édifiantes aux ordres précis des médecins et aux instances de ses meilleurs amis, il fit le voyage de Bourbon, qui fut pour lui la matière d'une nouvelle épreuve, et pour ceux qui l'accompagnaient une occasion d'admirer son extrême patience. Car quoique les fatigues du chemin eussent beaucoup augmenté ses souffrances, il ne parlait jamais de sa douloureuse maladie, et même peu s'en fallut que la sérénité de son visage et la douce gaieté de ses manières ne persuadassent qu'il se sentait beaucoup soulagé; mais il n'en était rien, et le mal augmentait au lieu de diminuer. Il alla donc avec beaucoup de peine jusqu'à Bourbon, prit les eaux, et l'usage qu'il en fit pendant quelques jours fut pour lui un remède si efficace, qu'en peu de temps il se rétablit parfaitement de sa maladie.

Au milieu des souffrances et des croix dont presque toute sa vie fut traversée, il ne succomba jamais à ses disgrâces: « Pourquoi nous décou-
» rager? disait-il souvent; attendons en patience
» les moments du Seigneur: il tempère tôt ou tard

» par de secrètes douceurs l'amertume du calice
» qu'il présente à ses élus. » Ce grand homme
connaissait mieux qu'un autre cette vérité consolante, et c'était ordinairement dans la prière qu'il avait coutume d'en faire l'heureuse expérience. Comme il avait le cœur pur et vraiment détaché des choses de la terre, il n'est pas étrange que Dieu se soit quelquefois communiqué d'une manière sensible à un homme dont il était uniquement aimé, et qui d'ailleurs mettait peu d'obstacles aux impressions de la grâce. Il cacha toujours ces faveurs extraordinaires avec tant de soin que le public n'en a jamais été bien instruit; cependant la connaissance au moins confuse qu'on en pouvait avoir, la sainteté de ses mœurs, et les grands exemples de vertu qu'il donnait à tout le monde, le faisaient regarder comme un ami de Dieu, expérimenté dans ses voies, et spécialement appelé de sa part pour y conduire les âmes. Les pasteurs même les plus éclairés en jugeaient de la sorte, et se tenaient heureux d'entendre et de suivre ses conseils.

Le Révérend Père Gobert, chanoine régulier, prieur-curé de Sainte-Foy de Chartres, son directeur, s'était mis lui-même depuis quelques années à ses pieds en qualité de disciple et de pénitent. Sa vertu déjà parfaite ne tarda pas sous un tel guide à se perfectionner encore; en effet son grand amour pour la pénitence augmenta sensiblement, il joignit avec plus de fidélité que jamais les exercices et l'esprit de sa profession religieuse à ceux du ministère pastoral. Il réforma sa table toute frugale qu'elle était, ou plutôt n'en voulut plus avoir d'autre que celle de ses confrères, à l'abbaye de Saint-Jean-en-Vallée. Il avait jusque-là beaucoup aimé les pauvres ; mais il se priva pour lors du nécessaire en leur faveur, et même les revêtit souvent de ses propres habits. Enfin, pour attirer sur lui de nouvelles bénédictions, il fit sous la direction de M. Marie une sérieuse retraite qui fut la dernière de sa vie ; car peu de temps après il fut attaqué d'une maladie qui le mit au tombeau. M. le curé de Saint-Saturnin, pendant le cours de son infirmité, lui donna les plus importants secours, lui administra les derniers sacrements et lui ferma les yeux [1].

[1] Le R. P. Gobert (Nicolas), était un chanoine régulier de la Congrégation de France, ou religieux Génovéfain (ordre de saint Augustin). Il relevait de l'abbaye de Saint-Jean-en-Vallée, dont dépendait le prieuré-cure de Sainte-Foy. Il fut nommé prieur-curé en 1662 ; il semble avoir cessé d'en remplir les fonctions en juillet 1676, pour les reprendre en novembre 1677, et les exercer jusqu'à sa mort. Il fut inhumé le 14 mars 1689, à l'âge de 71 ans, proche des marches du sanctuaire de son église, côté de l'épître (Reg. Sainte-Foy).

L'église Sainte-Foy n'était d'abord qu'un oratoire hors

(1689.) Tandis qu'il enseignait aux autres avec tant de succès les voies de la perfection chrétienne, Dieu, qui voulait l'élever lui-même à une sainteté de vie encore plus éminente que celle à laquelle il était déjà parvenu, le mit en possession d'un riche trésor, dont la seule vue a toujours ranimé dans son cœur le désir des biens futurs et l'amour de la vertu. Une personne de piété, M. Berny, huissier audiencier, obtint du cardinal Carpero, vicaire général du pape Alexandre VIII, les corps presque entiers des saints Martyrs Pie, Aurèle et Théodore, tirés du cimetière de Calixte, à Rome, et en donna la moitié à l'église de Saint-Saturnin, dans laquelle il avait été baptisé. La translation s'en fit cette même année 1689, avec beaucoup de solennité. M. Marie s'était préparé, selon sa coutume, par un jeûne très-sévère à cette auguste céré-

des murs; érigée en paroisse vers 1150, elle se trouva enfermée dans l'enceinte des murailles qu'on éleva en 1181. Son cimetière occupait l'emplacement appelé aujourd'hui place Sainte-Foy; après l'édit de Nantes, une partie fut affectée à la sépulture des protestants de la ville qui avaient leur temple à Pont-Tranchefétu.

Une délibération du Conseil municipal du 22 frimaire an III (12 décembre 1794), la convertit en salle de spectacle et cette profanation a duré jusqu'à nos jours. Le zèle de monseigneur Regnault, actuellement encore évêque de Chartres, ne put tolérer un état de choses qui affligeait si profondément les âmes chrétiennes.

monie, et le premier fruit qu'il en retira fut la consolation de voir le recueillement et la piété d'un peuple innombrable, qu'une fête si touchante y attira de toutes parts. Mais, afin de perpétuer la mémoire de ce bienfait, à la requête de M. Marie et de sa paroisse, M. de Villeroi ordonna que ces précieuses cendres seraient exposées tous les ans à la vénération du peuple pendant huit jours, et que la fête commencerait le dimanche dans l'octave de l'Ascension jusqu'au dimanche suivant; ce qui s'observe encore religieusement.

Ayant obtenu que cette église fût rendue au culte, il la remit entre les mains des R. P. Maristes, qui la restaurèrent avec un goût parfait, grâce au généreux concours des fidèles. Il eut le bonheur de la réconcilier le 6 octobre 1859, et quoiqu'elle ne soit plus paroissiale, elle ne laisse pas d'être fréquentée par des âmes pieuses, attirées sans doute moins par la beauté de ce charmant oratoire que par le silence mystérieux qui y règne et qui semble inviter au recueillement et à la prière.

La paroisse Sainte-Foy n'a pas été rétablie depuis la Révolution; mais, avec les paroisses Saint-Martin, Saint-André et Saint-Maurice en partie, elle a contribué pour une petite part, à former la paroisse de Notre-Dame qui n'existait pas avant 1791. Elle étendait sa juridiction sur les parties de la ville qui l'entouraient jusqu'à l'église Notre-Dame, sur une partie du Grand-Faubourg, sur le Châtelet, et depuis la destruction de l'église de la Madeleine, sur le faubourg Saint-Jean.

CHAPITRE XII.

Mort de M. de Villeroi, évêque de Chartres. M. Marie est établi supérieur des Religieuses de la Visitation, par les grands vicaires du Chapitre. Il se comporte avec beaucoup de sagesse et de religion dans cette conjoncture difficile, et s'attire la confiance de toute la Communauté. Son zèle et son attention pour affermir la paix et la régularité. Sa charité envers un pauvre marchand de sa paroisse. Il devient ami particulier de M. l'abbé le Vayer, grand vicaire de M. Godet des Marais. Le nouvel évêque continue M. Marie supérieur de la Visitation, et le donne à ces Religieuses pour leur confesseur ordinaire. Son talent pour la conduite des âmes.

(1690.) APRÈS plus de trente années d'un pénible épiscopat soutenu jusqu'à la fin avec un zèle apostolique, M. de Villeroi, évêque de Chartres, mourut à Paris accablé au dehors d'infirmités et de maladies très-douloureuses, mais fortifié au dedans par Celui qui n'abandonne jamais ses élus au milieu des plus rigoureuses épreuves.

Cependant MM. les grands vicaires que le Chapitre avait nommés pendant la vacance jetèrent les yeux sur M. Marie, pour l'établir supérieur des Religieuses de la Visitation. Ce choix, loin de lui être agréable, lui parut entièrement au-dessus de ses forces et de sa capacité. Il remercia ces Messieurs des témoignages d'estime et de bienveillance dont ils voulaient bien l'honorer. « Je » suis déjà bien chargé, leur dit-il, voudriez-vous » m'accabler tout à fait? Le gouvernement d'une » communauté nombreuse et celui d'une cure » considérable me paraissent deux emplois in- » compatibles. Je vous supplie de choisir pour la » supériorité dont il s'agit quelque personne plus » capable ou moins occupée que moi. » Telles étaient les principales raisons de M. Marie, mais elles n'étaient pas les seules. Il s'agissait de remplacer dans ce poste M. Bouthier, grand vicaire de feu M. de Villeroi, dont quelques motifs du nouveau gouvernement demandaient la destitution. De plus, ce vertueux et savant ecclésiastique était frère de la supérieure de la Visitation. Il y était beaucoup aimé, et toute la communauté, qu'il gouvernait depuis longtemps en qualité de supérieur, avait en lui toute la confiance que son rare mérite lui avait justement acquise (1).

(1) M. Blaise Bouthier, chef du conseil épiscopal, sous-doyen du chapitre Notre-Dame, official et premier grand vicaire de M. de Villeroi, succéda à M. de

(1690.) On se doutait bien que ces raisons seraient autant de difficultés qui pourraient effrayer M. Marie, et l'on parut approuver d'abord sa résistance; mais dans le fond, ces Messieurs étant persuadés que ses réponses étaient le langage ordinaire de sa modestie, ils crurent qu'il ne s'agissait que de la surmonter par de nouvelles instances. Cependant il persistait dans ses premiers sentiments, et les grands vicaires se trouvèrent obligés

Léris, comme supérieur de la Visitation. C'était M. de Villeroi lui-même, qui, du consentement de la communauté, avait demandé et obtenu pour supérieure de cette maison, la sœur de son grand vicaire, la Révérende Mère Marie-Geneviève Bouthier, laquelle avait jusqu'alors fait partie de la maison de la rue Saint-Antoine à Paris.

Voici comment le manuscrit de la Visitation rapporte la destitution de M. Bouthier:

« Ces messieurs (les grands vicaires capitulaires) connoissant d'un côté la faible santé de M. Bouthier, et de l'autre les peines et les fatigues que lui causoient ses continuelles attentions pour le gouvernement des religieuses de la Visitation, persuadés d'ailleurs qu'étant en qualité de soûdoyen une des plus nobles partyes de leur illustre corps, il en étoit aussi l'une des plus utiles par sa sagesse et sa prudence, et pour se le conserver entièrement, ils le déchargèrent de cette commission qu'ils croyoient trop onéreuse pour luy, et en chargèrent messire Gilles Marie, prêtre, curé de la paroisse Saint-Saturnin, et le choisirent pour le supérieur de ce

de terminer, par un coup d'autorité, une affaire dont ils commençaient à désespérer de sortir par voie de persuasion. On lui ordonna donc expressément d'accepter la place qui lui était destinée; la commission lui en fut expédiée avec injonction de s'y soumettre et de céder enfin à ce que l'obéissance exigeait de lui. Il le fit et sacrifia ses vues particulières à celles de ses supérieurs; mais il espérait que le nouvel évêque serait touché de

monastère dont il avait été le confesseur ordinaire pendant plusieurs années, dans le commencement de leur fondation.

Quelques judicieuses que fussent les intentions de ces MM. les vicaires généraux, elles ne furent pas du goût de tout le monde. Chacqu'un se donna la liberté d'en parler selon les affections de son cœur; la critique et la calomnie se mêlèrent dans tous les injustes murmures de bien des personnes qui faisoient d'ailleurs profession d'une grande piété. M. Bouthier et sa digne sœur en eurent des sentiments bien plus nobles et plus chrétiens; ils adorèrent dans un profond silence, la volonté adorable du Très-Haut, qui l'avoit ainsi permis pour sa plus grande gloire, et cette humble supérieure, constante et inébranlable dans tous les événements, ne changea rien dans sa manière de gouverner et de converser avec ses chères filles; pas un de ceux qui eurent quelque affaire avec elle, ne put s'apercevoir ny de sa peine, ny de sa joye, tant elle sçavoit se conformer à la volonté de Dieu (Manuscrit, pp. 200 et 201). »

ses raisons, et le déchargerait bientôt d'un fardeau dont on l'avait accablé malgré lui.

La destitution de M. Bouthier était toujours sensible à la communauté de la Visitation ; et quoique l'éminente vertu de M. Marie, qui avait été autrefois leur confesseur, y fût encore extrêmement respectée, il n'était pas possible qu'une perte si récente ne fît quelque impression sur le cœur de ces vierges chrétiennes. Ainsi plusieurs d'entre elles, selon leur différentes inclinations, tenaient encore pour M. Bouthier, d'autres pour M. Marie. Il y avait lieu de craindre qu'un tel attachement, toujours dangereux quand il commence à sortir des bornes du devoir et de la justice, n'occasionnât enfin ces fâcheuses divisions, qui sont la ruine des sociétés les mieux établies, et qui, sous les yeux même de saint Paul, furent sur le point de renverser autrefois la florissante Église de Corinthe. Pour prévenir un si funeste malheur, le nouveau supérieur n'employa point ces faibles et vains remèdes qu'une mauvaise politique, guidée par l'esprit d'intrigue et de domination, suggère quelquefois dans ces rencontres ; il imita dans celle-ci la conduite de l'Apôtre ; fut droit à la cause du mal ; fit de fréquents discours, en public et en particulier, sur les plus importantes obligations du Christianisme ; démontra que le caractère particulier de l'esprit de Dieu est l'unité, la charité, la paix; que la contention et la partialité ne sont jamais permises sous quelque prétexte que ce puisse être; que la vérité seule mérite notre attachement et nos hommages; que les ministres qui l'annoncent, quelque saints et vertueux qu'ils soient, n'en sont que les canaux et non pas la source.

Il persuada facilement ces divines maximes à une communauté qui les savait déjà, mais que la circonstance affligeante dont nous parlons semblait avoir effacées de leur mémoire. Ainsi la paix et l'unanimité faisaient tous les jours de nouveaux progrès, et le serviteur de Dieu acheva cet important ouvrage par les fréquents exemples de patience, de douceur et d'humilité qu'il donnait à ces excellentes religieuses déjà disposées à les imiter.

Entre plusieurs nous en rapporterons un, qui lui attira non-seulement l'affection de sa communauté, mais encore un renouvellement d'estime de la part de M. Bouthier. Ce saint ecclésiastique était convenu avec madame sa sœur, à l'insu du nouveau supérieur, de s'assembler quelque jour tous trois, pour conférer des intérêts communs de la Maison. La supérieure envoya prier M. Marie de venir, parce qu'elle avait quelque chose à lui communiquer. Il vint sans savoir de quoi il s'agissait; et la tourière lui ayant dit qu'elle allait avertir madame la supérieure, qui était au parloir avec monsieur son frère : « N'en faites rien, lui dit-il, laissons le » frère et la sœur ensemble; il ne convient pas de » les interrompre. Je reviendrai une autre fois si » on me demande. » Cependant M. et Mme Bouthier qui l'attendaient, ennuyés de ne point le voir paraître, en demandèrent la raison à la tourière, qui avoua ingénument qu'il était venu, mais que pour ne pas troubler leur conversation, il n'avait pas voulu monter au parloir. On alla sur l'heure le prier de revenir, et il revint aussitôt. Le frère et la sœur le prièrent d'excuser la simplicité de la tourière, qui était cause de la peine qu'il prenait; mais M. Marie, qui ne voyait rien en tout cela de pénible ou de mortifiant pour lui, s'adressa tout d'un coup à M. Bouthier, lui témoigna le plaisir qu'il ressentait de trouver cette occasion de l'assurer de ses respects, et pour lui demander les conseils dont il avait besoin pour s'acquitter d'un emploi qui lui avait été donné malgré ses résistances les plus marquées. « Ma sœur, lui répondit » M. Bouthier, m'a fait de vous de grands éloges; » ils ne sont pas nouveaux pour moi. Votre mérite » m'est connu depuis longtemps; mais j'étais » bien aise de vous dire ici que c'est moi qui ai » ménagé cette entrevue, pour vous demander » votre amitié. » Après beaucoup de prévenances réciproques, on se communiqua mutuellement les moyens les plus propres d'affermir la piété fervente de cette vertueuse communauté ; tout fut réglé d'un commun consentement, et au plus grand avantage de chaque religieuse en particulier. On en pourra juger par l'extrait de quelques mémoires, dont les dames de la Visitation ont bien voulu nous faire part; on y verra, dépeints au naturel, leurs sentiments à l'égard de M. Marie, et le portrait assez fidèle des vertus de ce grand homme. (¹).

« Il avait près de soixante ans, disent-elles,
» quand Dieu nous le donna pour supérieur. Il y
» en avait plus de vingt-cinq qu'il avait cessé d'être
» notre confesseur ordinaire; mais ce long intervalle
» n'avait rien diminué de l'affection qu'il eut dès
» le commencement pour une communauté où il
» avait trouvé de la ferveur et de la régularité. Il
» reconnut en nous avec joie les dons que le ciel
» nous avait autrefois accordés par son ministère;
» et nos anciennes remarquèrent en lui les mêmes
» vertus qu'elles y avaient admirées dès ce temps-là,
» avec cette différence qu'il les avait portées à
» un bien plus haut point de perfection.

» Ce digne supérieur était un homme d'une
» grande sagesse et d'une piété très-éclairée; il

(¹) Ces mémoires sont différents du manuscrit que nous avons consulté. Nous en avons parlé déjà dans la préface de cet ouvrage.

» était établi dans une continuelle union avec Dieu,
» parfaitement mort à lui-même, rempli de prudence
» et de douceur; il jugeait avantageusement de tout
» le monde; il trouvait toujours ce qu'il y avait de
» louable dans les autres, et n'ignorait que son
» propre mérite; il joignait à ses bonnes qualités
» un esprit orné, un cœur droit, un désintéres-
» sement parfait, un extérieur grave et modeste,
» un abord gracieux et facile, une conversation
» aussi agréable qu'édifiante ; et nous pouvons
» dire sans crainte d'être désavouées, qu'il ne lui
» manquait aucun de ces traits que Dieu a coutume
» de rassembler dans un prêtre, lorsqu'il veut en
» faire un de ces excellents ministres qui font la
» joie du ciel et les délices de la terre. »

Quand il entrait dans l'intérieur du monastère de la Visitation, ce qu'il ne faisait jamais que pour des causes nécessaires, les religieuses observaient avec plaisir, que dès qu'il avait passé la porte de clôture, il paraissait aussi satisfait que s'il se fût trouvé tout à coup sous un nouveau ciel; et cet asile sacré de l'innocence et de la paix était pour lui un séjour dans lequel il aimait à respirer la bonne odeur de Jésus-Christ. Mais la joie de ces saintes filles ne cédait en rien à celle qu'il goûtait parmi elles. Portées par un sentiment de respect et de vénération pour lui, elles ne pouvaient à son égard observer dans toute sa rigueur la loi qui veut que celles qui ne sont point destinées à faire compagnie aux personnes du dehors se dérobent fidèlement à leurs regards. Elles aimaient sa rencontre, et quelquefois par d'innocents artifices, elles tâchaient d'être aperçues de lui. La supérieure, qui l'accompagnait toujours et qui connaissait bien leurs dispositions, avait coutume d'appeler celles qui se trouvaient sur son chemin, et croyait en cela les obliger sensiblement; elles s'approchaient sans différer, et le désir d'entendre de lui quelques paroles d'édification était l'unique motif d'un tel empressement. Encore plus frappées de son mérite personnel et de sa grande piété que du rang de supérieur qu'il avait à leur égard, elles se jetaient à ses genoux pour recevoir sa bénédiction. Il l'accompagnait ordinairement de quelque souhait conforme à la sainteté de leur état; et le peu de paroles qui sortaient alors de sa bouche produisaient dans les cœurs un heureux et durable effet. Il ne les souffrait pas longtemps à ses pieds; mais, les faisant aussitôt relever, il leur parlait avec bonté des choses de Dieu, prenait part non-seulement à leurs peines et à leurs joies particulières, mais encore à ce qui pouvait intéresser leur famille; il observait néanmoins de n'en dire que ce qui pouvait contribuer à les porter à la vertu, et les affermir dans l'amour de leur vocation. Comme il avait naturellement beaucoup de politesse et d'honnêteté, on trouvait toujours de nouveaux charmes dans sa conversation, et malgré l'extrême simplicité de ses manières, il était facile d'y remarquer quelque chose de si élevé, que ces vierges chrétiennes comprenaient clairement la vérité de ce qu'il leur disait quelquefois, que rien n'est plus grand ni plus noble que le cœur d'un vrai chrétien.

Les devoirs essentiels et communs étaient le sujet ordinaire de ses instructions; il avait coutume de les faire en peu de mots, car sa maxime était qu'il valait mieux laisser les âmes déjà vertueuses dans une utile faim de la parole de Dieu par une sage brièveté, que de les exposer à l'ennui par une longueur indiscrète. Il insistait principalement sur la réforme du cœur, et comptait pour peu de chose les dehors les plus édifiants, s'il n'étaient accompagnés d'une volonté sincère d'honorer Dieu, de l'aimer et d'obéir à ses commandements. Il veillait néanmoins avec beaucoup de soin sur l'extérieur de la vertu, parce qu'il était bien persuadé que ce secours est nécessaire à la piété même la plus solide, et que c'est s'affaiblir soi-même et scandaliser les autres que d'y renoncer. Il voulait seulement empêcher ces saintes filles de prendre le change, et de négliger ce que Jésus-Christ appelle l'important et l'essence de la loi, *quæ graviora sunt legis.* (Matth., 23, ℣. 23), pour s'appliquer uniquement à ce qui n'en est que l'accessoire. Il avait presque toujours les yeux baissés, et paraissant ne rien regarder, il voyait et remarquait tout. Une démarche trop lente ou trop précipitée, quelque légèreté dans le geste, quelque singularité dans l'habit religieux, tout était observé avec beaucoup de prudence, et relevé avec encore plus de charité, tantôt en secret, quelquefois même en public. Passant un jour devant la porte d'un office dans lequel il y avait une religieuse qui travaillait et qui avait redoublé son voile sur la tête, à cause de la chaleur, il lui fit dire de le baisser et de le mettre selon la règle. « On croit, » disait-il, qu'il est permis de négliger les obser- » vances régulières quand on est seul et sans té- » moins ; mais des chrétiens peuvent-ils jamais se » regarder comme seuls ? Ne sont-ils pas persuadés » qu'ils agissent sous les yeux de Dieu et que ses » anges sont témoins de leur conduite ? » Cette sévère exactitude venait du profond respect qu'il avait lui-même pour l'habit ecclésiastique, et qu'il voulait leur inspirer pour celui qu'elles avaient l'honneur de porter. « Les exemples qu'il » nous a donnés sur ce point, disent-elles, » dans leurs Mémoires, nous sont encore pré- » sents, et nous pouvons en rendre compte. » Jamais il ne changea rien dans son habillement ; » il ne paraissait point, chez nous ni ailleurs, » que revêtu de son manteau long, et malgré la

» faiblesse de son tempérament, il ne le quit-
» tait point, quelque chaleur qu'il pût faire. Le
» grand âge, la rigueur du froid, l'hiver même
» de 1709, ne furent point des raisons assez
» fortes pour le déterminer à se servir de calotte,
» quoiqu'il fût presque entièrement chauve. »
Après une grande maladie qui ne lui avait presque
plus laissé de cheveux, les médecins et ses amis
voulurent l'obliger à prendre la perruque, dont
l'usage commençait à s'introduire parmi les clercs.
Mais M. Marie ne se rendit point à leurs instances;
on le pria de prendre au moins une calotte, il la
porta deux jours seulement, par condescendance,
et il ne la reprit jamais depuis; c'était, disait-il,
une délicatesse dont il était bon de se passer. « Si
» nous prenions la liberté de lui représenter que
» sa santé pouvait en souffrir, il nous répondait
» agréablement qu'il était incorrigible, qu'il fallait
» le laisser mourir dans ses vieilles habitudes;
» que d'ailleurs étant instruit des saints canons et
» des règles de l'habit clérical, il tâcherait de les
» observer jusqu'à la fin. »

Ce que ces vierges chrétiennes remarquaient en
lui avec plus de satisfaction, c'était l'admirable
facilité qu'il avait de faire tout servir à la vertu;
il convertissait les choses les plus indifférentes en
quelque sujet d'instruction, et lorsqu'on s'y attendait le moins, on était agréablement surpris de

voir le tour édifiant et naïf qu'il savait donner à mille petits événements qui en paraissaient les moins susceptibles. Un jour qu'il était dans la maison, il lui fallut traverser une cour qu'il était difficile de tenir propre à cause du voisinage d'un grand arbre qui se dépouillait alors; une des religieuses lui en ayant fait des excuses : « C'est peu
» de chose, lui répondit M. Marie, de ren-
» contrer des feuilles dans son chemin; mais ce
» serait beaucoup si nous pouvions entendre ce
» qu'elles nous disent. Voyez-vous cet arbre, con-
» tinua-t-il : voilà déjà une grande partie de ses
» feuilles tombées; ce qui en reste aura le même
» sort, les unes plus tôt, les autres plus tard;
» chaque coup de vent en jettera plusieurs par
» terre. Ma sœur, il en sera de même de tous
» tant que nous sommes, et dans quelques an-
» nées d'ici, peut-être dans quelques mois, la
» mort nous rejoindra à ceux qui nous ont pré-
» cédés, et l'on ne fera non plus mention des
» uns et des autres que des feuilles dont cet arbre
» était orné l'année passée. »

La candeur et la simplicité avec laquelle il parlait à ces saintes filles les avaient accoutumées à en agir de même avec lui; elles ne craignaient point de lui découvrir les plus secrètes pensées; et cette heureuse disposition n'était pas particulière aux plus parfaites, elle leur était commune même

avec les novices. Depuis quelques jours il n'y en avait plus qu'une dans cette maison, lorsque M. Marie lui demanda si elle était bien contente d'avoir vu ses chères compagnes admises à la profession religieuse, dont le temps approchait aussi pour elle. « Oui, mon père, lui répondit la novice,
» je suis contente de voir approcher le jour de
» mon sacrifice; mais je vous avoue que la joie
» au sujet de la profession de mes compagnes
» n'est peut-être pas aussi sensible que vous
» pensez. Lorsqu'elles avaient encore le voile
» blanc, celui-ci se confondait encore avec le leur,
» et les yeux de la communauté se fixaient éga-
» lement sur nous toutes; mais aujourd'hui je
» suis devenue l'unique objet de cet examen
» dont la compagnie des autres me paraissait dimi-
» nuer la sévérité. Voilà, mon père, ce que je
» pense, et ce qui me fait peine. » — « Je loue en
» vous, lui dit M. Marie, cet humble et sincère
» aveu; mais pourquoi s'affliger quand on jouit d'un
» avantage que les saints ont quelquefois désiré
» sans pouvoir l'obtenir ? Plus nous sommes obser-
» vés de près, et plus il nous en revient d'utilité.
» On croupit et l'on meurt souvent dans ses dé-
» fauts, parce que personne n'a la hardiesse ou
» la charité de nous en avertir. Vous êtes à
» l'abri de ce malheur; et ce serait une injustice
» de vous en plaindre. Allez ma sœur : Dieu

» vous aime; attendez sa miséricorde et vivez en paix. »

Il est vrai que M. Marie avait à cœur l'avancement de la communauté dont il était supérieur; mais il n'oubliait point ce qu'il devait à sa paroisse. Il lui donnait en tout la préférence, et jamais aucune de ses brebis ne s'aperçut que la qualité de supérieur de la Visitation balançât en lui celle de curé de Saint-Saturnin, ou affaiblît en quelque chose le zèle et la tendresse dont il avait donné jusqu'ici tant de marques indubitables à son troupeau.

En effet, il découvrit alors qu'un marchand de sa paroisse, épuisé de forces et d'argent par une longue maladie, manquait des choses les plus nécessaires, et que son crédit diminuait considérablement. Pour relever cette malheureuse famille, il lui destina d'abord tout ce qu'il avait d'argent chez lui; mais voyant bien qu'un tel secours n'était pas encore suffisant, il emprunta et fit une somme considérable, avec laquelle il commença lui-même par acheter les nourritures, les remèdes et tout ce qui pouvait contribuer au prompt rétablissement du malade et à la subsistance de sa femme et de ses enfants; ensuite il lui fit donner secrètement le reste de la somme qui était proportionnée à ses besoins et au dérangement de son négoce. Le malade recouvra promptement la santé, le bon ordre se remit dans ses affaires, et son commerce devint plus florissant que jamais.

(1692.) Les choses étaient dans cet état, lorsque M. Godet des Marais, nommé à l'évêché de Chartres, y envoya M. l'abbé le Vayer, avec la qualité de grand vicaire, pour prendre possession de l'évêché en son nom, et pour gouverner le diocèse jusqu'à ce que ses affaires lui permissent de se rendre à son église (¹). La sagesse, la

---

(¹) Sur M. Godet des Marais, voir aux pièces justificatives, n° VII.

M. le Vayer, docteur de la maison et société de Sorbonne, faisait partie du séminaire de Saint-Sulpice, quand M. Godet des Marais le choisit pour son homme de confiance et son grand vicaire. Délégué par son évêque pour recevoir le renouvellement des vœux des religieuses de la Visitation, « ce saint abbé, dit leur
» historien, tout embrasé de l'amour de Dieu, accom-
» pagna cette cérémonie d'une érudition si profonde
» et avec un si grand zèle, que toute la ville en fut in-
» formée, et que les dames qui avaient eu le bonheur
» de l'entendre lui demandèrent de leur accorder
» une retraite sous le bon plaisir de M. l'évêque.
» Cette retraite produisit des conversions surprenantes
» (Manuscrit, p. 214). »

M. le Vayer appartenait à la famille La Mothe Le Vayer dont plusieurs membres habitaient Chartres dans ce siècle. Félix de la Mothe Le Vayer, était conseiller du Roy au Parlement et substitut du procureur général; Françoise, sa fille ou sa sœur, épousa Estienne

modestie et la piété de M. le Vayer lui concilièrent en très-peu de temps l'estime et le respect de tout le monde. Quoiqu'il fût d'un âge peu avancé, (il n'avait pas encore 28 ans), il se connaissait parfaitement en mérite, et quand il l'avait une fois aperçu dans une personne, il ne négligeait rien pour se l'attacher et pour s'en faire un ami particulier. A peine eut-il fait connaissance avec M. Marie et conversé quelque temps avec lui, qu'il le jugea digne de toute sa confiance et de l'étroite union qui subsista depuis entre eux jusqu'à la mort.

(1693.) Lorsque M. des Marais fut arrivé à Chartres, son grand vicaire lui parla du curé de Saint-Saturnin avec éloge, l'assura que le public, dont il était universellement estimé, ne connaissait cependant que la moindre partie de son mérite, et fit son possible pour donner au prélat les plus favorables impressions de la vertu de ce grand homme. M. Marie s'en aperçut bientôt par les témoignages extraordinaires de bienveillance avec lesquels M. des Marais reçut sa première visite. Il reconnut alors avec une secrète affliction que M. le Vayer avait parlé trop avantageusement de lui, et par cela même lui avait ôté presque

---

La Poustoire, bourgeois chartrain (Reg. Saint-Martin-le-Viandier, 1606).

toute espérance d'obtenir du nouvel évêque la permission de quitter la supériorité de la Visitation. En effet, un des premiers soins du prélat fut, non seulement de lui faire expédier la commission de supérieur de cette communauté, mais encore d'accorder à leurs vives instances qu'il fût un de leurs confesseurs ordinaires. Ces deux emplois n'avaient pas coutume d'être réunis dans la même personne : « M. l'évêque, disent ces religieuses,
» sentait bien les inconvénients que cela pouvait
» causer dans certaines rencontres. Mais allant
» lui-même au devant de toutes les difficultés, il
» voulut bien se charger de tout ce que M. Marie
» ne pourrait pas faire. Il eut même la bonté de
» nous dire que des ministres tels que le curé de
» Saint-Saturnin étaient des hommes privilégiés,
» et qu'il croyait que ce serait pousser trop loin
» l'exactitude que de nous refuser une grâce que
» nous ne pouvions demander que par un effet de
» la confiance extraordinaire que nous avions en
» lui. » M. l'évêque connaissait en cela les véritables dispositions de ces vertueuses filles, car chacune d'elles croyait son salut en sûreté, autant qu'il le peut être sur la terre, aussitôt qu'elle l'avait confié aux soins d'un guide si expérimenté.

A peine le prélat leur eut-il accordé sur ce point la satisfaction qu'elles désiraient avec empressement, que les plus ferventes d'entre elles rendirent

M. Marie le dépositaire des secrets de leurs consciences, et le choisirent pour leur confesseur ordinaire. La Révérende Mère Françoise-Marie de Crémeur fut de ce nombre (¹); elle était pour lors âgée de trente ans, et quoiqu'elle n'eût encore aucune part aux emplois de la maison, elle mérita l'attention de M. Marie. Il découvrit en elle un grand fonds de religion et des dispositions peu communes pour la perfection chrétienne. Il les cultiva pendant vingt années, et elle est devenue entre ses mains une excellente religieuse et une supérieure accomplie. Mme de Crémeur ne fut pas

(¹) La mère de Crémeur naquit en 1659, d'une illustre famille du pays chartrain; nous croyons qu'elle était fille de Gilles de Crémeur, écuyer, sieur de Gas, et de dame Léonore de Chaussis. Elevée au monastère de la Visitation, elle rentra dans le monde pour plaire à sa famille; mais elle revint bientôt à son cher couvent, où elle fit profession et donna l'exemple de toutes les vertus. Après avoir rempli successivement et avec beaucoup de zèle les différents offices de la maison, elle fut deux fois élue supérieure et s'acquitta de cette charge avec une rare prudence. Ce fut pendant qu'elle administrait la Visitation qu'eut lieu la première émission de papier-monnaie, mesure financière qui fut désastreuse pour la France et faillit compromettre l'existence de plusieurs communautés religieuses. Grâce à la mère de Crémeur, elle passa presque inaperçue pour sa maison de Chartres (Manuscrit, pp. 234, 260).

la seule qui fit de semblables progrès dans la sainteté de l'état religieux ; car toutes celles qui se sont soumises à la direction de ce grand homme se sont toujours distinguées par une solide et fervente piété.

On ne manque pas, grâce au ciel, de ministres capables d'aider heureusement les grands pécheurs touchés de Dieu à faire les premiers pas dans les voies de la pénitence ; mais il en est peu qui sachent porter l'ouvrage à sa perfection, qui se donnent la peine de suivre chaque jour les opérations de l'Esprit-Saint dans les âmes et qui aient assez de lumière et de patience pour conduire une personne déjà vertueuse à la plénitude et à la mesure de l'âge selon laquelle Jésus-Christ doit être formé en elle. *In mensuram œtatis plenitudinis Christi.* (Eph., 4, 13). M. Marie était touché de ce malheur, et malgré le penchant admirable qu'il avait d'excuser ses frères autant qu'il était possible, il ne pouvait souffrir sans une espèce d'indignation ces confesseurs qui font tout avec précipitation ; qui, toujours pressés et appelés ailleurs, comptent avec une secrète tristesse les moments qu'un pénitent passe à leurs pieds ; qui, pour se dispenser de rien approfondir et pour finir plutôt, traitent tout de bagatelles ; qui, bien loin de calmer les peines quelquefois bien sérieuses des fidèles qui s'adressent à eux, les augmentent par

leur mauvaise humeur ou par leur tranquille indifférence : « Ce n'est point ainsi, disait-il quelque-
» fois, qu'on gagne les cœurs. Cette conduite
» déraisonnable rebute les pénitents, les rend
» timides mal à propos, et les accoutume à ne
» s'expliquer jamais bien, de crainte d'ennuyer le
» prêtre qui les entend. »

Il pensait ainsi du ministère de la confession, et malgré sa promptitude naturelle, on ne pouvait porter la patience et la douceur plus loin qu'il faisait au tribunal. « Il écoutait tout avec bonté,
» répondait à nos difficultés, disent les dames de
» la Visitation dans leurs Mémoires, était touché
» de nos peines intérieures, entrait dans nos
» craintes et dans nos espérances, comme si elles
» lui eussent été personnelles. Nous l'avons vu
» s'abaisser avec les faibles, s'élever avec les âmes
» parfaites, et proportionner ses charitables conseils
» à la mesure de la grâce et aux différents caractères
» des personnes avec lesquelles il avait à traiter.
» Il portait la paix et la lumière partout, et l'on
» ne sortait jamais d'avec lui qu'on ne se trouvât
» plus tranquille. Il ne savait ce que c'est que de
» courber le moins du monde la règle de l'Évan-
» gile au gré des passions; sa morale, ennemie de
» toute cupidité, la combattait partout; les moin-
» dres fautes lui paraissaient des fautes, il les
» pardonnait quelquefois, mais il ne voulait

» jamais qu'on entreprît de les justifier. Cependant,
» quoique ses discours publics ou particuliers ne
» continssent rien que de mortifiant pour l'amour-
» propre, qui n'aime pas qu'on le poursuive de si
» près, nous ne pouvions nous lasser de l'entendre,
» et ses paroles nous consolaient toujours. »

Les personnes scrupuleuses et timorées avaient encore plus de part que les autres à sa charité compatissante (¹). Persuadé qu'il faut commencer par mériter toute leur confiance avant de travailler à les guérir, il avait pour elles une incroyable condescendance, entrait volontiers avec elles dans le détail, afin de connaître à fond de quoi il s'agissait, et lorsqu'il en était bien instruit, il prenait toutes sortes de formes et de langages pour calmer les alarmes dont on était agité. Mais quand il s'apercevait que le mal, devenu opiniâtre, s'aigrissait malgré la solidité de ses discours, et qu'on ne se rendait point aux preuves qu'il avait soin d'y joindre, il se servait de son autorité, s'exprimait en peu de mots, imposait silence, décidait nettement, et pour donner à ses paroles tout le poids qui leur était nécessaire, il ne craignait point d'interposer le nom du Seigneur :

(¹) Le manuscrit de la Visitation nous a conservé quelques avis de M. Marie à des personnes scrupuleuses; on les trouvera aux pièces justificatives, n° VIII.

« Ce n'est plus moi, leur disait-il alors, qui vous
» parle ici, c'est Dieu même ; car comme je savais
» que je devais vous voir aujourd'hui, je lui ai parlé
» de vous dans la prière. Voilà ce qu'il m'ordonne
» de vous annoncer de sa part, et vous devez
» obéir. »

La capacité reconnue de M. Marie, et la communication continuelle que l'on savait bien qu'il avait avec Dieu dans l'oraison, appuyaient merveilleusement de telles paroles, et l'on ne tardait pas à s'y soumettre.

Le nombre des personnes qu'il a guéries de leurs peines intérieures par cette voie est considérable ; et, convaincues par leur propre expérience, elles ont toutes avoué qu'il avait reçu de Dieu cette langue savante et persuasive dont parle l'Ecriture, si propre à dissiper les ténèbres de l'esprit et à soutenir un cœur abattu sous le poids de ses afflictions [1].

C'était là sans doute pour les religieuses de la Visitation un de ces secours extraordinaires que le Ciel n'accorde pas à tout le monde ; mais l'exemple de M. Marie les touchait encore plus vivement que ses discours. Il leur recommandait sans cesse l'humilité, la patience, la charité mutuelle ; et

---

[1] *Dominus dedit mihi linguam eruditam ut sciam sustentare eum qui lassus est, verbo.* Isaiæ, 5o, ỳ. 4.

pour leur persuader l'amour de ces vertus importantes, il les pratiquait le premier à leur égard.

Nous trouvons dans leurs Mémoires que, la veille de la Toussaint, une religieuse, n'ayant pu se confesser à lui le matin avec les autres, le fit prier de revenir l'après-midi avant vêpres. Il y alla et se fit annoncer; mais plusieurs contre-temps obligèrent la religieuse de se faire beaucoup attendre; elle parut enfin lorsque l'heure de vêpres sonna. M. Marie lui dit aussitôt d'un ton un peu ému, qu'elle devait bien savoir qu'il n'avait pas de temps à perdre; que l'office solennel de vêpres l'attendait à sa paroisse; qu'il s'y en allait dans le moment, et qu'il n'y reviendrait pas sitôt. Pour expier sa négligence, la religieuse était résolue de se priver de la sainte communion, lorsque le jour même de la fête on vint l'avertir, à huit heures du matin, que le supérieur l'attendait au confessionnal. Elle s'y rendit promptement, et les premières paroles que lui dit M. Marie aussitôt qu'il l'aperçut furent celles-ci : « Quoique l'heure
» de vêpres m'appelât à Saint-Saturnin quand vous
» vîntes hier, je devais vous parler avec plus de
» douceur. Confessez-vous maintenant, j'aurai le
» temps de vous entendre. » Après que le Sacrement de Pénitence lui eut été administré, elle témoigna sa surprise à M. Marie, et lui avoua que la solennité de la fête et les occupations dont elle

est suivie ordinairement pour un pasteur, ne lui avaient pas permis d'espérer qu'il se donnât la peine de venir pour elle, surtout après avoir abusé de sa patience le jour précédent. « C'est » Dieu, lui répondit cet humble ministre, qui » exige de moi cette démarche, pour vous tran- » quilliser l'esprit, et plus encore pour me récon- » cilier avec vous ; sans cela, ma sœur, je n'au- » rais pas osé monter au saint autel. » Une telle délicatesse de conscience était utilement remarquée par ces vierges chrétiennes, et de semblables traits qu'elles découvraient souvent dans leur supérieur, étaient pour elles autant de voix qui les avertissaient de ne se contenter jamais d'une vertu médiocre, et de tendre toujours à ce qu'il y a de plus parfait.

CHAPITRE XIII.

M. Marie découvre deux caves inconnues jusque-là, qui servent maintenant de sépulture aux religieuses de la Visitation. Humilité singulière qu'il pratique dans les visites annuelles que l'évêque fait dans cette communauté. M. des Marais visite la paroisse de Saint-Saturnin, fait publiquement l'éloge de M. Marie. La contagion cause un grand ravage à Chartres; aumônes considérables que M. Marie fait pour lors aux pauvres malades. Son zèle à les servir : il est frappé lui-même de la contagion, et guéri par l'intercession de Saint-François de Sales. Mlle Anne Couppé meurt, en secourant les pestiférés ; histoire abrégée de sa vie. Le neveu de M. Marie est nommé par M. des Marais à la cure de Saint-Maurice. Mort de M. l'abbé le Vayer.

UNE piété fervente régnait ainsi dans cette heureuse communauté, par les soins assidus et la sage conduite de M. Marie. Mais il ne se contentait pas d'en éloigner jusqu'à l'ombre du mal et d'affermir en elle l'esprit de grâce qu'elle avait reçu, il veillait encore avec une sainte inquiétude à lui procurer tous les secours temporels qui pouvaient dépendre de lui. Les Mémoires que ces dames nous ont communiqués font mention d'un service important qui mérite d'être remarqué.

Depuis plus de trente ans, elles n'avaient pour lieu de leur sépulture qu'un assez petit caveau, dont l'ouverture se trouvait placée au milieu de leur chœur. La communauté était nombreuse, et dans les maladies populaires qui occasionnent des morts fréquentes, elles respiraient un air corrompu, qui, s'exhalant de ce sépulcre étroit, exposait leur vie à un danger manifeste. Les personnes préposées à la conservation de ces vertueuses filles en étaient alarmées; mais le péril subsistait toujours, et qui que ce fût n'y avait encore pu remédier. Enfin M. Marie, après avoir recommandé la chose à Dieu, selon sa coutume, descendit dans le caveau, examina soigneusement la disposition du lieu, et ne vit aucune apparence d'agrandir ce caveau. Une foi médiocre se serait rebutée; mais il ranima la sienne, et plein de confiance au Seigneur qui sembla le conduire lui-même par la main : « Ouvrez la muraille dans cet » endroit, dit-il à des maçons qu'il avait fait » venir, et nous trouverons un espace suffisant » pour l'usage que nous en voulons faire. » On obéit et après avoir démoli une partie de la muraille, on découvrit deux belles caves voûtées qui composent le souterrain de l'église (¹). La surprise et la joie furent grandes, et sur l'heure on rendit grâce à Dieu de la protection visible qu'il donnait à ses fidèles épouses. Ce fut M. l'abbé le Vayer qui bénit ces deux caves, assisté d'un second prêtre ; et quoique M. Marie dût avoir plus de part qu'un autre à cette cérémonie, il se contenta seulement d'y porter le bénitier en qualité d'acolyte, et de répondre aux prières avec la simplicité d'un enfant. Sa modestie en cette rencontre fut admirée de tout le monde; lui seul n'y voyait rien d'extraordinaire, et la grande idée qu'il avait des fonctions ecclésiastiques fit qu'il se tint aussi honoré de celle qu'il venait de remplir

---

(¹) Ces deux caves existent encore sous la maison qui porte le n° 25 de la rue du Cheval-Blanc. La Révolution n'a pas fait disparaître toutes les traces de leur funèbre destination; un prêtre originaire de Chartres nous assure même qu'il y a moins de 40 ans, il y a vu encore des pierres tombales recouvrant des ossements. Depuis lors, ces sépultures n'auraient pas été respectées, paraît-il, et beaucoup d'ossements auraient été dispersés. Une pierre funéraire sert encore de seuil dans la même maison. On distingue très-bien à hauteur d'homme, dans les trois caveaux, une bande de peinture, semblable à la litre de nos églises, et sur laquelle sans doute on inscrivait les noms des religieuses inhumées : des lettres qu'on y aperçoit encore autorisent cette supposition.

par son propre choix, que s'il eût été le principal ministre de cette bénédiction.

(1694.) M. l'abbé le Vayer raconta bientôt la chose à son évêque, qui reconnut lui-même peu de temps après, que ce que son grand vicaire lui disait souvent des vertus, et principalement de l'humilité de M. Marie, était véritable. En effet, la première fois que M. des Marais, accompagné du serviteur de Dieu, fit sa visite dans la maison de la Visitation, il aperçut et reprit une légère inobservance, à laquelle il savait bien que M. Marie n'avait aucune part, mais qui s'était glissée malgré les soins de ce vigilant supérieur. Aussitôt la communauté se mit à genoux, autant pour avouer sa faute que pour l'expier, et le prélat qui savait les règles ne parut point étonné de cette humiliation. Mais il fut extrêmement surpris, quand il vit M. Marie, les yeux baissés, les mains jointes, se confondre avec la communauté, se prosterner comme elle, et témoigner ainsi que c'était à sa négligence qu'il s'en fallait prendre de cette faute; et qu'étant lui seul plus coupable que toutes les autres ensemble, il ne lui restait qu'à s'humilier. M. des Marais lui tendit promptement la main, le releva et lui fit entendre qu'ils étaient tous deux chargés de remarquer les fautes de la communauté, mais non pas obligés d'en subir la peine. Comme M. Marie ne prit point ce discours comme un ordre formel de son évêque, mais plutôt comme un effet de sa politesse et de sa bienveillance, il se regarda toujours comme seul responsable des fautes de la communauté, et jamais il ne put se persuader qu'en qualité de supérieur il fût dispensé d'en faire quelque satisfaction. Il observait effectivement cette pratique dans toutes les visites annuelles ; et le prélat, qui connaissait sa vertu, se fit scrupule de s'opposer dans la suite à une humilité si salutaire à celui qui la pratiquait, et si édifiante pour une grande communauté qui en était témoin.

Tel était le profond abaissement de son cœur ; mais Dieu, qui prend plaisir à relever celui qui s'humilie, permit peu de temps après que la vertu de son serviteur fût exposée au grand jour, et que M. des Marais en fît publiquement l'éloge. En effet, le jour étant venu auquel cet illustre prélat devait faire sa visite épiscopale à Saint-Saturnin, M. Marie le reçut à l'entrée de son église, en lui adressant un compliment plein de noblesse et de gravité. Mais M. des Marais avançant quelques pas dans le lieu saint, au lieu de répondre au discours du pasteur, adressa la parole au peuple. « Mes » frères, dit-il, je vous félite d'avoir pour guide » dans les voies du salut un ministre tel que celui » que Dieu vous a donné. La régularité de ses » mœurs, la pureté de son zèle et l'ardeur de sa » charité me sont connus. Répondez avec une fidé-

» lité nouvelle à ses soins, et soyez persuadés
» qu'il n'y a rien de plus avantageux pour vous
» que d'écouter, comme vous faites, les paroles
» d'un si bon pasteur et d'imiter son exemple. »

Le prélat, pour s'édifier lui-même et pour se confirmer dans l'opinion qu'il avait du mérite et de la vertu de M. Marie, examina tout de près dans sa visite. Il trouva le clergé plein de ferveur, le peuple fidèle à ses devoirs, les enfants bien instruits, les pauvres abondamment assistés, les malades secourus et consolés. Il admira le bon ordre de son église, la propreté du sanctuaire, et surtout la magnificence du maître-autel, que M. Marie, malgré les aumônes qu'il faisait de tous côtés, venait d'enrichir d'un des plus beaux tabernacles de France[1]. Une dame de piété contribua considérablement à la dépense nécessaire; mais M. Marie, qui depuis longtemps mettait toujours quelque chose en réserve pour cette bonne œuvre, y aida beaucoup. C'est lui qui a fait faire à ses dépens le beau tableau de la contre-table. M. des Marais, beaucoup plus satisfait qu'il ne s'était attendu de l'être, conserva toujours depuis pour la paroisse de Saint-Saturnin un amour de prédilection, dont elle ne tarda pas longtemps à recevoir des marques extraordinaires.

[1] V. Pièces justificatives, IX.

(1694.) En effet, une maladie contagieuse désolant quelques mois après toute la ville de Chartres, ce grand évêque, animé d'un zèle digne des premiers siècles de l'Église, n'épargna rien pour soulager son peuple; on le vit surtout avec admiration accourir au secours de M. Marie, s'appauvrir avec plaisir en faveur des misérables, et faire partout des aumônes abondantes. L'homme de Dieu, encouragé par un tel exemple et persuadé qu'il ne pouvait rien faire de mieux que de l'imiter, se consacra tout entier au service de ses frères; il se levait bien avant la pointe du jour, et allait dans tous les quartiers de sa paroisse répandre dans le sein des pauvres toutes ses charités. Elles étaient si considérables qu'en peu de temps toutes ses ressources furent épuisées. Il n'avait plus rien du tout à leur donner, lorsqu'on lui remit entre les mains une somme de trois mille livres, qui était le remboursement d'une rente qu'il partageait avec son neveu, alors curé de Saint-Sauveur de Bonneval [1]. Bien résolu de tenir compte à son parent

---

[1] Ce neveu était M. Mathurin Marie, que nous avons vu précédemment célébrer sa première messe. Il fut nommé curé de cette paroisse en janvier 1692, et conserva ce titre jusqu'au mois de mai 1694, époque à laquelle sans doute il fut transféré à la cure de Saint-Maurice de Chartres, où nous le retrouverons plus tard. — La paroisse Saint-Sauveur de Bonneval avait au

de la portion qui pouvait lui appartenir, il ne balança pas un moment sur ce qu'il devait faire de cette somme, et distribua les mille écus aux pauvres. Cependant le curé de Saint-Sauveur de Bonneval, croyant que son oncle avait mis cet argent à constitution([1]), lui en demandait quelquefois des nouvelles: « Mon neveu, lui disait-il alors, n'en » soyez plus en peine; je l'ai bien placé. » Mais comme on le pressa de nommer les personnes: « Que craignez-vous ? répondit-il, je vous l'ai » déjà dit: notre argent est bien assuré, et puis- » que vous voulez que je m'explique, il est entre » les mains des pauvres, et notre contrat est dans » le ciel. » Bien loin de désapprouver un tel emploi, le curé de Saint-Sauveur y consentit avec joie, et remercia Dieu de ce que le mérite de cette bonne œuvre lui devenait commun avec une personne qui lui était déjà étroitement unie par les liens de la nature.

C'est ainsi que M. Marie aimait et secourait

siècle dernier 350 communiants, et 500 livres de revenu; depuis la Révolution, elle a été réunie ainsi que celle de Saint-Michel de la même ville, à la paroisse Notre-Dame. Son église existe encore, mais elle est abandonnée; elle avait été consacrée ainsi que Notre-Dame, en 1499. (*Hist. de l'Abbaye de Bonneval*, p. 131.)

([1]) Mettre à constitution c'est ce que nous appelons *placer à intérêt*: nous disons encore *constituer une rente*.

les pauvres de sa paroisse; mais persuadé que c'était peu de leur donner son argent, s'il ne se donnait encore lui-même, il ne faisait autre chose, du matin jusqu'au soir, que de porter le saint Viatique et d'administrer l'Extrême-Onction; on le rencontrait partout, il assistait les malades, exhortait les mourants, consolait les familles désolées, allait de porte en porte et s'informait de l'état de chaque particulier. Enfin il rentrait chez lui bien avant dans la nuit, accablé de tristesse, fatigué à l'excès, et souvent sans avoir pris aucune nourriture de la journée.

Succombant bientôt à cet affligeant et pénible exercice, il fut lui-même attaqué de la contagion avec tant de violence que dès les premiers jours on désespéra de sa vie. Ce bon pasteur près d'expirer était un nouveau sujet de deuil et d'alarme pour toute la paroisse de Saint-Saturnin. Sa chambre était toujours pleine de ses paroissiens, et plusieurs d'entre eux qui étaient autour de son lit crurent l'avoir vu mourir. Leur tristesse, quoique mal fondée, était extrême, et le Seigneur en eut pitié; car il rendit la santé au malade, au grand étonnement de tout le monde, et cette guérison, qui peut passer pour un grand miracle, doit être écrite avec ses circonstances. Elles nous ont été conservées par les Dames de la Visitation, et voici comment elles s'expliquent dans leurs mémoires.

« Dans l'année 1694, la contagion emporta
» beaucoup de monde à Chartres, et M. Marie,
» qui servait nuit et jour les malades de sa paroisse,
» fut aussi attaqué du mal ; en moins de six jours
» il reçut les derniers sacrements et fut réduit à
» l'extrémité. Dans cet état, il était continuellement
» assisté de M. l'abbé le Vayer, grand vicaire et
» son ami particulier. Ce saint ecclésiastique, vo-
» yant que le malade était près d'expirer et que
» les tristes avant-coureurs de la mort, la pâleur
» et la sueur froide, se faisaient déjà remarquer
» sur son visage, vint dire ici la messe des ago-
» nisants. Nous ne parlerons point des larmes et
» des prières dont nous accompagnâmes le Saint
» Sacrifice, qu'on offrait pour une personne qui
» nous était si chère. Nous dirons seulement que
» pendant que M. le Vayer fut à l'autel, l'état du
» malade changea tout-à-coup ; que la froideur
» mortelle, qui s'emparait déjà de tout son corps,
» disparut en un moment, et fit place à une
» sueur abondante, qui fut pour lui une source
» de vie. Et ce qui est digne de remarque, c'est
» qu'après cette considérable transpiration, et mal-
» gré l'étonnante faiblesse où le malade se trouvait
» un moment auparavant, il ne sentit aucun épuise-
» ment, la fièvre cessa tout à coup, et sa santé se
» rétablit de telle sorte qu'il se trouva bientôt en
» état de venir nous en dire lui-même des nouvelles.

» Aussitôt qu'il vint ici, nous nous rendîmes
» toutes au parloir, où, après nous avoir laissées
» marquer à Dieu notre reconnaissance et la joie
» que nous avions de sa guérison, il nous parla de
» la sorte : « C'est à l'intercession de votre saint fon-
» dateur, mes sœurs, que je suis redevable du
» bienfait qui nous rassemble aujourd'hui. Il a plu
» à Dieu de me rendre la santé contre toute appa-
» rence, et dans le moment même qu'on crut le
» dernier de ma vie. Pendant que M. le Vayer
» priait pour moi au saint autel, je crus être pré-
» senté devant le tribunal de Jésus-Christ, pour
» y recevoir l'arrêt décisif de mon éternité. Je
» m'y trouvai saisi de crainte et de frayeur; mais
» il me semble que cela dura peu de temps, et
» que je fus tout à coup transporté dans une belle
» et vaste campagne, où je vis saint François de
» Sales, qui, me mettant la main sur la tête, me
» dit : Retournez, Dieu vous guérit; ayez soin de
» mes filles. » — Voilà ce que nous eûmes la conso-
» lation d'entendre de sa bouche, et ce que nous
» crûmes d'autant plus volontiers qu'il ne nous
» parla de cette vision que comme d'un songe
» ordinaire. »

Pendant la maladie du pasteur, son troupeau avait été réduit à un état encore plus déplorable qu'auparavant; il ne restait presque plus de ministres en état de le secourir; les rues étaient désertes, et les familles plongées dans le deuil le plus amer. A la vue d'une consternation si générale, l'homme de Dieu ne put attendre que sa santé fût parfaitement affermie; son zèle lui tint lieu de force, et il se livra de nouveau à tous les exercices que la tendresse et la charité qu'il avait pour son peuple lui pouvaient suggérer. Tout convalescent qu'il était, et sans être secondé de personne, il servait tout le monde avec autant d'ardeur et d'activité qu'aurait pu faire l'homme le plus robuste.

Il y avait cependant une sainte fille dans sa paroisse, sur laquelle il se reposait du soin de certaines œuvres de charité qu'il ne pouvait faire par lui-même, et qui l'aidait utilement dans ces jours lugubres où le Seigneur frappait son peuple des plus terribles plaies. Mais Dieu lui enleva cette unique ressource, et couronna par une mort précieuse à ses yeux la vie que cette vertueuse personne avait consacrée à son service dès le berceau.

C'est de Mademoiselle Anne Couppé dont nous parlons. Elle était fille de Pierre Couppé et de Marguerite Hureau. Dès l'enfance, elle aima la retraite et la prière, et se dévoua de fort bonne heure au service des pauvres. A l'âge de dix-sept ans, elle voulut se consacrer à Dieu par la profession religieuse; mais la Providence permit que son père, qui l'aimait tendrement, apportât à son dessein des obstacles insurmontables. Ainsi contrainte d'obéir à des ordres qui la retenaient au milieu de sa famille, et même obligée malgré elle de ne pas renoncer absolument aux parures convenables à sa condition, elle gémissait en secret d'une loi qui lui paraissait rigoureuse, et son cœur, sincèrement ennemi des vanités du siècle, attendait tous les jours l'occasion favorable de lui dire un éternel adieu et de s'aller cacher dans la solitude. Cependant le Seigneur en avait décidé autrement; elle devait rester au milieu du monde, et, sans participer à sa corruption, édifier les gens de bien par le bon exemple de sa vertu. En effet, après la mort de son père, elle foula aux pieds les plaisirs et les pompes du siècle, vendit ses joyaux et ses meubles les plus précieux, et en distribua le prix aux pauvres de sa paroisse et du reste de la ville. Sa maison devint aussitôt le refuge et l'asile des misérables, et ils étaient assurés d'y trouver la nourriture, les habits et tous les autres secours dont ils avaient besoin. Elle partageait tout avec eux, se réservant toujours ce qu'il y avait de moins bon et leur abandonnant ce qu'elle avait de meilleur.

Quoiqu'elle aimât également tous les pauvres, elle évitait soigneusement de se trouver avec ceux d'un autre sexe; ils n'y perdaient cependant rien, car lorsqu'ils avaient besoin de son assistance elle s'adressait à M. Marie, et trouvait ainsi le moyen de faire passer jusqu'à eux les secours abondants que sa charité leur destinait. Elle espérait tenir jusqu'à la fin cette prudente et sage conduite; mais une indispensable nécessité l'obligea de s'en départir. Un pauvre pestiféré, dont à peine les médecins osaient approcher, manquait de tout et se trouvait réduit à un abandonnement général. Cette vertueuse demoiselle en fut touchée; non seulement elle lui procura tous les secours possibles, mais, par un courage dont la seule charité chrétienne peut être capable, elle servit ce pauvre malade et se tint toujours auprès de lui pour le consoler. C'est là qu'elle reçut le coup qui la mit au tombeau, et elle expira au milieu des œuvres de miséricorde, comme elle y avait toujours vécu.

La paroisse de Saint-Saturnin avait tant de respect et de vénération pour cette aimable fille, elle en avait reçu tant de bienfaits, qu'on se crut obligé par la reconnaissance de s'écarter en sa faveur d'un règlement qui défendait alors d'enterrer qui que ce fût dans l'église; ainsi elle y fut inhumée au pied de l'autel des Trois-Maries [1],

---

[1] Les églises Notre-Dame, Saint-Aignan, Saint-Martin-le-Viandier, Saint-Maurice-lès-Chartres et Saint-Saturnin avaient un autel érigé en honneur des Trois-Maries; les deux dernières avaient de plus une confrérie des *trois bonnes saintes*. Leur autel à Notre-Dame

et tout le monde fut persuadé que cette victime de la charité serait plutôt capable d'apaiser la colère de Dieu et de faire cesser les malheurs publics que de les augmenter.

La contagion venait encore d'enlever M. le curé de Saint-Maurice, paroisse d'un des faubourgs de la ville de Chartres, et ce bénéfice était demandé à M. des Marais par plusieurs personnes puissantes; mais le prélat nomma le neveu de M. Marie, déjà curé de Saint-Sauveur de Bonneval. Il lui fit expédier les provisions de ce bénéfice et les envoya sur l'heure au curé de Saint-Saturnin.

Lorsqu'il alla remercier le prélat de cette marque de considération dont il venait de l'honorer, il en reçut encore de nouvelles de sa part : « Il est » juste, lui dit-il, que ce qu'il y a de bon dans le » clergé de mon diocèse, se trouve dans la ville » épiscopale; c'est ce qui m'a fait jeter les yeux » sur le curé de Saint-Sauveur, pour le placer à » Saint-Maurice. Nous y gagnerons tous trois; » vous, Monsieur, parce que vous aurez auprès » de vous un neveu que vous aimez; votre neveu, » parce qu'il sera plus à portée de se perfectionner

---

était le quinzième de l'église haute et s'élevait sous le pupitre; c'était à cet autel qu'on gardait le chef de sainte Anne, ce qui lui fit prendre le nom de cette sainte. (Sablon, p. 24. Reg. paroiss., etc.)

» auprès d'un oncle qu'il doit prendre pour son mo-
» dèle; et moi, de remplir les premières places de
» mon diocèse par des ministres sans reproches. »

La joie que devait lui donner ce témoignage de bienfaisance de la part de son évêque fut bientôt suivie du sensible déplaisir que lui causa la perte d'un illustre ami, dont il venait d'éprouver l'inviolable fidélité. M. l'abbé le Vayer avait essuyé tant de fatigues dans les assiduités qu'il avait rendues non seulement à M. Marie son ami, mais encore à un grand nombre de malades pendant la contagion, qu'il tomba dans une langueur mortelle. On lui conseilla de retourner au Mans, sa patrie, pour y respirer l'air natal, et les médecins l'assurèrent qu'il ne lui restait plus que cette ressource. M. le Vayer, avant de partir, vint voir son ami, lui fit confidence de l'épuisement total où il était, et lui dit assez clairement que c'était pour la dernière fois qu'ils auraient la consolation de s'embrasser. A ces mots M. Marie ne put retenir ses larmes, et ce qui augmentait encore son extrême affliction, c'est qu'il lui était impossible de le suivre jusqu'au Mans. La contagion durait encore et son peuple l'appelait de tous côtés. Enfin l'attachement incroyable qu'il eut toujours pour les obligations de ministère ne lui permettant pas de faire le voyage avec une personne qu'il aimait comme lui-même, il ne lui resta que la triste satisfaction de lui dire adieu, de le suivre partout des yeux de l'esprit, et de prier sans cesse pour la conservation de ce grand homme, qui avait prié depuis peu pour la sienne.

Mais Dieu qui voulait éprouver la foi de M. Marie, exigea de lui un second sacrifice encore plus rigoureux que le premier. Car à peine M. le Vayer fut arrivé au Mans, que le pourpre se déclara et l'emporta peu de jours après. Ce saint ecclésiastique, l'espérance et les délices du clergé de Chartres, mourut en prédestiné, soumis en tout à la volonté du Seigneur, et comme un vrai martyr de la charité. Les nouvelles de sa mort furent bientôt apportées à M. Marie, qui la pleura comme il le devait, avec des larmes bien sincères. Aussitôt, il prévint les ordres et les intentions de M. des Marais, célébra un service très-solennel dans son église pour cet illustre défunt, et réitéra cette œuvre de piété quand il reçut la lettre circulaire de son évêque (1).

---

(1) M. des Marais annonça la mort de M. le Vayer, son grand vicaire, par une lettre circulaire, qui est un monument authentique de l'estime qu'il avait pour lui, et qui contient un éloge achevé de ce saint ecclésiastique. Il ordonna dans cette même lettre, que dans toutes les églises de son diocèse on fît un service solennel pour le repos de son âme. *(Note de l'auteur.)*

CHAPITRE XIV.

Sa paroisse et la communauté de la Visitation reçoivent pendant la contagion de nouvelles preuves de son zèle et de son attachement. Il épargne à ses prêtres autant de travail et de fatigue qu'il lui est possible. Deux marchands étrangers se ressentent des bénédictions attachées à son ministère. Il protége l'innocence et confond la calomnie, est offensé par un conseiller de sa paroisse, va le premier se réconcilier avec lui. Il rétablit la paix dans un ménage désuni.

(1695.) Quoique la colère de Dieu parût un peu ralentie au commencement de l'année suivante, l'ange exterminateur n'avait pas encore remis l'épée dans le fourreau, et les maladies, pour n'être pas tout à fait si fréquentes, n'en étaient pas moins funestes. Il arriva pour lors un malheur encore plus affligeant aux yeux de la foi que la contagion même ; car la charité de plusieurs, fatiguée d'une épreuve qui leur semblait trop longue, parut se refroidir, et, par une prévoyance trop timide et mal placée, on supprima bien des secours qui devenaient de jour en jour plus nécessaires que jamais. Bien loin de participer à ce lâche affaiblissement, M. Marie jugea que la continuité de ce fléau devenait pour lui un nouveau motif de faire aux misérables les mêmes libéralités, et de les augmenter encore s'il était possible. Il le fit, et, proportionnant ses aumônes aux besoins de ses frères, il trouva le moyen de les assister tous jusqu'à la fin, et de les dédommager par une sainte prodigalité des secours qu'ils ne pouvaient plus espérer de trouver ailleurs.

Encore plus occupé des besoins spirituels de ses paroissiens, il était soigneusement attentif aux progrès du mal, et, se faisant avertir à propos par des personnes sûres et intelligentes de l'état des malades, il observait de ne paraître chez eux que quand son ministère était nécessaire ou d'une évidente utilité. Sa vigilance et son attention sur cet article ont toujours été si grandes, que pendant les quarante-six années de son administration, jamais un de ses paroissiens n'est mort sans sacrements, ni aucun enfant sans baptême par sa faute; et lorsque malgré toutes ses précautions ce malheur arrivait, il était plusieurs jours plongé dans une grande tristesse, s'examinait devant Dieu avec beaucoup de rigueur, et quoique sa conscience ne lui reprochât rien, il craignait toujours d'être coupable sans le savoir de quelque négligence, et ne manquait jamais d'en faire pénitence. Aussitôt qu'il était entré dans la chambre d'un malade, il priait auprès du lit avec beaucoup de piété. Puis, adressant la parole aux assistants, il relevait leurs espérances, ranimait en eux les sentiments de religion, les exhortait à faire de dignes fruits de pénitence, et leur faisait comprendre qu'il ne leur restait que ce moyen de fléchir la colère du Seigneur irrité contre les péchés de son peuple; il parlait ensuite au malade, et de peur de le fatiguer mal à propos, il ne lui disait que peu de paroles, mais si bien choisies, si vives et si touchantes, qu'elles produisaient ordinairement leur effet, et portaient dans les cœurs le feu de la charité dont elles étaient embrasées. Lorsque son expérience ou l'avis des médecins lui faisaient juger que le péril devenait pressant, il n'avait jamais égard aux vaines frayeurs d'une famille éplorée, qui croit tout perdu quand on parle d'administrer le saint Viatique et l'Extrême-Onction. Cependant pour ne révolter personne, il en usait alors avec beaucoup de prudence; et le don admirable qu'il avait de persuader faisait si bien disparaître les difficultés et les obstacles, qu'il obtenait sans peine le consentement de tout le monde. Sa conduite était bien différente à l'égard de ceux qui ne couraient aucun risque de la vie; car, observant toujours de ne point répandre l'alarme mal à propos, il évitait de leur parler d'une manière trop ouverte des derniers sacrements, et se contentait de les disposer de loin à les recevoir utilement, lorsque le temps en serait venu.

Ce n'était pas le seul amour de son devoir, mais encore celui de la pénitence et de la mortification, qui l'attachaient ainsi au service des malades; car il n'exigeait de ses prêtres que le moins de secours qu'il lui était possible, et pour les ménager il se chargeait de tout ce qu'il y a de plus pénible dans le ministère. En effet, il ne voulait pas qu'on s'adressât à d'autres qu'à lui quand il s'agissait de se lever la nuit pour aller au secours des mourants. Il en usa ainsi pendant tout le temps de son administration, et lorsque sa domestique allait avertir quelqu'un de ses prêtres, il la grondait bien fort, et la menaçait de la mettre dehors si elle ne se corrigeait. Si les paroissiens venaient alors au presbytère demander quelque prêtre, M. Marie, qui couchait toujours presque tout habillé, paraissait dans le moment, priait avec instance qu'on ne troublât point le sommeil de ses vicaires : « Vous connaissez, disait-il, leur » faible santé; ne leur ôtons pas le repos de la » nuit dont ils ont besoin après avoir travaillé » pendant le jour. Vous m'affligerez, ajoutait-il, » si vous n'agréez pas les services que me voilà » prêt à vous rendre. » Il les offrait de si bonne grâce et avec tant de zèle, que malgré l'extrême déplaisir que l'on ressentait de lui causer une telle fatigue, on était obligé de le laisser faire.

Les jeunes clercs aussi bien que ses prêtres éprouvaient souvent des attentions à peu près semblables de sa part. Il voulait à la vérité les accoutumer au travail, et les former aux exercices du ministère; mais il avait grand soin de ne les point gêner, et souvent même, par quelques petites libéralités qu'il leur faisait, il prévenait la tiédeur et le dégoût qui pouvait les décourager. Un jour, étant accompagné de son clerc sacristain, il fut visiter un malade qui était en délire. Ce malade sortit brusquement de son lit, et saisissant le jeune ecclésiastique par le milieu du corps, l'enleva jusqu'au plancher et le laissa tomber de cette hauteur. Par une espèce de prodige, il n'en ressentit aucune douleur; et M. Marie, témoin de cet événement, ne pouvait en croire ses propres yeux. Il fit venir aussitôt les chirurgiens qui l'assurèrent qu'il n'y avait rien à craindre, et qu'on en serait quitte pour une saignée. Il en rendit grâces au Ciel; puis s'adressant à celui à qui l'accident venait d'arriver : « Mon fils, lui dit-il, il y a long-
» temps que vous travaillez beaucoup; je vous
» ordonne de vous reposer pendant trois jours,
» et de vous réjouir avec vos amis. Je veux vous
» régaler et je les prierai d'être de la fête. » Il en

usait ainsi avec tous les ecclésiastiques de sa paroisse; il proportionnait le travail aux forces d'un chacun, et pour ne les pas rebuter, il avait coutume de leur procurer de temps en temps l'occasion de se divertir entre eux, autant que l'innocence et la sainteté de leur état le pouvaient permettre.

(1695.) Tout occupé que fût M. Marie à secourir sa paroisse, pendant les maladies qui la désolaient, il ne laissa pas de donner encore à la Visitation de sensibles preuves de sa sollicitude et de son zèle. On l'a vu dans un âge avancé passer quelquefois la nuit entière dans une maison voisine de ce monastère, afin d'épargner la peine de l'aller chercher plus loin, et d'être plus à portée de recevoir les derniers soupirs des religieuses mourantes. C'était alors que ce grand homme, rempli d'espérance et de foi, leur parlait d'une manière si touchante du royaume de Dieu et de l'accomplissement de ses promesses que ces vierges chrétiennes attendaient avec une sainte impatience l'arrivée de l'Époux. Mais s'il se faisait attendre encore quelques heures, son absence affligeait leur amour, et on le suppliait en gémissant de ne plus différer. Quand l'agonie durait longtemps, M. Marie, pour ne pas fatiguer la malade, se retirait devant le Saint Sacrement, ou bien s'il trouvait quelque religieuse dans le chœur, il allait au fond du jardin et y priait à genoux jusqu'à ce que l'infirmière vînt l'avertir. On l'y a trouvé quelquefois l'hiver et par un brouillard très-froid, la tête nue, les bras croisés sur la poitrine, et les yeux élevés au ciel. Lorsque les religieuses lui faisaient alors quelque excuse de ces sortes de contre-temps, il souriait de leurs inquiétudes, et témoignait qu'il ne trouvait que des sujets de satisfaction et de contentement, où les autres ne voyaient pour lui que des peines et des souffrances. Il n'était pas nécessaire que ces saintes filles fussent dangereusement malades pour recevoir de pareilles marques de sa charité; aux premières nouvelles on le voyait paraître, et dans la crainte qu'il avait d'être appelé trop tard, il s'était expressément réservé les dispenses de l'abstinence. « On me ménage trop, leur disait-il avec bonté. » Vous avez jusqu'ici trompé l'affection que j'ai » pour vous ; mais à présent ou il faudra que » vous ne soyez plus malades, ou je le saurai » presque aussitôt que le médecin. »

Il en usait à peu près de même à l'égard de tout le monde, car il avait expressément recommandé aux aubergistes de sa paroisse de le venir chercher, aussitôt que quelque étranger tomberait malade chez eux; et l'expérience lui fit connaître que ces sortes de visites sont toujours utiles et quelquefois absolument nécessaires.

(1695.) Au mois de mai de cette année, un marchand forain arrivant à Chartres pour les affaires de son négoce, fut attaqué subitement d'une fièvre violente, dans une hôtellerie du Grand-Faubourg. Le zélé pasteur, qui fut appelé sur l'heure, jugea sainement qu'il n'y avait point de temps à perdre, et qu'il fallait au plus tôt apporter le saint Viatique; mais le malade, qui était homme de bien, dit à M. Marie, qu'il ne pouvait se résoudre à recevoir son Dieu, avant de s'être réconcilié avec un marchand qui était indisposé contre lui depuis longtemps, sans qu'il eût pu jamais en savoir la véritable raison, et que ce qui l'affligeait le plus dans la circonstance présente, c'était que son ennemi demeurait bien loin de Chartres, et qu'il lui était impossible de satisfaire à son égard aux devoirs de la charité chrétienne. Le pasteur lui répondit pour le consoler, que Dieu a principalement égard aux bonnes dispositions du cœur, et qu'il regarderait ce désir sincère de réconciliation avec autant de miséricorde que s'il avait été réellement suivi de son effet. Cependant M. Marie selon sa coutume se mit en prières, recommanda au Seigneur le salut du malade et la conversion de son ennemi. Mais s'apercevant que le mal augmentait, il alla promptement à son église et revint avec le saint Viatique. Il entrait ainsi dans l'auberge, lorsqu'un voyageur y descendant de cheval apprit du maître de l'hôtellerie, qu'un marchand étranger nommé Millet était à l'extrémité, et que c'était à lui qu'on allait administrer les derniers sacrements. Sur l'heure, entrant dans la chambre du malade : « Mon cher » ami, s'écria-t-il, c'est moi qui vous ai injus- » tement persécuté ; j'implore votre clémence au » nom de Jésus-Christ qui est ici présent, et que » vous allez recevoir. » M. Marie, témoin de cet heureux événement, reconnut avec une humble et secrète joie, que le Seigneur avait écouté les désirs de son cœur, et qu'il avait enfin touché celui d'un homme vindicatif qu'une longue inimitié rendait indigne de sa miséricorde. Ce marchand fit plus, car il se jeta aux pieds du lit de son ennemi, lui fit l'aveu détaillé des injustices qu'il lui avait faites et des chagrins qu'il lui avait suscités par les autres. Tous les assistants qui entendaient cette confession humiliante en furent touchés jusqu'aux larmes, en rendirent grâces au Ciel, et M. Marie pour consommer la réconciliation de ces deux marchands, les pria de s'embrasser l'un et l'autre. Ils le firent tous deux avec une charité parfaite, et les saints mystères, que le malade reçut à l'instant, devinrent le gage sacré de la paix qu'il donnait à son ennemi, et qu'il fut peu de temps après goûter dans sa source éternelle par une heureuse et douce mort.

(1696.) Les faibles et les petits trouvaient chez M. Marie un asile inviolable contre l'injustice des personnes puissantes. Il découvrait avec une pénétration merveilleuse les piéges qu'ils tendent quelquefois à l'innocence, et comme il jugeait de tout avec sagesse et maturité, l'artifice et l'hypocrisie ne lui en imposaient jamais. Il y avait dans sa paroisse une pauvre fille, qui joignait à une grande beauté une modestie et une sagesse reconnues. Elle eut le malheur de plaire à un homme de qualité, qui lui déclara ouvertement ce qu'il sentait pour elle; mais il travailla inutilement à la séduire, et ses discours les plus flatteurs n'étant jamais payés que d'un juste mépris, son amour se convertit bientôt en une haine criminelle. Il résolut de perdre d'honneur et de réputation cette fille que sa vertu lui rendait odieuse, et répandit contre elle des bruits fâcheux que sa profonde malice avait inventés, et dont il affectait lui-même d'être étonné. « Voilà, disait-il, un étrange scan- » dale, et l'on devrait bien en avertir M. Marie. » Quelques heures après, il lui rendit lui-même visite, et le conjura par les plus touchants motifs de la religion de remédier aux désordres prétendus de cette fille, dont il lui fit un horrible portrait. Le curé de Saint-Saturnin, mieux instruit que ne croyait ce téméraire, le pria de bien examiner s'il ne prenait point cette fille pour une autre :

« Voici la première fois, lui dit-il, qu'on m'en a
» fait de telles plaintes. Je vous avouerai cepen-
» dant qu'on m'a rapporté depuis peu que sa
» vertu avait été mise à de violentes épreuves par
» un homme de qualité ; mais cela ne peut tour-
» ner qu'à sa gloire, parce qu'on m'a dit qu'elle
» n'avait jamais écouté ce lâche tentateur. Au
» reste, puisque vous me paraissez avoir tant de
» zèle pour le bon ordre, tâchez de découvrir la
» vérité des choses, donnez-m'en surtout des
» preuves indubitables ; et quand cette fille sera
» convaincue de son crime, je consens que vous
» lui jetiez la première pierre. » A ces mots l'imposteur se retira couvert de honte ; sa calomnie se démentit d'elle-même ; on détesta partout la noirceur de sa perfidie, et l'innocence reconnue en reçut un nouvel éclat.

Il n'était pas aisé comme on le voit de surprendre sa religion, mais il était encore plus difficile de troubler la tranquillité ordinaire de son humeur. Le sacristain de son église, en tirant un grand rideau sur le tabernacle qu'il avait donné depuis peu, fit tomber par malheur la tringle sur ce bel ouvrage, et elle brisa par sa chute une partie considérable des ornements qui étaient les plus délicatement sculptés et les mieux dorés. Le pauvre sacristain, prenant aussitôt la fuite, fut rencontré par M. Marie, qui ne tarda pas à savoir de lui le sujet de la crainte et de l'embarras qu'il remarquait sur son visage : « Eh bien, lui dit le » pasteur d'un air fort serein, pourquoi vous » affliger ? Cela peut arriver à tout le monde; » nous en serons quittes pour faire réparer ce qui » est brisé par un habile ouvrier qui est encore » ici. Je vous prierai seulement d'aller le cher- » cher de ma part, et vous verrez qu'il y a re- » mède à tout. »

Ce vertueux curé ne se troublait pas ordinairement davantage; et s'il lui arrivait par surprise de faire entrevoir la moindre émotion, une humilité profonde était le premier remède qu'il appliquait à sa blessure. On pourra juger, par le trait que nous allons rapporter, avec quelle sévérité il se jugeait sur cette matière.

Un magistrat de ses parents, homme de lettres, mais peu instruit de la discipline de l'Eglise, lui demanda un jour le certificat des bans de son mariage, publiés il y avait plus de trois mois. L'homme de Dieu, fidèle à ses règles, lui répondit qu'il ne pouvait lui accorder sa demande, qu'il fallait faire une nouvelle publication, et qu'il n'y avait qu'une permission par écrit des supérieurs qui pût le dispenser de cette formalité. Alors le jeune homme, témérairement persuadé que son curé lui voulait faire quelque peine, et croyant que cette exactitude qui lui paraissait hors de place en était une preuve suffisante, voulut à son tour mortifier le pasteur ; et pour se venger de l'injure qu'il s'imaginait avoir reçue, lui offrit d'une manière piquante vingt-cinq ou trente sols pour les bans dont il venait d'obtenir dispense. M. Marie, si connu pour son désintéressement universel, et surtout dans ce qui regardait les honoraires qui pouvaient lui être dûs, ne put s'empêcher de témoigner qu'un tel ménage ne convenait pas à une personne aussi riche qu'il était. Mais son paroissien, voulant se justifier, prétendit avoir encore poussé trop loin sa générosité, et taxa même son pasteur d'exiger plus qu'il ne lui appartenait. Sensiblement affligé de cet injuste reproche, M. Marie répondit qu'on ne venait point chez les gens pour les traiter de la sorte, et qu'on devait traiter un prêtre avec plus de ménagement. On se quitta, et le jeune conseiller, reconnaissant bientôt sa faute, se disposait à la réparer incessamment par une satisfaction dont il méditait les moyens. M. Marie le prévint. Il se croyait le plus avare et le plus impatient des hommes, d'avoir ainsi traité une de ses brebis, et ne pouvant plus tenir contre la délicatesse de sa conscience, il alla dès le lendemain matin chercher le jeune homme, et lui rapporta l'argent qu'il en avait reçu. Mais ne l'ayant point trouvé chez lui, il pria madame sa sœur, de l'assurer qu'il était affligé de ce qui s'était passé la veille, et qu'il était venu exprès pour lui en demander pardon. « Je me suis laissé » aveugler, lui dit-il, par mon avarice; une telle » faute ne m'était point encore arrivée, mais » j'espère que M. votre frère voudra bien l'ou- » blier et me rendre son amitié. » Il ne se trompait pas, car le jeune homme, aussi confus qu'édifié de la profonde humilité dont son pasteur venait de lui donner l'exemple, fut quelques heures après se jeter à ses pieds, et lui faire sincèrement excuse de l'injuste conduite qu'il avait tenue à son égard. Il s'embrassèrent tous deux, et la petite contestation du jour précédent parut n'être arrivée que pour resserrer les nœuds de leur ancienne amitié.

Le grand amour que M. Marie avait pour la paix, et l'admirable talent que nous avons déjà dit qu'il avait de réunir les esprits, étaient connus de tout le monde; on s'adressait à lui de tous côtés pour procurer les réconciliations les plus difficiles, et son ministère était presque toujours suivi des plus heureux succès.

Il y avait, dans la paroisse de Saint-Hilaire, un ménage désuni depuis longtemps; et les disputes continuelles qu'on entendait dans cette maison fatiguaient tout le voisinage et scandalisaient tout le monde. La mésintelligence alla même si loin que la femme soutenue de ses parents quitta tout à fait son mari, et se retira dans la maison paternelle. Le curé, dans la paroisse duquel se passait l'affaire, alla dans le moment trouver M. Marie, et le pria de l'assister de ses conseils et de son ministère. « Il n'y a point de temps à perdre, » dit le curé de Saint-Saturnin; menez-moi chez » le père de cette dame, et tâchons de la faire » retourner chez son mari, avant que la sépa- » ration ait éclaté dans le public. » Ce conseil fut heureusement exécuté. L'homme de Dieu parla dans cette occasion avec tant de force et de persuasion, que la dame après bien des plaintes et des résistances, reconnut sa faute et rentra promptement dans le devoir; mais M. Marie, qui ne faisait jamais les choses à demi, n'en demeura pas là, car s'étant concilié l'estime et la confiance des deux époux, ils le choisirent pour médiateur, tout fut réglé entre eux par ses avis, et l'on vit succéder bientôt une constante et sincère union à la plus funeste et à la plus opiniâtre animosité.

CHAPITRE XV.

Prudence de M. Marie pour recevoir et employer les aumônes. Il est accusé devant son évêque de prodigalité envers les pauvres. Il fait un voyage à la campagne exprès pour chercher un pauvre malade qu'il croyait perdu. Charité singulière d'un laboureur; impression qu'elle fait sur M. Marie. Il paraît avec applaudissement dans les assemblées ecclésiastiques. M. Godet des Marais y fait l'éloge de son savoir et de sa capacité. Sa tendre piété envers le mystère de la Croix.

On peut aimer sincèrement les misérables, et même les secourir d'une manière agréable à Dieu, sans se réduire pour eux à une indigence qui laisse à peine le nécessaire. Mais un prêtre, plus instruit et plus touché que le commun des fidèles de la profusion avec laquelle Jésus-Christ se donne à nous, a bien de la peine à mettre des bornes à sa reconnaissance, et croit toujours avoir fait peu de choses s'il se contente de soulager les besoins du pauvre, sans éprouver lui-même ce que c'est que la pauvreté. Il y avait longtemps que M. Marie s'efforçait d'atteindre à ce point de perfection, et Dieu par sa miséricorde accomplit cette année une partie de ses désirs; car les grandes aumônes qu'il fit pendant toute sa vie, et celles qu'il avait répandues depuis peu pendant la contagion, lui procurèrent enfin la consolation de manquer presque de tout. Mais ce qui paraît bien plus extraordinaire, c'est qu'étant réduit à cette nécessité pressante, il devenait plus que jamais réservé à recevoir les secours qui lui étaient offerts de tous côtés pour ses propres besoins et pour ceux de ses pauvres.

Il avait un ami particulier, qu'un patrimoine considérable joint au maniement des finances mettait en état de lui être utile aussi bien qu'à sa paroisse. Mais bien loin de recevoir les présents que ce charitable ami le pressait souvent d'accepter, il était le premier à réprimer le penchant qu'il avait à donner beaucoup aux pauvres; et lui représentait souvent que de telles libéralités pouvaient occasionner des murmures et passer même, quoique à tort, dans l'esprit de plusieurs, pour une profusion des deniers publics; et comme il était de ces personnes généreuses que la pauvreté ne peut jamais résoudre à diminuer la vérité : « Je me ferais
» scrupule, lui disait-il, de recevoir les aumônes
» que vous me présentez avec tant de bonté,
» tandis que je sais que vous en avez d'autres

» plus importantes que vous négligez. Expédiez,
» je vous prie, vos pauvres collecteurs; donnez-
» leur audience quand ils la demandent, et surtout
» dédommagez-les des dépenses qu'ils sont obli-
» gés de faire en séjournant à la ville, pour épier
» le moment de vous parler. Ce sont là, croyez-
» moi, des aumônes indispensables, ou pour
» mieux dire, une œuvre de justice que vous ne
» pouvez sans péché vous dispenser de faire. »

Cet ami de M. Marie était tous les jours à l'église depuis neuf heures du matin jusqu'à une heure après-midi, et laissait ainsi les collecteurs sans leur donner audience [1]. M. Marie lui représentait souvent cet abus, et lui dit plus d'une fois qu'il devait en conscience ou quitter sa charge ou résider plus exactement dans son bureau.

(1699.) C'est ainsi que ce grand homme en usait avec un de ses meilleurs amis, et le plus disposé à soulager le malheur de ses pauvres et à le tirer lui-même de l'espèce d'indigence dans laquelle il se trouvait alors. Mais Dieu lui fit trouver d'un autre côté ce qu'il croyait avoir perdu de celui-ci. Une dame aussi riche que vertueuse lui remit entre les mains une somme de quatre mille livres

---

[1] On appelait autrefois *collecteur* celui qui était chargé de recueillir les impôts. Nous avons remplacé ce mot par celui de *percepteur*.

pour les pauvres, et lui laissa une entière liberté d'en faire telle distribution qu'il lui plairait, sans être obligé d'en rendre compte à personne. M. Marie, examinant encore cette aumône dans la dernière rigueur, en voulut approfondir les motifs, consulta moins les intérêts de ses pauvres que ceux de la justice chrétienne ; et ce ne fut qu'après avoir ainsi pesé cette offrande au poids du sanctuaire, qu'il la jugea digne d'y être présentée.

Son premier mouvement fut de distribuer la somme tout entière à un nombre prodigieux de misérables qu'il connaissait par leur nom à la ville et à la campagne ; mais suivant la coutume qu'il avait de ne se déterminer jamais par la seule impression de son zèle, quelque louable qu'il lui parût, il fit réflexion que l'emploi d'une telle somme ne se devait pas faire en secret, et qu'il convenait que son évêque en qualité d'économe du patrimoine des pauvres en eût connaissance. Il porta donc cet argent à M. des Marais, et, de l'avis de son conseil, il fut destiné à faire une partie du fonds de l'hôpital des Filles repenties [1]. Outre

---

[1] Nos recherches n'ont pu nous procurer aucun renseignement sur cet hospice des Filles repenties. Chartres avait beaucoup d'hospices ou d'*aumônes* comme on les appelait autrefois. Outre le grand Hôtel-Dieu ou hospice Notre-Dame, qui vient de disparaître du cloître Notre-Dame pour être transporté dans la rue

que M. Marie se mettait de la sorte à couvert de tout reproche, et même des moindres soupçons d'une infidèle administration, son humilité fut pleinement satisfaite par la dépendance et la soumission qu'il venait de témoigner à ses supérieurs, qu'il respecta toujours autant qu'il en était aimé.

Il fut cité néanmoins devant eux l'année suivante, par des personnes vertueuses, qui se crurent obligées en conscience de l'accuser auprès de son évêque et de ses grands vicaires, de distribuer aux pauvres de la ville et de la campagne, non

du Pavé-de-Bonneval, il y avait encore les *Petites-Aumônes* de Saint-Aignan, de Saint-Hilaire, de Saint-André, de Saint-Michel, de Saint-Saturnin, de la Madeleine-Saint-Jean et de Saint-Maurice, sans compter les Maladreries de Saint-Georges de la Banlieue et de Beaulieu et l'hôpital royal des Aveugles de Saint-Julien. Un historien chartrain dit même que chaque église paroissiale avait à sa porte sa maison de charité. Peut-être l'hospice des Filles repenties était-il annexé à quelqu'une de ces aumônes, à celle de Saint-Saturnin par exemple, laquelle n'ayant pu trouver place auprès de l'église se trouvait dans la rue Vidée, petite rue conduisant de la rue du Pilori au coin de la place des Halles, vis-à-vis de la petite halle aux graines.

Il y eut bien à Chartres vers 1643 une maison de filles repenties, fondée par M. François de Pedoue, chanoine et pénitencier, lequel avait rassemblé en congrégation plusieurs, filles pieuses, en leur donnant la mission de retirer de la débauche les personnes de

seulement son superflu, mais encore son nécessaire : « Il a tout donné, dirent ces accusateurs ; » il est plus pauvre que les pauvres à qui il fait » l'aumône, et si vous ne veillez de près sur sa » conduite, vous serez bientôt obligés de le nourrir » lui-même. » M. des Marais qui connaissait M. le curé de Saint-Saturnin pour un homme dévoué au service des pauvres, mais qui ne savait pas encore

mauvaise vie. Mais nous ne pensons pas que ce soit en faveur de cet établissement que M. Marie constitua une rente vers 1699; car en 1653, ces filles reconnaissant que leurs efforts étaient inutiles se consacrèrent à élever de petites orphelines, pour les préserver du vice dès leur bas-âge. Approuvées pour cette fin par M. de Lescot, elles s'établirent sous le nom de Filles de la Providence dans la rue Muret. En 1761 ayant cédé leur maison au collége, elles se transportèrent rue de la Fromagerie, dans le couvent des Ursulines, ancien hôtel Montescot, aujourd'hui Hôtel-de-Ville. Leur école fut fermée en 1792, mais quelques religieuses la rouvrirent dès 1800 dans la rue de la Bourdinière. En 1806 elles furent reconnues comme congrégation et s'établirent dans le couvent de Saint-Jean, au cloître, rue Saint-Éman, qu'elles occupent encore aujourd'hui sous le nom de Sœurs de la Providence. (Lépinois, *Passim.*) Elles ne reprirent donc point leur destination primitive, et tout nous porte à croire que la fondation de M. Marie en faveur des filles repenties n'eut guère plus de durée que celle de M. de Pedoue. Les historiens chartrains n'ont même pas cru devoir en signaler l'existence.

jusqu'où il portait l'excès de sa charité, fut d'autant plus surpris de ce qu'il venait d'apprendre, que ces sortes de plaintes ne sont pas celles dont les évêques sont ordinairement le plus importunés. Mais pour s'informer plus exactement de ces choses, il manda le curé de Saint-Maurice, neveu de M. Marie, qui, ne répondant que par un modeste silence aux accusations formées contre son oncle, fit connaître assez clairement que tout ce qu'on avait rapporté de lui était véritable. Peu de temps après, le prélat obligea M. Marie de venir se justifier en personne des reproches qu'on avait à lui faire. Il comparut, et M. des Marais lui représenta avec beaucoup de douceur et de bienveillance, que Jésus-Christ n'exige pas que nous donnions aux autres ce qui nous est nécessaire, mais seulement le surperflu : *Quod super est date eleemofinam* (*Luc*, 11, ⅴ 41), que l'Apôtre veut que nos charités soient tellement réglées, que nous ne nous mettions pas à l'étroit pour mettre les autres dans l'abondance : *Non enim ut aliis sit remissio, vobis autem tribulatio* (II Cor., 8, ⅴ 13). « Vous voyez
» bien, Monsieur, ajouta le prélat, que Jésus-
» Christ et l'apôtre vous condamnent ; que peut-on
» opposer de solide à l'évidence de cette preuve ? »
M. Marie remercia d'abord humblement son évêque d'une telle bonté, mais comme il savait saint Paul par cœur, il lui répondit aussitôt qu'il

ne fallait pas prendre à la lettre les paroles de l'Apôtre, ou du moins qu'elles souffraient exception dans quelques rencontres, puisqu'au commencement du chapitre même d'où elles sont tirées, saint Paul fait un grand éloge des Macédoniens, parce qu'ils avaient donné aux pauvres fidèles, non seulement ce qu'ils pouvaient donner, mais au delà même de leurs facultés. *Secundum virtutem testimonium illis reddo, et suprà virtutem voluntarii fuerunt* (II Cor., 8., ℣ 3). J'ai de la peine, ajouta-t-il, à me persuader que ce soit trop, pour un pasteur, de faire ce que de simples laïques ont fait avant lui, et ce que saint Paul relève avec tant de magnificence : *In multo experimento tribulationis, abundantia gaudii ipsorum fuit, et altissima paupertas eorum abundavit in divitias simplicitatis eorum* (*Ibid.*, ℣ 2). Le prélat et plusieurs chanoines, MM. Félibien, Wanet et Perot [1], qui furent

---

[1] M. le chanoine Félibien appartenait à une illustre famille chartraine, parmi les membres de laquelle nous distinguons surtout André Félibien, seigneur des Avaux et de Javercy, né à Chartres en 1619, mort à Paris en 1695; il fut le créateur de l'esthétique; il contracta le goût des beaux-arts en Italie où il se lia étroitement avec le Poussin. De retour en France, il fut nommé historiographe du roi, de ses bâtiments, arts et manufactures; il fut aussi un des membres fondateurs de l'Académie des Inscriptions et Belles-Lettres.

témoins de ces grands sentiments de M. Marie et de l'ardente charité qui les lui avait suggérés, conçurent pour lui une nouvelle estime, et lui en donnèrent sur l'heure un témoignage assez remarquable. Ces Messieurs proposèrent au prélat de donner à M. Marie un canonicat du Saint-Esprit, qui vaquait alors. Mais M. Godet des Marais, qui

On lui doit plusieurs ouvrages sur la sculpture et la peinture, des traités religieux et des vies de saints. Son fils aîné Jean-François Félibien, succéda à son père dans ses charges et dignités et se distingua aussi par son amour pour les beaux-arts. † 1733. Michel Félibien, son second fils, fut Bénédictin de la Congrégation de Saint-Maur, et devint un historien de grand mérite. Il a écrit l'histoire de l'abbaye royale de Saint-Denis, et le commencement de l'histoire de Paris. † 1719.

Deux membres de la famille Félibien étaient chanoines à la fin du XVIIe siècle. Nicolas-André, troisième fils de l'historiographe, qui fut doyen du Chapitre et mourut en 1711. La bibliothèque de Chartres conserve de ce chanoine un manuscrit en six volumes, qui a pour titre : *Questions pratiques et canoniques sur les cinq livres des Décrétales de Grégoire IX.* — L'autre chanoine, Jacques Félibien, oncle du précédent, fut chanoine et archidiacre de Vendôme en l'église de Chartres, et mourut en 1716, laissant divers ouvrages de critique religieuse, sur l'un desquels (*le Pentateuchus*) a paru naguère à Chartres une intéressante étude bibliographique.

Nous ne savons lequel des deux chanoines est ici mentionné.

voyait la difficulté de remplacer un si bon curé, leur répondit qu'il ne voulait pas faire un tort si considérable à la paroisse de Saint-Saturnin, et que, sans cette unique raison, il serait ravi d'avoir cet homme de mérite pour chanoine de sa cathédrale. Enfin on se sépara, et le serviteur de Dieu sortit plus touché des marques d'amitié avec lesquelles on l'avait reçu, qu'ébranlé des reproches obligeants qu'on venait de lui faire.

En effet, comme il rentrait chez lui, on l'avertit qu'un pauvre dont il avait soin dans la banlieue était venu lui demander l'argent de deux semaines qu'il lui devait. Aussitôt et sans même quitter son manteau long, il alla le chercher au delà du Grand-Faubourg, et il le trouva qui se reposait dans une ferme. Comme il y entrait, trois chiens de basse-cour se jetant sur lui pour le dévorer, il leur laissa son manteau qu'ils déchirèrent en pièces. On vint sur l'heure à son secours, et sans s'émouvoir du danger qu'il venait de courir, il fit excuse à son pauvre de ne s'être pas trouvé à la maison lorsqu'il était venu le voir, et lui donna l'argent qu'il lui avait destiné.

(1700.) Quelques jours après, un autre malheureux, tout couvert de plaies et d'ulcères, vint demeurer dans le faubourg de sa paroisse. Aussitôt qu'il en apprit la nouvelle, il fut selon sa coutume lui rendre visite, et rencontrant, après l'avoir faite, le maître du logis où ce pauvre avait trouvé une retraite : « Vous agissez en chrétien, lui dit-il, » et je vous félicite de ce que Jésus-Christ dans » ses pauvres veut bien recevoir l'hospitalité de » vous. Je viens de voir le malade que vous » logez, il m'a parlé de votre charité ; mais con-» tentez-vous dans la suite de lui donner le cou-» vert, et laissez-moi le soin du reste. » Les remèdes et la bonne nourriture que le charitable pasteur lui procura, le mirent bientôt en état de marcher et d'aller chercher sa vie. Mais une guérison si prompte, bien loin de lui être avantageuse, comme il arrive ordinairement, fut pour lui plus désolante que la maladie même ; car la mauvaise odeur de ses plaies et son visage hideux faisaient horreur à tout le monde ; il n'osait lui-même s'approcher de personne, mais il connaissait déjà la charité de M. Marie, et ce fut encore dans son presbytère qu'il trouva tous les secours dont il avait besoin. Lorsqu'il y venait, ce bon pasteur quittait tout, s'approchait de lui, l'encourageait à souffrir les mépris du monde, lui donnait à manger et ne le renvoyait jamais les mains vides.

Ce pauvre homme venant un jour à son ordinaire chercher les mêmes soulagements, et ne trouvant point son bienfaiteur au logis, s'imagina que M. Marie se lassait enfin de le voir et l'avait

abandonné comme les autres. Ainsi, n'espérant plus recevoir d'assistance à la ville, il résolut d'en aller chercher à la campagne. A peine un jour s'était passé, que le curé de Saint-Saturnin, inquiet de ne plus voir son pauvre, alla dès le matin le chercher au Grand-Faubourg; mais y ayant appris que dès la veille il avait pris le chemin de Courville, sur l'heure il monte à cheval, court après lui, s'informe de tous côtés de ce qu'il est devenu, et descend enfin dans une grosse métairie dans laquelle on lui avait dit que ce misérable s'était retiré. Le laboureur qui connaissait M. Marie, parce qu'il venait souvent dans ces quartiers pour y répandre ses aumônes, se douta bien de ce qui l'amenait : « Vous cherchez un pauvre, lui dit-il; entrez, mon-
» sieur, et vous allez le voir. » M. Marie, qui croyait le trouver couché sur la paille, prenait le chemin des granges et de l'étable. Mais ce pieux laboureur, l'empêchant d'avancer davantage, lui fit bientôt connaître qu'il s'était trompé. « Quoi ! lui dit-il,
» si vous donniez le couvert à un pauvre, le met-
» triez-vous dans votre écurie ? Et charitable
» comme vous êtes, lui refuseriez-vous un lit?
» Pour moi qui n'en ai qu'un, je l'ai partagé avec
» ce pauvre misérable. » — « Mais pouvez-vous
» ignorer, repartit M. Marie, qu'il est couvert
» d'ulcères ? — Oui, je le sais, et je l'ai bien vu;
» mais on m'a toujours dit que c'était recevoir

» Jésus-Christ en personne, que de recevoir les
» pauvres en son nom; et je me souviens que nos
» prêtres ont prêché quelquefois que les saints
» ont appelé Jésus-Christ un lépreux([1]), et certai-
» nement je coucherais bien avec lui, sans craindre
» de gagner la lèpre. »

Une réponse si chrétienne fut pour M. Marie un trait qui le perça jusqu'au fond du cœur, et ne pouvant plus retenir les mouvements de sa tendresse, il se jeta en pleurant au cou de ce bon laboureur, et le pria de le mener dans la chambre où était le pauvre qu'il cherchait. Il le trouva couché dans un lit assez propre, et vit la place du fermier encore marquée à côté de lui. Cependant il s'émut une contestation entre ces deux personnes charitables; M. Marie redemandait son pauvre, et voulait le ramener à Chartres sur son cheval : « C'est un bien, disait-il, que j'ai acquis et qui » m'appartient depuis quelques semaines. » Le laboureur soutenait au contraire que la possession actuelle parlait en sa faveur, et prétendait l'emporter de plein droit. Sa charité fut satisfaite, car le pauvre ayant représenté qu'il était si malade et si faible qu'il lui était impossible de se remuer, M. Marie le laissa au laboureur, non pas comme

---

([1]) *Et nos putavimus eum quasi leprosum.* Isaiæ, c. 53, ♱ 4.

un don qu'il lui fit, mais seulement comme un dépôt qui lui serait rendu.

L'esprit uniquement occupé de cet événement, il reprit le chemin de Chartres. Cependant plusieurs personnes qui étaient inquiètes de lui, s'étant rendues au presbytère, prenaient la résolution d'envoyer jusqu'à Couville pour savoir ce qu'il était devenu, lorsque sur les neuf heures du soir ils le virent paraître, l'air consterné et les larmes aux yeux. Tout le monde crut que le bon vieillard était tombé de cheval, ou qu'il avait fait quelque mauvaise rencontre. « Non, dit-il, j'en
» ai fait une bonne, j'ai vu Élie, j'ai vu Jean-
» Baptiste dans le désert; et puisqu'il faut vous
» édifier, j'ai trouvé un pauvre laboureur, qui a
» fait coucher dans son lit cet homme qui venait
» ici et qui est tout couvert d'ulcères; il a fait
» plus, car il s'est couché lui-même à ses côtés.
» Croira-t-on me persuader à présent que mes
» aumônes sont excessives ? Qu'on examine si de
» toute ma vie j'en ait fait une qui approche de
» celle-ci. Disons plutôt la vérité : je ne suis qu'un
» enfant dans les voies du Seigneur, j'ai toujours
» ignoré l'étendue de mes devoirs, et c'est à
» l'école d'un laboureur qu'il me faut envoyer,
» pour apprendre ce que c'est que la charité.
» Mais si je suis trop faible et trop lâche pour
» imiter la généreuse action dont il m'a donné

» l'exemple, tâchons au moins d'en approcher, ne
» ménageons plus rien, distribuons tout aux
» pauvres de Jésus-Christ, et s'il nous appelle à
» quelque chose de plus parfait, donnons encore
» notre vie pour eux. »

Ces nobles résolutions s'affermirent de plus en plus dans son cœur, et la conduite qu'il observa pendant les dix dernières années de sa vie ne permet pas de douter qu'elles ne fussent très-sincères; car outre qu'il se dénua de tout en faveur des misérables, afin de pouvoir mourir dans le sein de la pauvreté qu'il avait toujours aimée, nous savons qu'une des grâces qu'il demandait continuellement à Dieu, était de trouver l'occasion de se sacrifier lui-même, pour la défense des vérités de la religion et pour le salut de ses frères. « Que ne m'est-il
» permis, disait-il souvent, de me joindre à ces
» hommes pleins de zèle et de charité, qui vont
» porter le nom de Jésus-Christ au delà des mers,
» et qui ont le bonheur de sceller de leur sang la
» prédication de l'Évangile! » Mais s'il ne fut jamais appelé à cette grâce, comme il aurait désiré de l'être, il n'en perdit pas le mérite; car ce fut uniquement pour la gloire de son divin Maître et pour le service de l'Église, qu'il souffrit un autre genre de martyre, moins cruel à la vérité, mais beaucoup plus long, en se consumant lui-même peu à peu, par les travaux assidus et les fatigues

continuelles de son ministère. En effet on le vit toujours combattre avec zèle et courage les fausses maximes du monde, triompher de ses contradictions, inspirer l'horreur du vice, répandre le feu de la charité, affermir le règne de la vertu, corriger les défauts de son peuple, et le rappeler sans cesse à la perfection du Christianisme.

M. Godet des Marais, témoin de ce grand zèle et des admirables effets dont il était suivi, ne pouvait s'empêcher de relever souvent, et même avec de grandes louanges, le mérite du pasteur et la docilité du troupeau : « Je ne pense qu'avec une » sensible joie à la paroisse de Saint-Saturnin, » disait-il un jour ; elle fait ma consolation, et je » rends grâce au ciel de ce qu'elle est confiée à » M. Marie, ce vrai serviteur de Dieu, qui l'a » rendue un modèle de piété et un sujet d'édifi- » cation pour toute la ville. »

(1702.) Le prélat s'expliquait ainsi dans le particulier au sujet de M. Marie; mais peu de temps après, il fit son éloge en présence d'un grand nombre de curés et de confesseurs qu'il avait convoqués à l'évêché, pour discuter avec eux plusieurs points importants, qui regardaient l'administration du sacrement de la Pénitence, et pour examiner une question assez difficile, proposée par un notaire de la ville, au sujet d'un contrat qui paraissait usuraire à quelques-uns, et que d'autres jugeaient conforme aux lois de l'équité. Comme les conférences qu'on eut sur cette matière durèrent plusieurs jours, M. Marie eut occasion d'y parler souvent, et il le fit toujours avec une grande sagesse. Aussi versé dans la connaissance de l'Écriture que dans les autres parties de la science ecclésiastique, il n'avança jamais rien, dans les réponses qu'il fit au prélat, qui ne fut solidement prouvé par l'autorité des livres saints et par la doctrine constante des Pères. Tout le monde admirant la force de ses raisonnements, et la justesse des conséquences qu'il tirait de ses principes, M. Godet des Marais se leva, et dit à l'assemblée qu'elle avait raison d'être satisfaite, et qu'il n'y avait, sur les difficultés proposées, ni d'autres règles à suivre, ni d'autre conduite à tenir, que celle que M. Marie venait de proposer, avec autant de capacité que de modestie : « Je vous exhorte » tous à vous y conformer, ajouta-t-il. »

Une longue expérience, jointe à l'étude et à la lecture presque continuelle que le serviteur de Dieu faisait de l'Ancien et du Nouveau Testament, pouvait à la vérité le mettre en état de résoudre bien des difficultés qui se rencontrent dans le ministère, et sur lesquelles MM. ses confrères le consultaient souvent ; mais, comme nous l'avons dit ailleurs, c'était au pied de la croix qu'il s'instruisait à fond de la science du salut ; il regarda toujours Jésus crucifié comme son unique maître, et le mystère de ses souffrances comme la source inépuisable des connaissances les plus sublimes. Cette excellente manière d'étudier lui devint plus familière que jamais dans sa vieillesse; il ne pensait qu'à la croix, il ne parlait que d'elle; le but de ses discours publics ou particuliers, l'abrégé de toute sa morale, tout consistait à faire connaître Jésus-Christ, et Jésus-Christ crucifié. Quand il ouvrait la bouche sur cette matière, il le faisait avec une piété si tendre, qu'on lisait aisément dans ses yeux et sur son visage les sentiments de reconnaissance et d'amour dont il était pénétré.

Cela parut surtout cette année, dans une rencontre dont les Religieuses de la Visitation ne perdront pas sitôt le souvenir. Elles venaient d'achever un bâtiment, dans lequel il leur avait conseillé de pratiquer une espèce de calvaire assez spacieux pour contenir toute la communauté; il y manquait le principal ornement, je veux dire un beau crucifix de grandeur naturelle, sculpté en plein relief; mais M. Marie fit présent de celui qu'il avait dans son jardin. Après l'avoir placé dans le nouvel oratoire, et en avoir fait la bénédiction solennelle, il prit occasion de cette cérémonie pour entretenir les religieuses rassemblées dans cet endroit, de l'amour incompréhensible que Dieu a témoigné aux hommes, en livrant pour eux son Fils unique à la mort de la croix; il releva son prodigieux anéantissement, l'excès de ses opprobres et celui de ses douleurs ; mais, au milieu de son discours, jetant les yeux sur l'image qu'il venait de bénir, il se sentit tout à coup si touché, que sa voix s'affaiblit et qu'à peine il put articuler ses paroles. Cependant il dissimula autant qu'il lui fut possible cet heureux saisissement ; mais la violence que son humilité l'obligea de faire ne dura pas longtemps. Un torrent de larmes dont il ne put se rendre le maître termina tout à fait son discours, et prouva mieux que n'auraient pu faire les paroles les plus éloquentes, ce que c'est que de connaître et d'aimer un Dieu souffrant et mourant pour le salut du genre humain.

CHAPITRE XVI.

Il devient asthmatique. Sa patience dans un grand accident. Il renouvelle son clergé. Sa modestie est remarquée par un seigneur de la religion prétendue réformée. Une fluxion de poitrine le réduit à l'extrémité. Il se punit sévèrement pour avoir mécontenté, sans le vouloir, un de ses prêtres.

S'IL est vrai qu'une des preuves les plus certaines de la charité soit la patience au milieu des tribulations, nous ne pouvons mieux juger du grand amour que M. Marie avait pour Jésus-Christ crucifié, que par la constance et la douceur avec laquelle il endura jusqu'à la mort les afflictions et les maladies presque continuelles, par lesquelles il plut à Dieu de l'éprouver. Il y avait longtemps que ce grand homme menait une vie pénible et traversée par beaucoup de disgrâces et d'infirmités. Mais il devait encore être mis à de plus fâcheuses épreuves; elles se suivirent de près, et ce fut cette année que commença le triste enchaînement des douleurs et des souffrances qui perfectionnèrent sa vertu, et dont le récit pourra soutenir la nôtre.

Comme il rendait un jour visite à son neveu, curé de Saint-Maurice, que la goutte tenait au lit, on vint avertir que dans le hameau de Seresville, distant de Saint-Maurice d'une demi-lieue (¹), il y avait un malade à l'extrémité, qui demandait à se confesser. Aussitôt le serviteur de Dieu, voyant que le vicaire n'était pas sur les lieux et qu'il n'y avait point de temps à perdre, s'offrit pour cette bonne œuvre et partit sur l'heure. Son zèle et sa charité lui firent faire une telle diligence, que, malgré le poids des années, il se rendit en peu de temps à Seresville; ce ne fut pas à la vérité sans beaucoup de peine et de fatigue, car il était tout en eau quand il arriva chez le malade; mais s'embarrassant peu des suites fâcheuses que pourrait avoir cette sueur négligée, il ne songea qu'à s'acquitter de son ministère, et resta auprès du moribond autant de temps qu'il fut nécessaire pour recevoir sa confession et pour l'exhorter à la mort. A peine fut-il de retour à Chartres, qu'il se sentit atteint d'une fièvre violente, qui fut bientôt suivie d'un asthme fâcheux; et cette douloureuse maladie, après l'avoir tourmenté pendant sept ans, le conduisit enfin au tombeau.

(1703.) On ne peut porter, avec plus de cou-

(¹) Seresville, autrefois de la paroisse de Saint-Maurice, est aujourd'hui de celle de Mainvilliers.

rage et de soumission qu'il le fit, une croix si pesante ; il la regardait comme une faveur singulière, et bien loin que son infirmité l'obligeât de modérer un peu l'activité de son zèle, il parut au contraire qu'elle ne servit qu'à le ranimer. « A quoi
» bon se ménager tant, disait-il comme l'Apôtre ;
» est-ce un si grand malheur de mourir un peu
» plus tôt, et de se consumer par les fatigues du
» ministère ? Il me paraît que ce ne sont point là,
» pour un pasteur, des maux qui le doivent
» effrayer ; et je crois qu'il n'y a qu'une chose à
» craindre, c'est de manquer de courage et de
» se reposer comme un lâche, avant d'avoir atteint
» le bout de la carrière. » Ainsi M. Marie ne relâcha rien de ses travaux ordinaires. On le voyait, malgré son extrême faiblesse, faire encore tous les jours le tour de sa paroisse, visiter les hôpitaux, consoler les prisonniers, prendre soin des pauvres malades et leur porter ses aumônes.

Il revenait un jour de leur rendre ces bons offices, et passait dans une rue qu'il trouva embarrassée de plusieurs mulets, qu'un meunier avait attachés à une muraille. Un d'eux, par malheur, porta un coup de pied à M. Marie, et le crampon de son fer s'étant embarrassé dans le manteau long dont il était enveloppé, le fougueux animal attira le bon vieillard sous ses pieds et le mit en sang. L'homme de Dieu fit quelques efforts inutiles pour se retirer, et ce ne fut que par le secours de ceux qui s'exposèrent pour lui à un danger évident, qu'il en fut délivré. Sur l'heure on voulut saisir les mulets, et mettre en prison le meunier; mais il s'y opposa fortement, et le respect que tout le monde avait pour sa vertu empêcha l'exécution de ce dessein. On le porta incessamment à son presbytère, et sitôt que le médecin et le chirurgien eurent examiné ses plaies, qui furent jugées dangereuses, ils défendirent de le laisser parler à qui que ce fût, excepté à son confesseur qu'on envoya prier de venir aussitôt.

Cependant le maître à qui appartenaient les mulets, s'imaginant qu'on minutait secrètement chez M. Marie quelques procédures contre lui, pria les larmes aux yeux qu'on le laissât entrer dans sa chambre; mais conformément aux ordres précis du médecin, on l'empêcha toujours d'y monter; et ce refus, qui lui paraissait affecté, ne fit que le confirmer encore davantage dans la crainte qu'il avait qu'on ne lui suscitât de mauvaises affaires. Il fit de nouvelles instances auxquelles on ne put résister, et, par ses importunités, il obtint enfin la permission de voir M. Marie et de lui parler. « Je viens, lui dit-il en entrant, vous
» offrir tout mon bien; je m'oblige à payer tout
» ce qui pourra en coûter pour vous procurer une
» guérison parfaite. Je vous prie seulement de ne

» me point poursuivre en justice. » Aussitôt le malade, qui l'entendait bien parler, mais qui ne pouvait pas le voir à cause des linges et des grandes compresses qui lui couvraient les yeux et le reste de la tête, fut touché de l'affliction de cet homme, et ne songea qu'à le consoler. « Allez en paix, » lui dit-il, il ne vous en coûtera rien. Priez » seulement Dieu pour moi, élevez votre fa» mille dans la crainte du Seigneur, et tout ira » bien. »

Il parlait ainsi, lorsque le chirurgien entra dans la chambre et fit retirer le meunier, qui, ne pouvant croire ce qu'il venait d'entendre, ni se persuader qu'il fût possible de porter la charité et la douceur si loin, se lamentait dans une chambre voisine, s'écriait qu'il était perdu et que cet accident malheureux allait ruiner sa famille. Alors ce vertueux malade, bien plus occupé des gémissements et des cris de ce misérable, que du dangereux état où il se trouvait lui-même, pria le R. P. Coquebert, prieur de Sainte-Foy, son confesseur, qui était auprès de lui, d'aller l'assurer de sa part qu'il se chargeait absolument de tout, et qu'on n'inquiéterait jamais ni lui ni sa famille pour cette affaire, ni pour les suites fâcheuses qu'elle pourrait avoir.

La vertu de M. Marie ne parut pas seulement dans la manière généreuse et désintéressée avec laquelle il en agit avec ce pauvre homme; elle éclata bien davantage pendant le cours de sa maladie. En effet il supporta avec beaucoup de patience les douloureuses opérations de la chirurgie, et tous les maux que lui causèrent ses blessures. L'os du crâne était découvert en plusieurs endroits; on lui fit une incision cruciale de six pouces de longueur. Pendant les trois mois qu'il fut entre les mains des chirurgiens, il conserva une telle sérénité au milieu des souffrances, que chacun en était surpris; mais, quand on aime véritablement Jésus-Christ crucifié, les plus cruelles douleurs semblent n'avoir plus d'amertume, et la croix devient aimable à ceux qui ne souhaitent autre chose que de mourir entre ses bras.

(1704.) A peine fut-il guéri, que, pour se débarrasser tout à fait des soins qui pouvaient le détourner de Dieu ou l'attacher encore malgré lui aux choses de la terre, il quitta l'administration de son temporel et pria son neveu de s'en charger. Il se livra pour lors avec une ferveur nouvelle aux fonctions du ministère; et, comme il voulait se rendre conforme en tout à Jésus-Christ souffrant, il redoubla ses veilles, ses jeûnes, ses austérités, et tous les travaux de la vie pénitente et mortifiée. Il était si rempli des nobles idées de la félicité future, qu'il lui est plusieurs fois arrivé de ne voir et de n'entendre pas des personnes qui lui parlaient face à face. Tout lui paraissait étranger dans le siècle; l'adieu qu'il fit alors à ce qui est dans ce monde était si universel, qu'il semblait ne plus connaître personne en particulier, et ne savoir qu'en général qu'il y avait encore des hommes au monde.

Il ne pouvait cependant s'empêcher de penser souvent à sa chère communauté de la Visitation, et de prier continuellement pour elle. Il y allait toujours à l'ordinaire, et ces vertueuses filles eurent la consolation de l'entendre parler fréquemment du royaume de Dieu et des récompenses éternelles, qu'il promet à ceux qui l'aiment de toute l'étendue de leur cœur. Ce grand homme possédait si bien l'Écriture Sainte, avait acquis une telle facilité de s'exprimer, et son cœur était si rempli de la charité, que tout devenait pour lui un sujet et un motif d'instruire sur-le-champ, et de répandre partout le feu dont il était consumé.

Entre plusieurs discours qu'il fit à ces vierges chrétiennes, il leur parla beaucoup au commencement de cette année d'une matière importante, et sur laquelle, selon lui, on ne pouvait assez réfléchir. C'était l'emploi du temps, et le terrible compte que nous en devons rendre à Dieu. Il leur fit une admirable peinture de la rapidité avec laquelle notre vie s'écoule, paraphrasa d'une manière touchante les deux premiers versets du quator-

zième chapitre du livre de Job (¹), leur fit connaître en quoi consistait le prix inestimable du temps, et leur expliqua dans un grand détail les moyens de le remplir utilement. « Cette nouvelle année, leur
» dit-il en terminant son discours, est une année
» de grâce; et c'est avec raison qu'on appelle ainsi
» toutes celles qui se sont passées depuis l'incar-
» nation du Verbe. Car après le péché d'Adam
» nous n'avions plus droit à rien; le temps, la
» santé, les forces et la vie : tout devait nous être
» ôté. Mais par un pur effet de sa miséricorde,
» Jésus-Christ nous a rendu ces avantages, afin que
» par le saint usage que nous en ferons jusqu'à la
» mort, nous puissions mériter ces années éternelles
» qui nous sont promises, ces jours que les ténèbres
» de la nuit n'obscurciront jamais, et cette ineffable
» clarté dans laquelle nous verrons Dieu tel qu'il
» est dans son adorable immensité. »

(1705.) M. Marie veillait encore avec bien plus de zèle et de charité sur les besoins de sa paroisse; et ce fut pour y perpétuer l'amour de la vertu, qu'il

---

(¹) *Homo natus de maliere brevi vivens tempore repletur multis miseriis. Qui quasi flos egreditur et conteritur, et fugit velut umbra et numquam in eodem statu permanet.* — L'homme né de la femme vit peu de temps et est accablé de nombreuses misères. Semblable à la fleur qui s'épanouit et meurt, il passe comme l'ombre et ne demeure jamais dans le même état.

tâcha pour lors de procurer à son église des ministres capables de continuer après sa mort l'œuvre à laquelle il avait travaillé depuis plus de quarante ans. Il voyait avec douleur que la plupart des prêtres qu'il avait autrefois formés au ministère étaient morts ou dispersés en différents endroits du diocèse; mais ce qui l'affligeait encore davantage était la difficulté de trouver des sujets qui pussent un jour succéder dignement au zèle et à la piété de leurs prédécesseurs. Il y avait à la vérité dans sa paroisse quelques jeunes gens qu'il croyait propres à la cléricature; il ne les perdait point de vue, et les observait de près depuis deux ou trois ans; mais craignant toujours de se méprendre, il ne négligeait aucun moyen de les connaître autant que la faiblesse humaine le peut permettre. Enfin, après avoir longtemps consulté Dieu, ce fut de cette manière qu'il se détermina dans son choix.

Il prit occasion des prières de quarante heures qu'on fit alors pour la prospérité des armes de France([1]), et par ses manières insinuantes il engagea ses jeunes paroissiens à se rendre à Saint-Saturnin pendant les trois jours, pour y chanter

---

([1]) Cette année 1705 fut illustrée par la campagne d'Italie que conduisit si heureusement le duc de Vendôme; il y eut aussi des combats en Flandre et le maréchal de Villars guerroya en Alsace.

dans le chœur les Psaumes aux heures qui leur seraient marquées. Ils le firent avec plaisir; et M. Marie, sans parler à qui que ce fût du motif de cette conduite, se plaçait tous les jours dans un endroit de son église, d'où il voyait tout sans être vu. Il examinait ainsi ce qui se passait pendant la psalmodie, avait les yeux attentifs sur cette jeunesse, observait la prononciation, le ton de voix, mais principalement la modestie, le recueillement et la piété. Après cet examen, M. Marie joignant ce qu'il venait de voir par lui-même avec les connaissances qu'il avait d'ailleurs au sujet de ces jeunes gens, en destina quelques-uns au services des autels, éprouva de nouveau leur vocation, les porta à se consacrer à Dieu dans l'état ecclésiastique, prit soin lui-même de leur éducation, et pendant les quatre années de vie qui lui restaient, il les instruisit de la sainteté des clercs, leur donna tous les principes d'une conduite véritablement sacerdotale, et leur inspira surtout un grand respect pour les saints Mystères et pour tout ce qui peut y avoir rapport. Personne n'était plus en état que lui de leur parler de cette matière, car il était connu dans la ville pour un homme profondément touché des plus vifs sentiments de reconnaissance et d'amour envers Jésus-Christ caché dans la sainte Eucharistie; et ceux qui l'ont connu avouent qu'il est difficile de montrer plus de modestie et de gravité qu'il en faisait paraître, dans toutes les fonctions du ministère.

Les ennemis mêmes de l'Eglise n'en pouvaient disconvenir, ni se dispenser de rendre témoignage à son éminente piété. En effet, M. le baron d'Yvois, un des premiers officiers de l'armée ennemie, ayant été fait prisonnier de guerre par celle de France, se trouvait pour lors à Chartres, et s'entretenait un jour à la porte de l'hôtellerie du Grand-Cerf(¹) avec des officiers français, lorsqu'on vit paraître M. Marie qui portait le saint Viatique à un malade de sa paroisse ; aussitôt ces Messieurs se mirent tous à genoux, à l'exception de M. d'Yvois, qui, ne croyant point la réalité, demanda ce que signifiait cette cérémonie. On lui dit qu'on adorait Jésus-Christ dans l'Eucharistie : « Pour moi, dit-il, je n'ai pas examiné beaucoup
» ce vase d'argent qu'on porte avec tant d'ap-
» pareil ; mais je me suis uniquement attaché à
» regarder le prêtre. Il m'a beaucoup édifié par
» sa modestie, et si jamais l'envie me prenait de
» me faire instruire dans la religion romaine, je
» ne voudrais jamais m'adresser à d'autres qu'à cet
» honnête homme qui vient de passer. »

(¹) Cette hôtellerie était située dans la rue du Grand-Cerf qui lui emprunta son nom, car elle s'appelait auparavant la Grande-Rue.

(1706.) Au commencement de la Quadragésime de cette année, M. Marie se sentit beaucoup plus incommodé qu'à l'ordinaire de son asthme, et ses amis, qui craignaient de le voir succomber tout à fait, auraient désiré qu'il se fût entièrement dispensé du jeûne du Carême. Mais comme ils se doutaient bien qu'il n'était pas homme à les écouter favorablement sur cet article, ils le prièrent seulement de modérer en quelque chose la sévérité de son abstinence. Ce fut inutilement, car le serviteur de Dieu, ne pouvant se persuader qu'il eût des raisons assez fortes pour l'obliger d'adoucir ainsi une pénitence que l'Eglise impose à tous les fidèles, et surtout à des pécheurs, au rang desquels il se mettait le premier, continua son jeûne qui fut peut-être le plus rigoureux de sa vie. Son asthme ne lui permettait de prendre qu'une très-légère nourriture à midi, et le peu qu'il prenait dans cet unique repas, lui causant de grands maux d'estomac, ne servait qu'à le faire souffrir jusqu'à l'heure de sa collation, qui consistait en une demi-once de pain sec et un verre de vin mêlé de beaucoup d'eau.

Si les forces du corps étaient toujours égales à celles de l'esprit, les justes ne mettraient point de bornes aux travaux de la pénitence et de la mortification ; mais Dieu, qui lit dans le fond des cœurs, se contente souvent des dispositions intérieures, et ne souffre pas que ses élus exécutent tous les desseins qu'ils n'entreprennent cependant que pour lui plaire. Ce fut ainsi que le Seigneur en agit pour lors avec M. Marie, car il ne permit pas que son serviteur continuât jusqu'à Pâques un jeûne si rigoureux ; ne voulant pas néanmoins lui ôter la consolation de souffrir quelque chose pour l'expiation de ses fautes, il se réserva le soin de lui imposer lui-même une pénitence, d'autant plus méritoire que la volonté de l'homme n'y avait aucune part. En effet, vers la moitié du Carême, M. Marie fut attaqué d'une grande fièvre et d'une fluxion de poitrine. Il souffrit encore cette épreuve avec beaucoup de soumission aux ordres de la Providence, et réduit en peu de jours à la dernière extrémité, il reçut le Viatique et l'Extrême-Onction.

M. des Marais, son évêque, n'en fut pas plus tôt averti, que, ne pouvant aller voir lui-même un malade qu'il honora toujours de son estime, il pria deux de ses Grands Vicaires de lui rendre visite de sa part et de l'assurer de son amitié. Ces deux messieurs le trouvèrent mourant, et furent sensiblement touchés des cris et des gémissements du peuple, qui ne cessait de répéter de tous côtés : « Quelle perte pour la paroisse ! Quel malheur » pour les pauvres ! »

Le bruit même se répandit que M. Marie était mort, et le R. P. du Ruol, Jésuite, qui prê-

chait le Carême à la Cathédrale, apprit cette nouvelle en montant en chaire. Comme il connaissait par lui-même le mérite de ce grand homme et savait combien il était aimé de toute la ville, il ne se contenta pas d'annoncer sa mort ; mais, avant de commencer la prédication, il fit en peu de mots son éloge : « Excusez-moi, mes frères, dit-il, si je
» vous donne ma douleur en spectacle ; mais peut-
» on rester insensible lorsqu'on apprend qu'une
» des lumières d'Israël est éteinte ? Je parle de
» M. le curé de Saint-Saturnin dont on vient de
» m'apprendre la mort ; priez Dieu pour le repos
» de son âme : » Il traça ensuite un portrait fidèle des vertus de ce grand homme, et tout le monde l'y reconnut.

Le prédicateur ayant appris en sortant de chaire que l'alarme qu'il venait de répandre était fausse et que M. Marie vivait encore, il alla aussitôt le voir, et lui rapporta ce qui venait de se passer à la Cathédrale à son sujet ; mais le serviteur de Dieu ne put l'entendre sans douleur, et, sincèrement affligé des louanges qu'on venait de lui donner publiquement, il dit en soupirant au R. P. du Ruol : « Je ne suis pas tel que vous m'avez dé-
» peint ; il serait bien plus juste que vous dissiez
» demain à votre auditoire que vous avez exagéré
» la matière, car, dans la vérité, je ne suis qu'un
» grand pécheur, qu'un prêtre inutile à l'Église,

» et je crains avec raison que Dieu ne me condamne
» pendant que les hommes font mon éloge. »

Quelques semaines après cet événement, le serviteur de Dieu se rétablit ; mais la faiblesse qui lui resta de cette maladie et les infirmités habituelles faisaient continuellement appréhender de le perdre. Aussi quelques prêtres de la ville, voulant profiter du peu de temps qui lui restait à vivre, furent s'établir à Saint-Saturnin, pour écouter de plus près les leçons de vertu et de perfection qu'il donnait sans cesse à son clergé. Un d'entre eux, ayant obtenu cette permission des supérieurs, alla d'abord en marquer sa joie à M. Marie. Après lui avoir demandé sa bienveillance et en avoir reçu des témoignages pleins de douceur et de bonté, il lui fit entendre dans la conversation qu'il n'était pas riche et qu'il ne trouvait point de messes à acquitter. « Je suis affligé
» de votre indigence, lui dit le pasteur, je tâcherai
» d'y pourvoir de tout mon possible ; mais ordi-
» nairement je ne me charge pas de solliciter des
» messes pour les habitués de mon église. »
M. Marie s'aperçut bientôt que le nouveau prêtre était mécontent de ce discours, et pour consoler son frère qu'il avait innocemment contristé, il alla le voir dès le lendemain matin, le remercia de la visite qu'il lui avait faite la veille, et lui marqua une grande satisfaction de le voir au nombre des prêtres de sa paroisse. Puis en se levant il tira une

bourse : « Tenez, monsieur, lui dit-il, voilà l'argent
» de plusieurs messes que je devais acquitter; mais
» on ne peut pas tout faire, ayez la bonté de m'en
» décharger, en attendant que je puisse faire quel-
» que chose de plus pour vous. »

Au jugement de M. Marie, ce n'était pas encore
là une satisfaction proportionnée à la grandeur de
sa faute; il voulut y joindre une punition réelle.
En effet, ayant coutume depuis quelques mois de
dire sa messe à huit heures du matin, afin de suivre
plus facilement un régime de vivre qu'on lui avait
prescrit, il voulut par esprit de détachement et de
pénitence quitter cette heure qui lui était si commode, et la céder à son nouvel habitué, qui lui
avait témoigné qu'elle lui convenait; il ne dit plus
sa messe que vers les onze heures, et crut qu'il
valait mieux pour lui se priver dans la suite des
soulagements nécessaires à sa mauvaise santé, que
de gêner en quelque chose un de ses prêtres.

CHAPITRE XVII.

Renouvellement de l'amour de M. Marie envers J.-C. crucifié. Son ardeur à servir les malades. Son admirable conduite pendant l'hiver de 1709 et pendant la famine. Il souffre pour la justice. L'hydropisie se joint à son asthme. Il fait son testament et résigne la cure de Saint-Saturnin à son neveu.

Les progrès qu'il avait déjà faits dans la science de la croix ne l'empêchant pas d'y découvrir tous les jours de nouvelles profondeurs, il tâchait de s'instruire encore plus parfaitement de la sublime doctrine dont l'Apôtre était rempli, et qui consiste à connaître comme il faut Jésus-Christ, la vertu de sa vie ressuscitée, la participation de ses souffrances et de sa mort. *Ad cognoscendum illum, et virtutem Resurrectionis ejus, et societatem passionum illius, configuratus morti ejus.* (Philip., 3, 10,) Il ne trouvait rien de comparable à ces vertus fondamentales de la religion; et Jésus-Christ crucifié était si présent à son cœur, que soit qu'il fût dans l'église ou dans le presbytère, on le surprenait presque toujours prosterné devant une croix; et les consolations qu'il goûtait dans ce saint exercice étaient les seules qui fussent capables de le soutenir au milieu de ses souffrances, et de soulager les infirmités dont il était accablé dans sa vieillesse.

(1708.) Il priait un jour de la sorte dans la sacristie, lorsqu'un de ses prêtres lui vint dire qu'un jeune homme de la paroisse était nommé tout récemment chanoine de la cathédrale de Chartres, et ajouta qu'il était bien doux pour ce jeune homme d'être pourvu de si bonne heure. M. Marie ne répondit rien d'abord; mais prenant l'ecclésiastique par la main, en lui montrant le crucifix : « Approchez et voyez, lui dit-il; c'est » ceci qui est doux. »

Ses œuvres répondaient merveilleusement aux sentiments de son cœur et aux paroles pleines d'amour qui sortaient de sa bouche; car jusqu'au dernier soupir il soutint avec tant de zèle et de courage les fatigues du ministère et les travaux de la pénitence, qu'il semblait que son grand âge et sa mauvaise santé eussent augmenté ses forces au lieu de les affaiblir.

On vint l'avertir alors qu'une pauvre femme de sa paroisse était tourmentée d'une colique néphrétique, et qu'elle manquait de secours. Aussitôt l'homme de Dieu alla chez elle avec un chirurgien qu'il fut chercher lui-même, et l'on convint que le bain chaud était le remède qu'il fallait employer. La rivière était éloignée et le mal pressait; mais M. Marie s'employa dans cette conjoncture avec tant de promptitude et d'activité, qu'en moins d'une heure le bain se trouva préparé. Ce remède eut un très-heureux succès, et quoiqu'il soit naturellement efficace pour la maladie dont il s'agissait, la pauvre femme, qui fut parfaitement guérie, ne put jamais s'ôter de l'esprit que la charité de son pasteur n'y eut attiré une bénédiction particulière.

(1709.) La rigueur des saisons et ses infirmités, qui augmentaient tous les jours, ne furent jamais capables de lui faire changer quelque chose dans le règlement de vie qu'il suivait depuis quarante-cinq ans. En effet, pendant toute l'année mil sept cent neuf, qui était la soixante et dix-huitième de son âge, il ne manqua pas à dire ses Matines à neuf heures du soir, à genoux dans son église. La nuit même que commença le grand froid de cette année, qui fut une des plus fâcheuses de tout l'hiver, il fit quelque chose de plus; car après avoir prié bien avant dans la nuit au pied du grand autel, il rentra fort tard au presbytère pour prendre un peu de repos; mais se souvenant qu'il y avait dans sa paroisse une femme malade, qui souffrait depuis quelques jours de grandes peines d'esprit, il se leva dès deux heures du matin exprès pour l'aller voir, et pour lui porter les consolations dont elle

avait besoin. « Ne soyez pas surpris, dit-il en
» entrant au fils de la maison, si je viens de si
» bonne heure; j'étais trop inquiet de l'état de
» la pauvre malade, que sa vertu me doit encore
» rendre plus chère qu'une autre. »

Comme il avait de la peine à marcher, il se heurta au seuil de la porte, tomba à la renverse, et se blessa légèrement à la tête; on lui aida à se relever, et sur l'heure on lui offrit les secours qu'on a coutume d'employer dans ces sortes d'occasions; mais après avoir remercié les personnes qui les lui présentaient, il ne voulut en recevoir aucun, alla droit à la malade, passa presque le reste de la nuit auprès de son lit, et ne se retira qu'après lui avoir rendu le calme et la tranquillité du cœur.

Une disette extraordinaire de blé fut la suite malheureuse du grand hiver de cette année, et M. Marie, qui, comme un autre Joseph, l'avait prévue, remplissait autant qu'il était possible sa maison de toutes les choses nécessaires à la vie (¹). Les pauvres ressentirent bientôt les utiles effets de sa prévoyance, et, pendant la famine, ils furent assistés avec une libéralité surprenante. Ce n'est pas que les revenus de ce charitable curé fussent augmentés, au contraire ses continuelles

---

(¹) Voir Pièces justificatives, XI.

aumônes les diminuaient tous les jours; mais il donna tout ce qu'il avait, et laissa le soin du reste à Dieu, qui eut la bonté d'y pourvoir de la manière que nous dirons. Cependant, affligé de n'être pas assez riche pour procurer à ses frères tout le bien qu'il aurait désiré, il voulut prendre sur le plus indispensable nécessaire, de quoi leur donner quelque chose de plus. En effet il supprima les deux mauvais repas qu'il avait coutume de prendre chaque jour, et, tant que dura la famine, quelques onces de pain d'orge et un peu d'eau furent son unique nourriture.

Ses amis, effrayés du danger auquel il exposait son extrême vieillesse par un jeûne si rigoureux, le conjurèrent d'avoir pitié de lui-même et de se nourrir au moins comme sa domestique; mais l'homme de Dieu ne répondait autre chose, sinon qu'un pécheur comme lui devait faire pénitence : « Il ne me convient pas, disait-il, de chercher de » la délicatesse, tandis que je vois à ma porte les » membres de Jésus-Christ fondre en larmes et » mourir de faim. »

L'exemple du pasteur réveilla l'attention du troupeau, et chacun se crut obligé de l'imiter au moins en quelque chose; en effet, plus le nombre des malheureux augmentait, et plus on multipliait les aumônes. Le bon pasteur, contre sa coutume, voulut bien alors en être le dépositaire. M. Marie ne se chargeait pas ordinairement des aumônes qu'on lui apportait ; il les renvoyait à des dames charitables de sa paroisse, et presque toutes les libéralités qu'il a faites aux pauvres pendant sa vie étaient prises sur son bien. On lui apportait ces aumônes de tous côtés ; et il remerciait Dieu un jour d'une telle bénédiction, lorsqu'il eut encore la joie de voir deux jeunes demoiselles apporter à ses pieds leurs diamants, leurs bagues d'or, et faire en faveur des pauvres un généreux sacrifice à Dieu de leurs parures les plus précieuses.

Il espérait que ce zèle digne d'être imité s'allait communiquer à tous les riches de sa paroisse, et principalement aux personnes du sexe, naturellement portées à la compassion. Mais il fut trompé dans son attente, et il reconnut avec douleur qu'il y a partout des cœurs avares que rien ne peut toucher.

Trois riches demoiselles de sa paroisse avaient cent muids de blé, qu'elles cachaient avec un extrême soin contre les ordonnances formelles de la police, et ne prétendaient le vendre que quand il serait entièrement hors de prix. L'homme de Dieu, bien instruit de ce cruel dessein, employa auprès d'elles les motifs les plus capables d'attendrir leur inflexible dureté ; mais ses discours eurent peu d'effet, car elles donnèrent seulement avec beaucoup de peine trois setiers de blé pour les pauvres, et, par un mensonge aussi criminel que celui d'Ananie et de Saphire, elles protestèrent à leur pasteur qu'elles n'en avaient en tout que six muids. Alors, dissimulant sa juste indignation, il ne cessa point de les supplier de faire quelque chose de plus en faveur des misérables, et leur représenta qu'elles pouvaient le faire sans en être incommodées. On n'eut aucun égard à ses sollicitations; et les trois demoiselles persévérant toujours dans leur injuste refus, il leur dit enfin que rien n'étant plus libre que la charité, il ne prétendait pas l'exiger de force; mais que si elles ne voulaient pas déclarer incessamment à la police les cent muids de blé qu'il savait bien qu'elles cachaient, il irait lui-même en avertir les magistrats et ferait confisquer tous leurs grains au profit des pauvres.

Cette vigueur sacerdotale leur déplut étrangement, et le démon de la vengeance s'étant aussitôt emparé de leur cœur, une d'entre elles résolut de persécuter cet homme juste et de le noircir dans l'esprit des Grands Vicaires. L'exécution suivit de près ce criminel projet; mais M. Marie, qui fut informé des calomnies qu'on avançait contre lui, se contenta de déplorer en secret une telle perversité, pria pour la personne qui lui avait fait cette injure, et lui prouva quelques jours après qu'il l'avait entièrement oubliée. En effet, cette demoiselle, effrayée de la grandeur de sa faute, disait partout qu'il n'y avait plus de miséricorde pour elle, et portant la douleur de son repentir jusqu'à l'excès, elle était sur le point de tomber dans l'abîme du désespoir, lorsque M. Marie, touché de pitié pour elle, accourut le premier à son secours, lui promit tout de la clémence infinie de Jésus-Christ, lui aplanit les voies de la pénitence, et par l'extrême douceur de ses discours, réussit parfaitement à calmer les cruels remords de sa conscience.

Cependant la famine durait toujours, et les secours que M. Marie procurait abondamment aux pauvres n'empêchaient pas quelques-uns d'entre eux de se déterminer au crime et d'exercer autour de Chartres le métier de brigand. Ce fut alors que ses entrailles s'émurent et qu'il fit connaître que rien ne coûte à un bon pasteur, quand il s'agit de sauver la vie, même à celles de ses brebis qui mériteraient mieux de la perdre.

Un misérable de sa paroisse enleva, pendant la nuit dans une auberge, quatre setiers de blé qu'un laboureur y avait laissés en dépôt; mais, un des sacs étant percé, il se répandit le long du chemin assez de blé pour déceler le voleur, qu'on suivit à la trace depuis l'hôtellerie jusqu'à sa maison. Sur une preuve si convaincante, le laboureur obtint du juge la permission de fouiller chez le paroissien de M. Marie; mais le voleur, qui fut averti à propos, envoya sur l'heure sa femme chez lui pour le prier d'intercéder en sa faveur auprès des magistrats. Elle avoua le crime de son mari, et assura avec serment qu'avant quatre heures du soir le blé serait porté dans le jardin du pasteur, dont elle le supplia de laisser la porte entr'ouverte. Un homme sincère et droit se persuade aisément que tout le monde lui ressemble ; ainsi, sur la parole donnée, M. Marie s'employa pour le coupable, et par la considération que tout le monde avait pour son mérite, on suspendit les poursuites. Mais le malheureux ne profita de ce bienfait que pour tromper son bienfaiteur ; car au lieu de transporter le blé dans l'endroit dont on était convenu, il l'enleva secrètement de sa maison et fut le transporter ailleurs.

Sur ces entrefaites, M. Marie fut assigné à la requête du laboureur, pour dire s'il n'était pas vrai que la femme du voleur lui avait promis qu'on rendrait le blé, à une heure et à un lieu marqués. Mais l'homme de Dieu, voyant le mauvais train que prenait cette affaire, fit défaut à l'assignation, et craignant de contribuer, en quelque manière que ce fût, à l'infamie et même à la mort d'un de ses paroissiens, aima mieux payer au laboureur cent soixante livres, qui étaient le prix du blé qu'on lui avait volé, que d'avoir le moindre reproche à se faire.

Après que Dieu eut ainsi conservé son serviteur

pendant les calamités publiques, pour le soulagement et la consolation des misérables, il se sentit affaibli tout-à-coup ; son asthme redoubla d'une manière extraordinaire ; l'hydropisie s'y joignit, et consumé par une fièvre lente, il comprit qu'il lui restait peu de temps à vivre et fit son testament, dont tous les articles sont autant de preuves de sa religion envers Dieu, de son amour envers les pauvres, et de la profonde humilité de son cœur. Il n'y établit sa confiance que sur les mérites de Jésus-Christ, et sur les trésors incompréhensibles de la croix. « Je vous prie, dit-il à son
» neveu dans son testament, d'amortir la pension
» de mes nièces religieuses à la Visitation (¹).
» Vous êtes mon seul héritier ; donnez aux pauvres
» le peu qui me reste, et mon jardin à l'Hôtel-
» Dieu. Vous me ferez enterrer, ajouta-t-il, dans
» le cimetière de Saint-Thomas hors la ville, du
» côté du grand chemin, le plus proche que vous
» pourrez de la haie, et s'il est possible dans le
» fossé même, comme les suppliciés. » Il dit encore dans son testament, que si Dieu lui fait miséricorde, comme il l'espère, il n'oubliera jamais

---

(¹) Il en a coûté 6,000 livres à M. Marie, pour la dot de ses deux nièces ; il lui eût été facile de les faire recevoir pour rien, mais il ne voulut jamais y consentir.

(Note de l'auteur.)

sa paroisse, et qu'il offrira sans cesse ses prières pour elle et ses vœux devant le trône de l'Agneau.

Il y avait près de trois ans qu'accablé de vieillesse et d'infirmités, il voulait donner sa cure à son neveu; il lui en parlait souvent, et plus il remarquait en lui de résistance et d'éloignement pour cette place, plus il se confirmait dans son dessein. Mais sachant de quelle importance était la démarche qu'il voulait faire, il en parla à son évêque et aux Grands Vicaires, qui lui dirent qu'il ne pouvait se donner un plus digne successeur que cet homme de bien, qu'il avait élevé lui-même dès la jeunesse et formé de ses mains aux fonctions du ministère. Enfin le grand âge et la maladie, plutôt que le découragement et la lassitude, mettant cette année M. Marie absolument hors d'état de servir son peuple, il pria Dieu avec une ferveur nouvelle de l'éclairer dans le choix qu'il voulait faire d'un successeur, et de ne point lui imputer à péché une action qu'il n'entreprenait que pour la gloire de son nom et pour le bien de son Église. Malgré tant de précautions et de soins, il trembla de frayeur en signant l'acte de sa résignation. Néanmoins rempli de confiance en Celui qui sonde les cœurs et les reins, il se démit de la cure de Saint-Saturnin en faveur de son neveu, qui en était encore plus alarmé que lui. En effet, il fit plusieurs fois tous ses efforts pour s'en défendre, voulut jeter au feu les provisions du bénéfice, et même le rendre après en avoir pris possession.

CHAPITRE XVIII.

Son neveu prend possession de la cure de Saint-Saturnin. L'ancien curé fait encore la Pâque avec sa paroisse. Dernière maladie de M. Marie, il reçoit le saint viatique, se fait porter à la Visitation. Discours qu'il y fait. Il tombe dans une agonie de trois jours. On lui administre l'Extrême-Onction. Sa mort.

(1710.) Cependant le nouveau curé différait toujours à prendre possession, tant par respect pour son oncle, qu'à cause de l'intime persuasion où il était de la difficulté qu'il y avait de remplir dignement une place que ce grand homme avait occupée avec tant de succès. Le jour de son installation fut néanmoins marqué au douzième du mois de février, et la cérémonie s'en fit avec toutes les formalités ordinaires; mais ne voulant pas sitôt exercer à Saint-Saturnin les fonctions pastorales, M. Marie fit faire encore la Pâque de cette année à toute sa paroisse. Il montra dans cette occasion une ferveur extraordinaire, et ces derniers efforts de son zèle furent reçus de son peuple avec un empressement incroyable. En effet, son confessionnal était sans cesse environné d'un nombre prodigieux de personnes, qui se faisaient un devoir de recevoir sa dernière bénédiction et de communier de sa main. Comme M. Marie était fort infirme et qu'il ne pouvait plus monter les degrés du grand autel, on avait orné dans le sanctuaire une petite crédence, sur laquelle il y avait un grand nombre de pains consacrés, dont il remplissait le ciboire qu'il avait entre les mains autant de fois qu'il était nécessaire. Tel fut l'adieu qu'il fit à sa paroisse, et qui termina son heureux ministère à Saint-Saturnin, le même jour qu'il l'avait commencé il y avait quarante-six ans.

Le second dimanche après Pâques, son neveu vint demeurer avec lui au presbytère et célébra la messe solennelle à Saint-Saturnin, en qualité de nouveau curé de cette église. M. Marie y assista; mais vers le milieu du sacrifice il se trouva mal, et l'on fut obligé de le porter dans son lit, d'où il ne releva plus que pour soulager un peu les douleurs de son asthme par le changement de situation, et pour satisfaire au zèle qu'il conservait toujours pour la communauté de la Visitation.

Peu de jours après, la difficulté de respirer augmentant toujours, il demanda avec instance le saint viatique. Tout étant disposé pour le lui faire recevoir dans son lit, à cause de son extrême faiblesse, aussitôt qu'il vit entrer son Créateur dans la chambre, il se leva couvert d'une grande robe qu'il ne quittait jamais quand il était couché, se prosterna avec une religion profonde, et dans cette humble situation adora Dieu quelque temps. Comme on lui représenta qu'il s'exposait à augmenter son mal, et qu'il devait se ménager un peu davantage : « Hélas! répondit-il, on fera de » moi ce que l'on voudra; mon corps est entre » les mains des médecins, ils espèrent prolonger » mes jours, mais ils n'iront pas loin, et il me » semble que je devrais bien les donner unique- » ment à Dieu, sans m'embarrasser d'une vie qui » va bientôt finir. »

Pendant tout le reste de sa maladie qui dura encore près de deux mois, il ne s'occupa plus que des souffrances de Jésus-Christ; il les méditait sans cesse, et les douleurs d'un Dieu crucifié semblaient lui avoir fait oublier les siennes. En effet, consumé par la fièvre que lui causait son hydropisie, tourmenté par son asthme, et passant les jours et les nuits dans un fauteuil sans dormir, il priait continuellement, ou lisait sur un petit pupitre le livre de l'Imitation, avec autant de présence d'esprit et de tranquillité que s'il eût joui d'une santé parfaite. Tous ceux qui le venaient voir en étaient étonnés et se disaient en sortant de chez lui : « Ce » saint prêtre lira et s'occupera de Dieu jusqu'au » dernier soupir; c'est à son école qu'il faut » apprendre à mourir de la mort des justes. »

Ses meilleurs amis savaient à la vérité qu'il souffrait beaucoup, mais personne ne connut jamais bien la grandeur de ses maux, car il les dissimulait, afin qu'on les lui laissât endurer sans aucun adoucissement; et l'on ne jugea de l'amertume de son calice, que par la complication de ses maladies et par une espèce de plainte qui lui échappa un jour malgré lui. « On me fera plaisir, » dit-il alors, de parler un peu plus bas, et de ne » pas s'approcher si près de moi. » Il n'y avait rien, ce semble, dans ces paroles qui ne fût excusable; mais M. Marie ne les eut pas plus tôt dites qu'il en demanda pardon à Dieu, comme d'une impatience qui approchait beaucoup du murmure. Il ne songeait plus qu'à l'expier, lorsque Dieu lui en fit naître presque aussitôt l'occasion.

En effet son neveu, désirant lui préparer une chambre plus commode, eut besoin de la main d'un menuisier, et l'étrange bruit qu'il faisait avec son marteau causant au malade un grand mal de tête, il n'en témoigna aucune peine; au contraire s'imaginant que c'était son neveu qui songeait à s'arranger dans le presbytère : « J'en suis bien

» aise, dit-il; ce remuement ne m'incommode
» point. Qu'il tâche seulement de se loger le plus
» à son aise qu'il pourra. »

(1710.) Trois jours avant sa mort, se souvenant que le temps était venu auquel les religieuses de la Visitation devaient élire une Supérieure et célébrer la centième année de leur institution, il crut qu'avant de les quitter pour toujours, il devait leur parler encore des choses de Dieu, les disposer aux deux importantes actions qu'elles étaient sur le point de faire, et leur donner ainsi les dernières preuves de son zèle et de son attachement. Ainsi, tout mourant qu'il était, il se fit porter chez ces vierges chrétiennes, et leur fit un discours qu'elles nous ont conservé et dont nous rapporterons ici quelques traits.

« Tout est sujet au changement, mes Sœurs,
» leur dit-il; on ne voit que vicissitude sur la
» terre, et nous ne devons nous attacher qu'à
» Dieu. L'inconstance des choses humaines est
» une preuve de leur fragilité; mais il n'en est
» pas ainsi du Dieu que nous servons. *Pour vous,*
» *Seigneur, vous êtes toujours le même, et vos années*
» *subsistent même après qu'elles ont cessé d'être.*
» (*Psal.* 101, ⅴ. 28.) Il en doit être ainsi, mes
» Sœurs, des gens de bien qui font profession
» d'adorer et d'imiter cet Être immuable, puis-
» qu'ils doivent toujours demeurer invariablement

» à son service... C'est principalement dans le
» choix que vous vous disposez de faire d'une
» personne qui vous conduise, qu'on doit remar-
» quer votre inviolable attachement aux règles de
» l'Évangile... Il faut que ce changement exté-
» rieur de gouvernement n'en apporte aucun à
» votre piété, ni à vos dispositions intérieures
» pour la vertu, et qu'après vous être donné une
» Supérieure selon votre conscience, vous n'ayez
» dans la suite aucun autre soin que celui de
» vous acquitter des devoirs de votre état, comme
» vous avez fait jusqu'ici. »

Ensuite il leur expliqua en peu de mots les qualités que l'Écriture exige dans les Supérieures : « Celle que vous allez élire, ajouta-t-il, doit sur-
» tout être remplie de l'esprit de Dieu, ce qui
» renferme l'humilité de cœur, le détachement des
» choses périssables de la terre, l'amour de la
» prière et une charité à toute épreuve... N'oubliez
» jamais que ce choix important ne doit être
» appuyé que sur la seule distinction que donnent
» le mérite, la sagesse, la piété, le bon exemple,
» et que celle d'entre vous qui doit être élevée au-
» dessus des autres par sa dignité, doit être aussi
» la plus parfaite [1].

---

[1] A la suite de ces avis pleins de sagesse, la communauté réélut la Mère de Crémeur, une des plus

Après avoir ainsi parlé de l'élection d'une Supérieure, il ajouta quelque chose sur la solennité de la centième année de leur institution (¹). « C'est » là, dit-il, une fête bien consolante pour les » véritables Filles de la Visitation; mais qu'elle

saintes supérieures de la Visitation de Chartres, qui d'ailleurs eut toujours à sa tête des personnes d'un grand mérite. (V. page 208.)

(¹) L'ordre de la Visitation de Sainte-Marie avait été fondé par saint François de Sales le 6 juin 1610, dans un faubourg d'Annecy. — Voici ce que dit le manuscrit de la Visitation au sujet de cet anniversaire : « Elles (les religieuses) se disposèrent à cette grande cérémonie par une retraite sérieuse de trois jours, accompagnée d'un jeûne rigoureux et d'une augmentation de prières, pendant que les ouvriers travaillaient nuit et jour à l'ornement de leur église. Cette auguste cérémonie fut différée de cinq jours, à cause que toute la communauté était occupée à la réélection de la R. M. de Crémeur. On ne le commença que le jour de la Sainte-Trinité, qui arrivait cette année le quinzième jour du mois de juin, qui était pour elles un jour de remarque, puisqu'en pareil jour de solennité, saint François de Sales avait jeté à Annecy les premiers fondements de leur saint Institut. Cette auguste cérémonie qui dura trois jours, avec exposition du Saint-Sacrement et trois prédications, fut ouverte par Mgr le nouveau prélat (Mgr de Mérinville, nommé le 24 avril précédent à l'évêché de Chartres), qui y vint avec son vénérable Chapitre, accompagné de leur musique, et y officia pontificalement. » (P. 248.)

» doit humilier celles qui se sont écartées de la
» perfection de leur état! J'ai la joie, mes Sœurs,
» de savoir que dans cette maison Dieu est adoré
» en esprit et en vérité; tout me porte à croire
» que ce nouveau siècle de votre ordre ne sera
» pas pour vous un nouvel engagement, mais
« seulement un motif plus pressant de marcher
» avec persévérance jusqu'à la fin de votre vie
» dans les sentiers de la justice. Mais si, par un
» étrange malheur, il s'en trouvait quelqu'une
» parmi vous, ce que je n'ose penser, dont la
» conduite n'eût pas répondu à la sainteté de sa
» vocation, qu'elle se relève aujourd'hui par une
» pénitence généreuse, et recommence une nou-
» velle carrière avec ce nouveau siècle de votre
» institution. Mais pour vous, mes Sœurs, qui
» avez toujours été fidèles, il ne vous reste qu'à
» continuer l'œuvre que vous avez commencée,
» jusqu'à ce qu'il plaise à Dieu de la couronner.
» Persévérez dans la joie de la bonne conscience :
» que rien ne trouble jamais la douce union qui
» règne parmi vous : aimez-vous tellement les
» unes et les autres, qu'on puisse dire de vous
» comme des premiers fidèles, que vous n'avez
» entre vous qu'un cœur et qu'une âme. (*Act.*, 4,
» 32.) Le caractère des vrais chrétiens est la cha-
» rité; c'est à cette marque indubitable que Jésus-
» Christ veut qu'on reconnaisses ses disciples;

» c'est la charité qui doit faire vos plus chères
» délices sur la terre, et qui sera un jour votre
» récompense dans le ciel.

» Ce sont-là, dit-il en finissant, mes derniers
» souhaits pour vous, mes derniers sentiments et
» mes dernières paroles. Je suis bien près du
» tombeau, et sur le point de rendre compte de
» ma vie au souverain Juge ; demandez à Dieu
» qu'il me traite selon sa grande miséricorde, car
» je suis un grand pécheur. Pardonnez-moi aussi,
» mes Sœurs, tous les sujets de peine que je vous
» ai donnés pendant mon administration. Faites-
» moi la grâce de les oublier, et de me continuer
» le secours de vos prières, que je vous demande
» ici pour la dernière fois. » A peine eut-il achevé
ces paroles, que toute la communauté en fut
extrêmement touchée, et ne put s'empêcher de
pleurer. M. Marie lui-même, attendri de cette
marque d'amitié que lui donnait une maison si
chère, détourna un peu la tête et versa aussi quelques larmes.

Comme il était très-malade et que le discours qu'il venait de faire l'avait fatigué, on l'obligea de prendre quelque légère nourriture pour le soutenir dans son épuisement ; et sur l'heure les hommes qui l'avaient apporté en chaise le remportèrent chez lui, parce que le mal augmentait. Cependant, voulant passer par la cathédrale, il se fit porter dans cette église et placer dans un endroit retiré. L'affaiblissement où il se trouvait alors ne l'empêcha pas de se tenir à genoux sur le pavé pendant un quart d'heure, et de prier avec une ferveur extraordinaire. Ses porteurs s'apercevant des tendres mouvements de sa piété, et craignant qu'il ne tombât en défaillance, ou même qu'il ne mourût entre leurs mains, le remirent dans sa chaise et le portèrent aussitôt au presbytère.

Leur appréhension était assez bien fondée, car, dès qu'il fut arrivé chez lui, l'enflure de son hydropisie monta avec une rapidité prodigieuse, et son asthme pensa le suffoquer. Dès ce moment il entra dans une pénible agonie qui dura presque trois jours et trois nuits. On lui dit les prières de l'Église pour les agonisants, et il y répondit avec de grands sentiments de pénitence et d'une piété merveilleuse. Après que ces prières furent achevées, il reçut de même l'Extrême-Onction, et depuis il ne songea qu'à Dieu seul. La sévérité de ses jugements le faisait quelquefois trembler de tout son corps ; mais réfléchissant aussitôt que son Juge était son Rédempteur et son Père, et qu'il était mort sur la croix pour l'amour de lui, il répétait souvent avec une confiance admirable ces paroles du psaume : « *Seigneur, j'ai espéré en vous, et je ne serai jamais* » *confondu.* (Ps. 36, 1.) Non, mon Dieu, disait-il en-

» core, vous ne me jugerez point selon mes iniqui-
» tés, mais selon votre clémence infinie. » Tantôt
s'adressant aux assistants dont la chambre était remplie : « Je suis un grand pécheur, disait-il, priez Dieu
» qu'il me fasse miséricorde. » Il avait jusqu'ici
éprouvé tour à tour les différents effets de la crainte
et de l'espérance; mais depuis le second jour de
son agonie jusqu'à la fin, il ne fut plus agité d'aucun mouvement de frayeur ou d'inquiétude, et le
calme profond qu'on remarquait dans ses yeux et
sur son visage annonçait clairement la joie et la
sérénité de son cœur. Tenant le crucifix étroitement embrassé, on le voyait de temps en temps
remuer les lèvres, comme s'il eût parlé à quelqu'un;
et en prêtant l'oreille attentivement, on lui entendait prononcer ce verset du psaume : *Redemisti me,
Domine Deus veritatis.* (Ps. 36, 6.) Tantôt il récla-
mait l'assistance de la bienheureuse Mère de Dieu
et disait : *Monstra te esse Matrem.... ut videntes
Jesum semper collætemur* (Hymne *Ave Maris Stella*);
et répétait sans cesse l'adorable nom de Jésus.

Son agonie durant toujours, il souffrait d'étranges
douleurs; et son neveu, qui pour le consoler était
toujours auprès de lui, l'encourageait par des paroles pleines de charité, et le soutenait avec zèle
dans ce redoutable passage. Il lui donnait aussi de
temps en temps une cuillerée de vin, afin de le
fortifier un peu; mais le malade, témoignant qu'il

ne voulait plus rien prendre, ajouta d'une voix très-faible : « Ces sortes de secours ne servent » qu'à prolonger les douleurs de la mort. » Cette parole, qui était susceptible de deux interprétations bien différentes, causa de grandes alarmes à son neveu ; il craignit qu'elle ne fût l'effet d'un triste découragement, ou du moins la marque d'une patience ennuyée de souffrir et prête à succomber. Il en parla sur l'heure au R. P. Coquebert, prieur de Sainte-Foy, son confesseur, qui s'approchant du malade le pria de s'expliquer lui-même (¹). Il parut alors par sa réponse que Dieu n'avait permis cette circonstance, que pour faire mieux connaître aux hommes la vertu persévérante de son serviteur, et sa parfaite soumission aux ordres de la Providence. En effet le moribond parut se ranimer tout à coup, et s'adressant au prieur de Sainte-Foy : « Non, mon cher Père, je ne m'ennuie » point de souffrir. Que le Seigneur coupe et brûle » comme il lui plaira, pourvu qu'il me fasse à ja- » mais miséricorde (²). Les souffrances de ce monde

---

(¹) Le R. P. Coquebert, docteur en théologie, prieur-curé de Sainte-Foy vers 1697, mourut en 1714 à l'âge de 62 ans

(²) Allusion évidente à cette parole de saint Augustin : *Seigneur, brûlez, coupez ici-bas, pourvu que vous m'épargniez dans l'éternité.* De même, les paroles suivantes ne sont que la traduction du texte de saint

» n'ont aucune proportion avec l'immensité de
» gloire dont nous serons environnés dans le ciel;
» je resterai sur la terre tant que Dieu l'ordonnera,
» et je ne désire d'en sortir que quand mon heure
» sera venue. »

Elle n'était pas éloignée; mais cet homme juste devait encore, avant de mourir, satisfaire son grand amour pour la paix, et finir sa vie par une action de justice et de charité. Au milieu de ses maux et des douleurs de l'agonie, il eut connaissance d'une mauvaise querelle qu'on avait faite à une garde qui était attachée à son service depuis le commencement de sa maladie. Il sut qu'on l'avait injustement éloignée de sa maison; il en parla aussitôt à son neveu, lui commanda d'y mettre ordre incessamment, de rappeler cette domestique, et de lui faire faire satisfaction sur le champ par ceux qui l'avaient offensée. Elle revint le jour même, et veilla le malade pendant la nuit suivante qui fut la dernière de sa vie. Mais portant ses soins et sa charité encore plus loin, il craignit que les mauvaises manières qu'on avait eues pour elle ne

---

Paul : *Non sunt condignæ passiones hujus temporis ad futuram gloriam quæ revelabitur in nobis.* Rom., 8, 18. Ce qui prouve que M. Marie possédait bien l'Écriture Sainte et les Saints Pères, c'est que ces citations se présentaient à son esprit fort à propos et au milieu même des souffrances de l'agonie.

l'eussent portée à quelque mouvement d'impatience ou de colère, et crut qu'il était obligé de guérir en elle, ou du moins de prévenir, les effets du plus léger ressentiment. Il la pria donc, sans lui parler de son dessein, de lire tout haut la vie de quelques saints martyrs qu'il lui marqua, et après que cette lecture fut achevée, il lui parla en peu de mots du mérite des souffrances et des afflictions : « Pouvons-
» nous, ajouta-t-il, être encore sensibles aux pe-
» tites injustices que les hommes nous font,
» pendant que les saints martyrs expirent avec joie
» au milieu des plus cruels supplices, et que rien
» ne les peut empêcher d'aimer leurs persécuteurs,
» ni de prier pour eux ? »

Telle fut la dernière instruction qui sortit de sa bouche, et qui mit le sceau au ministère de paix et de charité que Dieu lui avait confié. Le bon ordre régnait depuis longtemps dans sa paroisse; les pauvres étaient comblés de ses bienfaits; son clergé vivait dans la ferveur, et sa course étant heureusement consommée, il ne lui restait plus qu'à recevoir du juste Juge la couronne qu'il avait méritée par une vie laborieuse et passée jusqu'à la fin dans le fidèle accomplissement des devoirs d'un véritable pasteur. Ce fut dans la ferme espérance de jouir bientôt du Dieu qu'il avait toujours aimé, que ce juste plein de jours et de mérite, fixant les yeux sur le crucifix qu'il tenait entre ses mains, rendit paisiblement l'esprit, le dixième jour de juin mil sept cent dix, à quatre heures du matin, âgé de soixante et dix-huit ans huit mois et quatorze jours, après avoir employé un peu plus de quarante-six ans au service de la paroisse de Saint-Saturnin (1).

(1) Le manuscrit déjà cité rapporte ainsi cet événement si important pour les religieuses de la Visitation : « La joye de ces honnestes filles dans cette grande solennité fut un peu modérée par la mort de Me Gilles Marie, prêtre, curé de Saint-Saturnin de Chartres, leur digne supérieur après M. Bouthier. Nous ne dirons rien icy de ses rares vertus, ny de la pureté de sa foy, ny des services importants qu'il leur rendit pendant vingt ans. Un auteur grave de nos jours les a amplement décrits dans l'histoire de sa vie qu'il nous a donnée et qui est entre les mains de tout le monde. D'ailleurs l'odeur de sainteté dans laquelle il a expiré, le concours continuel des peuples à son tombeau, le grand nombre de miracles qui ont été opérez, dit-on, par son intercession, prouvent assez que sa mort a été précieuse aux yeux de Dieu. » (Msc., p. 248.)

CHAPITRE XIX.

Cérémonie de ses obsèques.

Le bruit de sa mort se répandit en un moment par toute la ville, et les gémissements du peuple l'annoncèrent plus tôt que le son des cloches. On courut de toutes parts au presbytère de Saint-Saturnin, pour voir encore une fois cet illustre défunt avant qu'il fût enseveli. Mais cette consolation n'étant pas permise aux Religieuses de la Visitation, elles tâchèrent d'y suppléer, et firent en sorte par leurs prières qu'on différât l'inhumation de M. Marie, afin qu'on pût avoir le temps de tirer son portrait; ce qu'il n'avait jamais voulu permettre pendant sa vie. On leur accorda cette grâce, et le peintre qu'elles y envoyèrent trouva le corps dans le cercueil. Il crut d'abord que l'extrême chaleur qu'il faisait alors, et que l'espace de douze heures qui s'étaient écoulées depuis sa mort, ne lui permettraient pas d'exécuter son dessein; mais ayant découvert le visage de ce juste, il s'aperçut avec une extrême surprise qu'il n'exhalait aucune odeur, et que ses traits n'avaient pas souffert la moindre altération. Il prit aussitôt ses pinceaux et ses couleurs, et réussit parfaitement dans son ouvrage. Dès qu'il fut achevé, on remit dans la bière le corps de M. Marie, et par un trait de leur reconnaissance, les Dames de la Visitation y firent enfermer une plaque de cuivre, sur laquelle est gravée une inscription, qui contient en peu de mots la patrie, le nom, l'âge, les qualités, les vertus du serviteur de Dieu, et le temps de sa mort.

Cependant on disposait tout pour lui rendre les honneurs de la sépulture, lorsqu'on fut obligé de contrevenir en ce point à ce qu'il avait ordonné dans son testament; car il ne fut point enterré hors de la ville comme il l'avait demandé, parce que le cimetière de Saint-Thomas allait être interdit faute de clôture [1]. Il y avait plus de dix ans que M. Marie proposait à la fabrique de faire enfermer de murs ce cimetière, qui était souvent profané par des libertins; mais la dépense était considérable, et la fabrique n'était pas en état de la faire. Enfin M. Marie entreprit dès lors de faire cette bonne œuvre à ses propres frais, et pour cela mit en vente son jardin qui valait mille écus. Il le laissa à deux

---

[1] Ce cimetière ne fut abandonné que beaucoup plus tard et pour des raisons différentes de celle qui est alléguée ici. (V. aux pièces justif. V.)

mille francs, afin de le vendre plus tôt; mais personne ne voulut l'acheter, parce qu'on savait bien que c'était dans cette petite solitude qu'il allait se délasser quelquefois de ses fatigues. Il le laissa à cent pistoles, et pour la même raison il ne trouva point encore de marchands. C'est lui qui a donné la belle croix de fer qui est dans le cimetière. — Dieu voulant que ce vertueux pasteur, fut encore après sa mort au milieu de ses brebis, on prit la résolution de l'enterrer dans le chœur de Saint-Saturnin.

Toutes les paroisses de la ville se rendirent avec leurs croix à cette église, et contre sa coutume le petit Séminaire s'y trouva en surplis. Le Bureau des pauvres, ses administrateurs, et les hôpitaux de la ville assistèrent en corps à ses funérailles; et ce fut M. le sous-doyen de la cathédrale qui en fit la cérémonie. L'on ne put en cette occasion ne pas céder à l'extrême affection que le peuple témoignait pour la mémoire de M. Marie, ni se refuser à l'empressement que tout le monde avait, qu'on fit faire au convoi le grand tour de la paroisse. Le clergé de Saint-Saturnin insistait fortement pour cela et, la chose étant ainsi réglée, on se mit en marche.

Le corps ne parut pas plus tôt dans la rue, qui était toute remplie de monde, qu'on entendit de tous côtés un bruit confus de voix gémissantes.

Beaucoup de personnes, et les pauvres surtout, fondaient en larmes. Les uns, plus maîtres de leur douleur, louaient Dieu hautement et comblaient M. Marie de bénédictions, les autres lui parlaient comme s'il eût encore été vivant : « Vous ne nous » avez jamais fait de mal, s'écriaient-ils, vous étiez » vraiment notre père », et répétaient souvent ces paroles; *Non es calumniatus nos neque oppressisti.* (I. *Reg.*, 12. ⁊ 40.) Il y en avait qui par vénération se mettaient à genoux lorsque le corps passait; on s'approchait du cercueil le plus près qu'il était possible, et l'on se croyait heureux de l'avoir touché. Plusieurs personnes mêmes regardaient ce convoi comme la première cérémonie de la canonisation de M. Marie, et demandaient qu'on portât son corps sur les épaules, comme on porte celui des saints. Dès le grand matin, les rues par lesquelles devait passer le convoi furent balayées, comme on a coutume de faire pour les processions les plus solennelles.

Ce fut au milieu de ces larmes et de ces acclamations qu'on se rendit à l'église. Le clergé put à peine y entrer; tout était plein, et une grande partie de ceux qui suivaient la pompe funèbre fut obligée de rester dehors jusqu'à la fin du service. M. le sous-doyen de la cathédrale, ne se trouvant pas en état de célébrer la messe solennelle à cause d'une incommodité qui l'empêchait de chanter, pria M. Beaufils, curé de Saint-Michel, d'officier en sa place (¹); il le fit, et lorsque le saint Sacrifice fut achevé, on mit en terre le corps de M. Marie dans le chœur de l'église de Saint-Saturnin, au pied du balustre de fer qui enferme le sanctuaire. (²)

(¹) Sa mémoire est en vénération à Chartres; on n'y oubliera jamais les grands exemples de charité, de zèle et de pénitence qu'il a donnés pendant sa vie; elle mérite bien d'être écrite, et peut-être le sera-t-elle un jour.
(Note de l'Auteur.)

(²) Voici l'acte d'inhumation de M. Marie, tel qu'il se lit encore dans les registres de la paroisse Saint-Saturnin :

« Le jeudi douzième jour de juin mil sept cent dix, a été inhumé dans le chœur de cette église par moy Florent de Gondau, docteur de Sorbonne, chanoine et sous-doyen de l'église cathédrale de Chartres, le corps de vénérable et discrette personne Maistre Gilles Marie, antien curé de cette paroisse et supérieur des religieuses de la Visitation, aagé de quatre-vingts ans, après avoir reçu tous les sacrements pendant sa maladie. La ditte inhumation faite en présence de Maistre Mathurin Marie, curé de la ditte paroisse, et de Maistre Joseph Lochon, curé de Saint-Maurice, ses neveux, qui ont signé. Signé : Marie. Marie. Lochon. »

Le tombeau de M. Marie a disparu peu de temps après l'église Saint-Saturnin. Celle-ci ayant été vendue à démolir comme bien national fut aussitôt détruite; quant aux sépultures qu'elle renfermait, elles furent encore respectées pendant le temps prescrit par la loi sur les cimetières abandonnés. Ce temps expiré, on réunit

Quelques semaines après sa sépulture, les dames religieuses de la Visitation firent présent de son portrait à M. le Curé de Saint-Saturnin, son successeur. On n'eut pas plus tôt appris cette nouvelle, qu'on accourut de toutes parts pour le voir. Le concours était grand, les mêmes personnes revenaient plusieurs fois et ne se lassaient point de le regarder; enfin on fut obligé pendant plus de trois mois de laisser les portes du presbytère ouvertes du matin jusqu'au soir, principalement les jours de marché (¹).

tous les ossements pour les transporter dans un des deux cimetières conservés, et aujourd'hui on ignore le lieu où ils ont été ainsi déposés, aussi bien que l'emplacement exact des premières sépultures.

(¹) Ce portrait fut donné par M. le curé de Saint-Saturnin au Chapitre de Notre-Dame, ainsi que nous l'apprend ce passage des *Registres Capitulaires* :

« 13 octobre 1736. M. Le Vaigneur présente de la
» part de M. Marie, curé de la paroisse de Saint-Satur-
» nin le portrait et *une* (sic) exemplaire de la Vie de feu
» M. Gille Marie, son oncle et son prédécesseur. Acte;
» et MM. Bernonville et le Vaigneur priés de le remer-
» cier de la part de la compagnie, et les dicts portrait
» et exemplaire mis à la bibliothèque. Pourquoi ont été
» remis à M. le sous-chantre. »

La Vie qui fut présentée au Chapitre en même temps que le portrait est celle dont nous donnons une édition

Pour satisfaire à l'empressement du public, on fit graver le portrait de M. Marie, et la planche fut presque aussitôt épuisée; on en donna une seconde, puis une troisième plus grande et meilleure que les précédentes (¹). Les estampes qu'on en a tirées se sont extrêmement répandues. M. les curés de Paris, d'Orléans, de Nantes, etc., en ont demandé, et même on en a porté jusque dans l'Amérique, où l'odeur des vertus de ce grand homme avait déjà pénétré depuis longtemps, par le moyen de quelques-uns de ses paroissiens, qui s'étaient établis dans ce pays, et qui y avaient publié ses actions édifiantes et surtout sa grande charité pour les pauvres.

Plusieurs personnes de mérite se firent bientôt un honneur de composer les inscriptions dont ils

nouvelle; elle venait de paraître cette année-là même. Le portrait de M. Marie qui a été mis au frontispice de ce livre fut gravé d'après celui que firent exécuter les religieuses de la Visitation. La planche de cette gravure existe encore chez MM. Durand frères, imprimeurs, descendants de Besnard, qui imprima la première édition de cette Vie de M. Gilles Marie.

(¹) L'imprimeur de notre volume, M. Garnier, possède un exemplaire de cette 3ᵉ édition, et comme le dit l'auteur, il est plus grand et meilleur que les exemplaires des deux premières. Les difficultés de la réduction à un petit format ne nous ont pas permis de nous en servir pour notre gravure, laquelle a été faite d'après celle qui est en tête de l'ancien volume.

voulaient orner son tombeau. Il en parut en vers et en prose, qui toutes méritaient d'y être gravées; mais la chose n'étant pas possible, on se détermina pour celle qu'avait présentée le R. P. Niceron, chanoine régulier de la Congrégation de France, depuis abbé de Saint-Léger de Soissons; elle est conçue en ces termes:

HIC ad gradus sanctuarii sepultus est
Ægidius Marie hujus Ecclesiæ S. Saturnini Pastor,
Ne stationem quam tenuerat vivus, desereret mortuus.
Vir Deo totus,
Fuit cleri et gregis amor : utriusque forma.
Sua seque totum charissimis Ovibus impendit.
Vivens divitias sprevit : paupertatem dilexit :
Pauperes aluit.
Moriens, modicum et quod supererat
Ecclesiæ et pauperibus legavit.
Terno quoque mense, 4 Missas fundavit.
Fuit etiam Monasterii Visitationis
Moderator pius.
Ingenti omnium luctu diem extremum clausit
Die 10^a. Junii, ætatis 78, curæ pastoralis 46.
Optimo Pastori Parochiani P.P.

Requiescat in pace (¹).

(¹) Le sens littéral de cette épitaphe est celui-ci :
ICI auprès des degrés de ce sanctuaire a été inhumé
Gilles Marie, curé de cette église Saint-Saturnin,
Afin que ce poste qu'il avait occupé pendant sa vie, il
ne l'abandonnât point après sa mort.

Telle est l'épitaphe qu'on lit au bas d'un buste assez bon de M. Marie, placé dans le chœur de Saint-Saturnin, proche la muraille du côté de l'Évangile.

Outre ces marques de reconnaissance et de vénération que les hommes lui ont données après sa mort, il semble que Dieu même a daigné plus d'une fois honorer par des effets de sa puissance

Homme tout à Dieu,
Il fut l'amour du clergé et de son troupeau, le modèle
de l'un et de l'autre.
Il dépensa tous ses biens, et se dépensa lui-même tout
entier pour ses très-chères brebis.
Pendant sa vie, il méprisa les richesses, aima la pauvreté,
Nourrit les pauvres.
A sa mort il légua encore le peu qui lui restait
A son église et aux pauvres.
Il fit une fondation de quatre Messes tous les trois mois.
Il fut aussi du monastère de la Visitation
Directeur pieux.
Au grand regret de tous il termina sa carrière
Le 10e jour de juin, la 78e [année] de son âge, la
46e de son ministère pastoral.
A leur très-excellent Pasteur ses Paroissiens P[ieux]
P[osèrent] [cette tombe].

Qu'il repose en paix.

Nous dirons, pour les personnes qui ne sont pas versées dans la connaissance du style lapidaire, que sur les tombes romaines, les inscriptions se terminaient

les cendres de son Serviteur; car c'est un bruit commun dans la province qu'il s'est opéré des prodiges à son tombeau, et l'on sait qu'il y a bien des personnes, à Chartres et dans le reste du diocèse, qui prétendent avoir été miraculeusement guéries par son intercession. Mais la soumission parfaite que nous devons à l'autorité de ceux à qui il appartient de vérifier de telles merveilles, ne nous permet pas d'entrer ici dans aucun détail; ce serait prévenir en quelque chose un jugement que nous devons attendre avec respect, et que la religion ne peut manquer de suggérer à l'illustre prélat, Monseigneur l'évêque de Chartres, dont le zèle et la sagesse font l'honneur de l'épiscopat et l'édification de la France (¹).

communément par ces abréviations P. P qui voulaient dire *Pius Posuit* ou *Pii Posuerunt*. Cet usage a souvent été imité dans les siècles postérieurs.

On remarquera encore que le mot *pius* est employé ici dans le sens que lui donnaient les païens, et désigne l'affection naturelle, les sentiments du cœur; nous avons conservé cette signification dans l'expression *piété filiale*. Les païens n'ont jamais donné au mot *pius* le sens chrétien que nous donnons à notre mot *pieux*, lequel s'applique exclusivement à un sentiment religieux.

(¹) L'illustre prélat auquel il est fait ici allusion est Mgr François des Monstiers de Mérinville, fils aîné de Charles des Monstiers, comte de Mérinville et de Rieux,

— 318 —

Au reste nous devons observer en finissant que, malgré la corruption du siècle où nous vivons, il n'y a personne qui ne parle avec éloge de M. Marie, et qui ne voulût lui ressembler. Depuis plus de

gouverneur de Narbonne, et de Marguerite de Grave. Charles-François des Monstiers de Mérinville, naquit à Paris en 1682. Il fut ordonné prêtre en 1706, et nommé la même année archidiacre de Pincerais et vicaire général de Mgr des Marais, son oncle à la mode de Bretagne. Il fut choisi ponr coadjuteur de ce prélat en 1709, n'ayant encore que 27 ans ; cette même année, il avait été nommé abbé commandataire d'Igny, diocèse de Reims, et reçu docteur en théologie à la faculté de Sorbonne. Il fut consacré évêque de Chartres, le 18 mai 1710. On a dit de lui qu'il accomplissait les devoirs de la charge épiscopale avec toute la perfection que S. Charles Borromée prescrit aux évêques. Il partageait son temps entre la prière, l'étude, la prédication et les fonctions de son ministère ; il était toujours sur la brèche pour défendre la foi contre les nouveautés dangereuses ; il fuyait tout ce qui sentait le faste, s'imposait toutes les mortifications de la vie religieuse, et pratiquait tous les conseils de la perfection évangélique.

Mais ce qui était surtout admirable c'était son incomparable charité. Avant même d'être élevé à l'épiscopat, il avait pu montrer un grand zèle pour le soulagement des indigents, pendant l'hiver de 1709. Le renom de charité qu'il conquit alors ne fit que grandir quand il fut devenu évêque ; il est vrai de dire que les calamités qui se succédèrent pendant sa longue administration lui fournirent souvent l'occasion de montrer la généro-

vingt-cinq ans qu'il n'est plus sur la terre, non seulement on se souvient de lui comme d'un homme qui s'est rendu recommandable par une tendre et solide piété, mais encore on va tous les

sité de son cœur. En 1711, il dut venir au secours des habitants de la basse ville, ruinés par une inondation. En 1723, il fit de même pour les habitants de Châteaudun, plongés dans la désolation par un terrible incendie, qui consuma trois églises, cinq grands édifices publics et 798 maisons. Trois mille personnes n'avaient pour asile que des carrières; leur évêque parut au milieu d'elles comme un ange consolateur, leur rendit le courage, intéressa la France entière au désastre qui les avait frappées, et, grâce à ses libéralités et à ses bons offices, le mal fut assez promptement réparé. Bientôt Châteaudun, la ville qui a tant de fois été éprouvée par le feu, put redire une fois de plus sa consolante devise : *Exstincta revivisco :* (Je renais de mes cendres.) En 1738, il fut obligé de faire face à une disette affreuse qui désola le pays chartrain et le Perche, à la suite d'une mauvaise récolte. La charité publique, excitée par l'exemple du saint évêque, vint largement au secours des malheureux ; mais la récolte ayant encore manqué en 1739, la misère fut plus grande que jamais. *Les habitants du Perche étaient réduits à brouter l'herbe comme des bêtes,* dit Doyen, qui était presque contemporain de ces années désastreuses. A cette nouvelle, M. de Mérinville, profondément affligé, leur fait passer toutes les ressources dont il dispose, engage le peu qu'il a d'argenterie, vole à la cour solliciter les aumônes royales, et revient à Chartres chargé de secours

jours à Saint-Saturnin glorifier Dieu et le remercier des grâces dont il l'a comblé dans ses miséricordes. Les pauvres qu'il a tant aimés pendant sa vie trouvent encore à son tombeau de quoi subsister ;

importants qu'il va distribuer lui-même sans tarder aux pauvres affamés.

Il n'est pas étonnant qu'une vie aussi sainte et une charité aussi ardente aient concilié à l'évêque de Chartres la vénération des grands en même temps que l'amour de son peuple. Comme on parlait de miracles dans une société de prélats où se trouvait M. de Mérinville, le cardinal de Tencin n'hésita pas à dire : « Pour Mgr de Chartres, on peut assurer qu'il est constamment le miracle de son diocèse »

Il fit élever à ses frais tout un corps de bâtiment au séminaire de Beaulieu, et le petit séminaire de Chartres en entier. Il y payait même la pension d'un grand nombre d'élèves.

Après avoir édifié son diocèse pendant plus de trente-six ans, il mourut le 10 mai 1746 et fut pleuré non seulement des habitants de Chartres, mais de tous ses diocésains, qui l'aimaient comme un père et le vénéraient comme un saint. Une foule immense accourue de toutes parts assista aux magnifiques obsèques qu'on lui fit au Grand-Beaulieu ; on se disputait ses vêtements comme de précieuses reliques. Son cœur fut porté à Saint-Cyr et ses entrailles déposées au cimetière Saint-Jérôme. — M. de Mérinville, disent les journalistes de Trévoux, eût trouvé des panégyristes dans la primitive Église. — Voici l'éloge que fit de lui un des prêtres de son diocèse, M. Olivier, curé de Saulnières :

et lorsqu'ils y reçoivent les aumônes des fidèles, M. Marie, disent-ils, ne nous a pas oubliés; voilà les charités qu'il nous fait même après sa mort. Quelques-unes de ses brebis, qui n'ont pas voulu se rendre autrefois aux salutaires avis qu'il leur donnait, viennent maintenant lui demander pardon de leur indocilité passée. Des personnes de toutes conditions souhaitent de posséder quelques parcelles de ses habits; ils les enferment dans l'or et le cristal. Tout semble enfin conspirer à rendre un témoignage éclatant à l'éminente vertu de ce respectable Pasteur, et à vérifier ce que dit l'écriture, que *la mémoire du juste est éternelle* (Ps. 116, 6) (¹).

Pasteur vigilant, humble, charitable, pauvre en esprit, n'usant des biens que comme n'en usant point, zélé et amateur de la justice et de la religion, mortifié et austère jusqu'au dernier jour de sa vie, amateur de la vie pénitente et retirée, sans négliger aucun de ses devoirs, laborieux et aimant ceux qui l'imitaient au moins en ce point; fondateur du séminaire Saint-Charles..... soutien et appui des pauvres écoliers aux besoins desquels il fournissait. Bienfaiteur du Grand-Séminaire dont il a fait bâtir le corps principal de cette maison, paisible envers son clergé, ne reprenant qu'avec charité les malfaiteurs, doué de la gravité et majesté épiscopale et des avantages de la nature, aimé du Roi et respecté comme un saint de la Reine, regretté universellement de tous les gens de bien. (Reg. parois. 1746.)

(¹) Dans le passage du manuscrit de la Visitation que

nous avons cité, p. 308, on parle aussi du *grand nombre des miracles opérés, dit-on, par son intercession*. Quand on connaît la vie si sainte de M. Marie, on ne s'étonne point que Dieu ait voulu récompenser de cette manière les admirables vertus de son serviteur. Si la Révolution n'était point venue nous enlever le tombeau de ce prêtre si pieux, et les preuves des faveurs surnaturelles obtenues par son intercession, nous pourrions encore conserver l'espoir de voir le vœu de l'auteur se réaliser relativement à sa canonisation. Mais la seule chose qu'il nous soit permis d'espérer aujourd'hui, c'est de voir comme au siècle dernier les prêtres et les fidèles du diocèse de Chartres s'édifier du récit de ses vertus, et, selon l'expression de son historien, vouloir lui ressembler.

PIÈCES JUSTIFICATIVES.

I (Page 1.)

FAMILLES MARIE ET TULLOUE.

Voici l'acte de baptême de M. Marie :

« Le samedy 27ᵉ jour de septembre seize cent trente et un, fut baptisé par moy, curé de Saint-Aignan, Gilles, fils de Toussaint Marie, procureur au présidial de Chartres, et de Anne Tulloue, ses père et mère. Le parrain fut honnête homme Gilles Perrot, et honorable femme Marie Noël, veuve de Mathurin Morian, fut la marraine.

» *Signé* : Perrot. M. Noel. M. le Maire. »

(Extrait des registres de la paroisse Saint-Aignan de Chartres.)

La famille paternelle de M. Marie était sans doute originaire de Chartres; nous ne connaissons guère que ceux de ses membres dont il est parlé dans la *Vie*. M. Marie eut un frère nommé Mathurin, dont il est souvent fait mention dans cet ouvrage; nous savons que ce frère eut un fils et une fille, mais nous ignorons s'il eut d'autres enfants. Le fils, nommé Mathurin comme son père, devint prêtre, et fut nommé successivement curé de Saint-Sauveur de Bonneval (1692-94), de Saint-Maurice de Chartres, et enfin de Saint-Saturnin à la place de son oncle. Il mourut en 1738, à l'âge de quatre-vingts ans, et les registres de Saint-Saturnin l'appellent *ancien curé de la paroisse*, ce qui prouve que, comme son oncle, il avait donné sa démission dans ses dernières années. — La fille de M. Mathurin Marie épousa N. Lochon et fut mère de Joseph Lochon, lequel devint prêtre comme son grand-oncle et son oncle, et succéda à celui-ci dans la cure de Saint-Maurice. (Reg. Saint-Saturnin.) Elle était sans doute aussi la mère des deux nièces que M. Marie retira chez lui et qu'il fit entrer à la Visitation de Chartres.

Le registre de Ver-lès-Chartres pour l'année 1693 mentionne comme assistant au service des défunts de la famille Tubeuf, seigneur baron dudit Ver, *vénérable et discrète personne messire Gilles Marie, prêtre, vicaire de Sainte-Foi*. Doit-on y voir un autre neveu de M. Marie? N'est-ce pas plutôt une erreur d'attribution de qualité? Nous inclinons pour cette dernière opinion, car dans aucun des actes de la paroisse Sainte-Foi, dont nous avons vu le relevé, nous n'avons trouvé la signature d'un vicaire du nom de Marie.

L'auteur des *Chroniques, Légendes, Curiosités, etc.* (p. 27), nous révèle un autre neveu de M. Gilles Marie dans la personne de M. Marie qui, après avoir été curé de Châteauneuf-en-Thimerais pendant quelques années, devint curé de Saint-Aignan de Chartres en 1766. N'en déplaise au savant chroniqueur chartrain, le personnage dont il nous parle ne peut être qu'un petit-neveu, ou même un arrière-petit-neveu du pieux curé de Saint-Saturnin. Il ne faut pas oublier en effet qu'un petit-neveu de M. Marie était curé de Saint-

Maurice en 1710 et que son neveu avait 80 ans en 1738 ; ce qui nous prouve que le curé de Saint-Aignan de 1776 ne pouvait être son parent qu'à la deuxième ou à la troisième génération.

Nous sommes beaucoup plus riches en renseignements sur la famille Tulloue, famille maternelle de M. Marie, car plusieurs de ses membres ont été des personnages importants dans le pays chartrain.

Les Tulloue paraissent être originaires de Gallardon, où nous trouvons beaucoup de notables et de commerçants portant ce nom, à la fin du XVIe siècle et pendant la première moitié du XVIIe. A dater de cette époque, ils semblent s'être fixés exclusivement à Chartres. Le père de M. Marie habitait sur la paroisse Saint-Aignan, mais le reste de la famille habitait sur la paroisse Saint-Martin-le-Viandier, dont les registres nous ont fourni de nombreux renseignements.

Parmi les Tulloue qui résidèrent à Gallardon, il faut signaler Gilles Tulloue, avocat et bailli de cette ville, lequel fit paraître, en 1560, une glose latine ou commentaire latin sur le texte français de la coutume de Chartres. (Doyen, II, 404. Lépinois, II, 392. Lecocq, *loco infra citato.*)

Ce qui nous prouve que les Tulloue de Gallardon et ceux de Chartres appartenaient à la même famille, c'est que maistre Mathurin *Thulloue*, chanoine, l'oncle de M. Marie, fut parrain en 1656, à Gallardon, de Gilles Egasse, fils de Pierre, *maistre apoticaire* à Gallardon, et de Claude Tulloue. (Reg. de Gallardon.)

Voici les noms de quelques membres de la branche chartraine de cette famille :

Jehan Tulloue, neveu du poète Philippe Desportes,

reçu chanoine en 1595, sur la résignation de son oncle, décéda en 1629.

Noël, frère de Jehan, le remplaça à son tour comme chanoine en 1598 par suite de résignation ; il a fait en latin l'histoire des évêques de Chartres ; mort en 1629 ou 1630. (Doyen. — *Invent. Actes du Chapitre*, n° 342.)

Mathurin Tulloue, procureur au bailliage de Chartres et syndic de Messieurs du Chapitre, mort le 15 mai 1629, et Anne Estienne, son épouse, morte en 1633, furent inhumés tous deux aux Cordeliers.

Robert Tulloue, leur fils, procureur, *pleigea* (cautionna) avec le curé de Prunay-le-Gillon, le sieur Mathurin Leroy, suspect de royalisme, au temps où les Chartrains étaient des Ligueurs acharnés.

Estienne Tulloue, avocat au bailliage de Chartres, aïeul de M. Marie, époux de Claude Bichot. Nous connaissons quatre de leurs enfants, qui sont :

N..... Tulloue, médecin du prince de Conti à Paris, en 1652. (*Vie de M. Marie*, p. 24.)

Anne Tulloue, épouse de Mathurin Marie, mère de M. Gilles Marie.

Mathurin Tulloue, mentionné dans cet ouvrage, pages 5, 12, 16 ; après avoir été prieur-curé de Rouvray-Saint-Florentin, il permuta, le 4 juillet 1633, avec Guillaume Babinet et devint chanoine de l'église Notre-Dame de Chartres. En 1635, il fut nommé à la cure d'Yèvres, qu'il occupa jusqu'en 1643, concurremment avec son canonicat. S'il conserva ainsi pendant plusieurs années ces deux bénéfices, c'est qu'il réservait sa cure pour son frère Robert, lequel prenait alors ses grades dans l'Université de Paris. Il devint chefcier, puis sous-doyen du Chapitre, et enfin grand-vicaire de M. Lescot. Il mourut en 1666.

Robert Tulloue succéda à son frère dans la cure d'Yèvres en 1643, n'étant encore que diacre. Il eut quelque temps dans son voisinage M. Gilles Marie, son neveu, lorsque celui-ci était curé de Bullou. (*Vie*, p. 57.) Il mourut en 1686, après avoir été pendant 43 ans curé d'Yèvres, et fut inhumé avec son frère dans l'église des Cordeliers. On a retrouvé, en 1868, la pierre de leur tombeau, reléguée avec trois autres pierres de même nature dans les caves de la mairie de Chartres; elle en a été retirée et elle est maintenant déposée dans le musée lapidaire de la Société archéologique d'Eure-et-Loir. C'est une plaque de marbre noir, presque carrée, sur laquelle est gravée en lettres dorées l'inscription suivante :

HIC JACENT

Mathurinus et Robertus Tulloue
Fratres :
Primus fuit subdecanus,
Et illustrissimi D. D. Lescot, episcopi Carnotensis,
Vicarius generalis;
Obiit anno 1666, ætatis suæ 66.
Alter fuit
B. Mariæ d'Yeures pastor vigilantissimus;
Obiit anno 1686, ætatis suæ 66.
Et, quia in vita sua dilexerunt se, ita
Et in morte non sunt separati.
Requiescant in pace.

Quelques attributs funèbres sont gravés au bas de cette inscription (1).

---

(1) M. Lecocq, auquel nous devons la révélation de l'existence de cette dalle tumulaire, et un grand nombre des dé-

II (Page 9.)

M. OLIER DANS LE DIOCÈSE DE CHARTRES.

M. Olier, fils de Jacques Olier de Verneuil, était issu d'une noble famille du pays chartrain, si nous en croyons M. l'abbé Faillon, son savant historien. (*Vie de M. Olier*, I, p. 1.) Il n'est donc pas étonnant qu'il ait eu des rapports fréquents avec le diocèse de Chartres. Dès 1638, il prit part à des missions que M. Bourdoise donna sur les terres de Mme la Présidente de Herse (1), à Saint-Ouën, à la Forest et autres localités voisines de Marchefroy. Peu de temps après, il prêcha à Illiers une mission qui fit beaucoup de bien; il y détermina la vocation religieuse de Mlle Bellier, qui prit le voile à la Visitation de Paris, et, après avoir eu une

---

tails que nous donnons sur la famille Tulloue, ne se trompe pas quand il suppose que la tombe des deux frères Tulloue était dans le couvent des Cordeliers. (*Procès-verbaux Soc. arch.* IV, p. 49, 50.) Les registres de Saint-Martin-le-Viandier disent très-positivement, à la date du 6 juillet 1686, qu'ils furent inhumés dans l'église de ce couvent. Les registres d'Yèvres constatent aussi la même chose, en ce qui concerne Robert Tulloue.

(1) Elle était parente de M. Olier, et mère de M. Vialar (Félix de Herse), évêque de Châlons; son zèle la porta à favoriser M. Bourdoise dans ses entreprises, et ce furent ses largesses qui permirent d'établir les exercices préparatoires à l'ordination. Mme Vialar était dame de la Forêt-de-Civry (aujourd'hui Ciyry-la-Forêt, canton de Mantes), de Herse, du Bois-d'Illiers, de Saint-Lubin-de-la-Haye, de Courgeant et autres lieux.

grande part aux œuvres des hommes apostoliques de ce temps, mourut très-saintement sous le nom de sœur Marie-Joseph. En 1640, M. Meyster, un des compagnons de M. Olier, évangélisa le diocèse de Chartres. M. Olier lui-même, accompagné de MM. de Foy, Picoté, Amelote et du Ferrier, y revint pour essayer d'établir un séminaire et se conformer ainsi au vœu du P. de Condren mourant. Ces saints prêtres s'arrêtèrent d'abord au Loreau, qui était alors une petite paroisse du doyenné d'Epernon, et n'est plus aujourd'hui qu'un hameau de la paroisse de Hanches. Après un court séjour dans ce village, ils se rendirent à Épernon où ils s'adonnèrent avec ardeur à l'oraison et à l'instruction du peuple. Ils se retirèrent enfin à Chartres au nombre de huit, pour y donner suite à leur pieux projet. En attendant que les premiers obstacles fussent levés, M. de Valençay, alors évêque de Chartres, employa la petite société dans sa ville épiscopale à une mission, qui, comme le constate l'historien de M. Gilles Marie, eut les résultats les plus heureux. (1641.) Ce fut à la suite de cette mission que M. Olier et ses compagnons établirent sur la paroisse Sainte-Foy leur premier séminaire, où M. Marie fit l'apprentissage de la science et des vertus ecclésiastiques. M. Bourdoise les aida beaucoup dans cette entreprise ; il est même probable que ce fut lui qui les attira à Chartres, où il employa pour leur être utile tout le crédit dont il jouissait auprès de l'évêque et du Chapitre. Dès que le séminaire fut établi, les missionnaires y offrirent à leurs frais une retraite de dix jours aux ordinands[1]. Ils pensaient

---

[1] Déjà en 1638 et en 1640, une semblable retraite avait été faite par les soins de M. Bourdoise et de M. le Féron, et

que, la retraite finie, quelques-uns des retraitants seraient heureux de prolonger leur séjour dans la maison, pour s'y former aux vertus du saint état qu'ils venaient d'embrasser. Il n'en fut rien; malgré le zèle, la générosité, la piété de ces hommes apostoliques, personne ne se joignit à eux pendant les huit mois qu'ils passèrent à Chartres. Ils conclurent de là que cette ville n'était pas celle que Dieu destinait à l'accomplissement de leur projet; et ayant été confirmés dans cette opinion par les avis de quelques personnes très-éclairées, ils quittèrent Chartres pour Paris (1642), où ils fondèrent Saint-Sulpice et Vaugirard.

M. Olier n'oublia point pour cela Notre-Dame de Chartres. C'était à ses pieds qu'il avait autrefois recouvré la paix du cœur; c'était là aussi qu'il avait reçu de précieuses lumières sur sa vocation; il lui en témoigna sa reconnaissance par la dévotion la plus touchante. Dans tout le cours de sa vie, il n'entreprit jamais rien d'important sans venir implorer l'assistance de sa puissante protectrice. L'église de Chartres conserve, comme un souvenir de la piété et de la générosité de M. Olier, une magnifique robe en brocart d'or, dont il fit présent à Notre-Dame du Pilier. Ses enfants ont hérité de sa dévotion à la Vierge chartraine, et chaque année les vacances amènent, dans l'antique sanctuaire de Marie, des professeurs et des élèves du séminaire Saint-Sulpice de Paris, qui tiennent à honneur de conserver les pieuses traditions que leur a léguées leur vénéré fondateur. La paroisse Saint-Sulpice elle-même partage ces sentiments, et depuis plusieurs années elle

grâce à la générosité de Mme de Herse, comme nous l'avons dit déjà. (*Vie de M. Bourdoise*, pp. 333 et 503.)

termine les exercices du mois de Marie par un pélerinage aussi nombreux qu'édifiant à Notre-Dame de Chartres. (*Vie de M. Olier. Vie de M. Bourdoise. Voix de Notre-Dame de Chartres.*)

III (Page 11.)

COLLÉGE DE CHARTRES.

Le collége de Chartres, à l'époque où M. Marie y faisait ses études, était tenu par des prêtres, et se trouvait là où est aujourd'hui le second jardin de l'évêché. Il donnait sur la rue Moutonnière ou de Chies-Chinche ([1]); cette rue commençait à la rue Muret dont elle semblait n'être qu'une prolongation, longeait à mi-côte les murs d'enceinte de la partie orientale du cloître, l'évêché, l'hôtel du Vidame, situé là où est aujourd'hui la terrasse, l'église et le prieuré Saint-Étienne, aujourd'hui la Providence, et aboutissait enfin

---

([1]) Doyen l'appelle rue du Bourg; mais la rue qui porte ce nom ne commence en réalité qu'à la rue Saint-Éman, là où finissait la rue Moutonnière, et se continue jusqu'au pont Bouju. La rue Moutonnière était d'abord, paraît-il, plus rapprochée de l'hôtel même de l'évêché, qu'elle longeait ainsi que l'abside de la cathédrale, et passait là où est aujourd'hui la chapelle saint Piat. Quand on construisit cette chapelle, la rue Moutonnière fut reculée jusqu'à l'endroit où se termine la terrasse, et porta quelque temps le nom de rue du Collége, d'après Lépinois. Nous pensons que la rue du Collége était plutôt une petite rue qui prenait naissance dans la précédente et faisait presque le tour des bâtiments du Collége pour aboutir dans la rue Saint-Eman.

à la porte Evière, là où se termine aujourd'hui la rue au Lait. La maison où était établi le collége s'appelait primitivement le *Tripot de Chinche ;* elle fut donnée en 1572 par Jean Pocquet, bourgeois de Chartres, et Michelle Haligre, sa femme, en même temps que la métairie du *Deffaix,* paroisse de Landelles, sous la condition qu'elle serait affectée à l'établissement et à l'entretien du collége. Celui-ci qui avait été fondé en 1565 par M. Charles Guillard, évêque de Chartres, et avait eu pour premier principal le chanoine Le Fèvre auquel on donnait le titre de *précepteur des enfants de la ville*, ne fut transféré qu'en 1587 dans la maison de la rue Moutonnière. Il porta depuis lors le nom de *Collége royal chez Pocquet.* En 1763, on le transféra dans la maison des filles de la Providence, ancien hôtel de Citeaux, située dans la rue Muret, entre la rue Saint-Jacques et l'ancienne ruelle de Citeaux. Les bâtiments du Collége Pocquet furent démolis, et sur leur emplacement on établit le jardin inférieur de l'évêché. Après la Révolution, le collége fut transporté dans l'ancien couvent des Cordeliers, qu'il occupe encore aujourd'hui.

L'évêque de Chartres avait la haute direction du collége, et un prêtre en était le principal. L'instruction s'y donnait gratuitement; on prenait seulement 20 sous par an à chaque élève pour les réparations des bâtiments. A la suite des guerres de la Ligue, en 1605, le collége se trouvant déchu de son ancienne splendeur, on songea à le confier aux Pères de la Compagnie de Jésus, dans l'espoir que ces habiles maîtres y feraient promptement refleurir les études. Des pourparlers établis à ce sujet entre le Père provincial et M. de la Pacaudière, échevin de la ville, n'amenèrent aucun résultat. On ne réussit pas mieux en 1620, avec les Barnabites, auxquels M. de Nemours, duc de Chartres, voulait qu'on remît la direction du collége. Mais si cet établissement ne put être confié à une congrégation enseignante, les prêtres qui la dirigeaient surent pourtant y rendre les études très-florissantes. Aussi les élèves y furent-ils nombreux; le registre des échevins nous apprend qu'en 1743 on en comptait quatre-vingt-douze dans la seule classe de rhétorique. Ce succès était dû à la science et aux talents des illustres maîtres qui y enseignèrent à différentes époques. Parmi eux, nous pouvons citer Beaurain, Bernouville, Gombaut, Huchet, Danchet qui devint plus tard un auteur dramatique de renom; les orateurs sacrés, Delorme, Guy Le Boucq, Percheron; le littérateur Blanchet dont on lit encore avec plaisir les *Apologues et Contes orientaux* et les *Variétés amusantes;* les célèbres physiciens Hardy et Morin, etc., dont les historiens contemporains font les plus grands éloges.

IV (P. 21.)

LES RELIGIEUSES DE LA VISITATION A CHARTRES.

Tous les habitants de Chartres n'accueillirent pas les religieuses de la Visitation avec les mêmes dispositions que M. Marie. Un certain nombre d'entre eux, au contraire, suscitèrent à ces saintes filles toutes sortes de difficultés, dont nous trouvons le récit dans le manuscrit qui renferme l'*Histoire de l'Établissement des Religieuses de la Visitation de Sainte-Marie dans la ville de Chartres*. En raison des fonctions importantes que M. Marie remplit dans cette communauté, nous croyons devoir entrer dans quelques détails à ce sujet.

Monseigneur Léonor d'Etampes, *qui avoit toujours été étroitement uny de sentiments et d'amitié avec le grand évêque de Genève* (mns., p. 23), avait témoigné beaucoup de zèle pour les Religieuses de la Visitation en les introduisant, dès 1625, dans la ville de Blois, laquelle faisait encore partie de son diocèse à cette époque. Peu de temps après il forma le dessein de procurer le même bienfait à sa ville épiscopale, et plusieurs personnes de piété unirent leurs instances pour l'engager vivement à donner suite à ce projet. Les Religieuses de la Visitation, de leur côté, avaient grand désir de s'établir à Chartres; car, d'après une tradition fidèlement conservée parmi elles, S. François de Sales passant dans cette ville, avait dit que l'hôtel de la *Levrette*, où il était logé, *serait très-propre pour un monastère de ses filles*. La Mère de Chantal, par dévotion pour le saint vêtement de la Mère de Dieu conservé à Chartres, avait recommandé à ses religieuses de ne rien négliger pour s'établir dans cette ville. Celles d'Orléans, puis celles de Blois tentèrent vainement de s'y introduire; un parti puissant, qui leur était hostile, avait juré qu'elles n'y seraient jamais admises. Mme de Chantal étant venue à Paris eut recours à la médiation de Françoise d'O, épouse de Louis d'Angennes, baron de Meslay, seigneur de Maintenon, grand maréchal des logis de la maison du roi, ambassadeur extraordinaire en l'Espagne. Mme d'Angennes vint à Chartres de sa personne, exposa sa demande au maire et aux échevins, employant tour à tour les supplications et les promesses : tout fut inutile, on lui répondit par un refus injurieux. Cependant les partisans des Religieuses de la Visitation murmuraient contre ce parti-pris, et une division inquiétante commençait à régner dans la ville, lorsque Monseigneur l'évêque de Chartres interposa son autorité, et proposa un moyen terme qui mit tout le monde d'accord. Le monastère des Filles-Dieu était presque abandonné, et les religieuses qui l'occupaient vivaient dans le relâchement ; on ne pouvait que gagner à les remplacer par des filles de la Visitation, et Monseigneur l'évêque de Chartres en fit la proposition. Les échevins ne mirent aucune opposition à un projet qui ne les obligeait point à recevoir ces religieuses dans l'enceinte de la ville. Le zélé prélat, heureux de voir se terminer ainsi une affaire si épineuse, s'empressa d'en porter lui-même la nouvelle aux religieuses d'Orléans ; mais celles-ci ne voulurent point accepter un établissement que sa situation hors de la ville exposait à beaucoup d'inconvénients, et Monseigneur d'Étampes se retira assez mécontent d'un pareil insuccès.

Peu de temps après, une dame Morin offrit, pour y fonder l'établissement projeté, sa terre de Vaujoly, située à l'extrémité d'un des faubourgs de Chartres, non loin des Grands-Prés, et par conséquent dans le voisinage de l'endroit où est situé le couvent actuel. Monseigneur d'Étampes et les religieuses d'Orléans avaient accepté cette offre ; mais Monseigneur d'Orléans, de qui les religieuses dépendaient, trouva qu'un monastère en ce lieu serait encore trop éloigné de la ville.

Monseigneur d'Étampes étant passé sur ces entrefaites à l'archevêché de Reims, Messieurs du Chapitre reprirent cette négociation. Ils commencèrent par gagner à leur cause la plus saine partie des magistrats et des bourgeois, et quand ils virent les esprits bien disposés, ils écrivirent à la R. M. Supérieure d'Orléans, qu'elle pouvait envoyer une colonie de ses religieuses à Chartres, où elles seraient reçues avec bonheur. Monseigneur d'Orléans pensa qu'il valait mieux attendre la nomination d'un évêque à Chartres, pour conclure une affaire de cette importance. Aussitôt que Monseigneur Lescot eut été nommé, on lui en écrivit; il donna une réponse très-favorable, en demandant toutefois qu'on ne prît point de décision à ce sujet avant son installation. Aussitôt qu'il fut arrivé à Chartres, le nouvel évêque s'occupa de cette affaire et voulut d'abord garantir les moyens de subsistance des religieuses. Ce fut alors qu'une personne de piété, Mlle de Frêne (1), eut la pensée de contribuer de son bien à une fondation depuis si longtemps ajournée. Elle offrit à cet effet aux religieuses d'Orléans une somme de 500 livres de rente annuelle, rachetable à 9,000 livres de principal, à condition qu'on lui accorderait le titre et les priviléges de fondatrice. L'évêque et les religieuses d'Orléans acceptèrent avec reconnaissance, et le contrat fut passé par devant notaire, en leur ville, le 2 août 1644. La question du logement n'ayant point été débattue d'avance, M. de Belébat fut envoyé par Monseigneur d'Orléans, pour s'assurer des dispositions des bourgeois de Chartres, au sujet de la fondation nouvelle. Malgré toutes les civilités dont les honora cet envoyé, malgré l'assurance qu'il leur donna que les religieuses ne seraient aucunement à charge à la ville, les magistrats, oubliant la parole autrefois donnée au Chapitre, rejetèrent toutes les propositions qui leur furent faites.

(1) Fille de Messire Pierre, baron de Frêne, seigneur de Pussay, Coltainville et autres lieux, et de damoiselle Geneviève de Servient (Msc., 57).

L'entreprise ayant encore échoué, les religieuses renvoyèrent à Mlle de Frêne son contrat et ne voulurent plus en entendre parler.

Après divers autres incidents qui laissèrent les choses dans le même état, le projet fit un pas décisif. M. le marquis de la Frette, proche parent de Mlle de Frêne qu'il avait en grande estime, fut nommé gouverneur de Chartres. Il avait été informé de toutes les difficultés qui avaient empêché jusque-là l'établissement des religieuses de la Visitation. Le jour même de son entrée en charge, après les brillantes cérémonies de la réception, il se fit rendre compte de l'état de la question par les magistrats rassemblés pour la circonstance. Les deux partis exposèrent leurs raisons avec toute la vivacité possible; mais M. de la Frette, ayant pris à son tour la parole, réfuta dans un langage calme et tranquille toutes les objections des opposants, et fit voir que l'établissement projeté serait un des plus beaux ornements de la ville et une agréable retraite pour les personnes de piété. Il sut si bien convaincre les magistrats, que, séance tenante, ils firent rayer un acte notarié, par lequel ils s'étaient engagés autrefois à ne jamais recevoir les filles de la Visitation, et firent délivrer à ces religieuses une ample permission de s'établir quand et où bon leur semblerait.

Cette difficulté surmontée, il restait encore à trouver un logement. Le monastère d'Orléans envoya néanmoins quelques religieuses, pensant qu'elles règleraient plus facilement cette question, quand elles seraient sur les lieux. A leur arrivée, la mauvaise volonté de plusieurs habitants se réveilla; on leur suscita des entraves de toute nature; elles eurent à subir des insultes grossières, des railleries outrageantes, elles furent étourdies par les représentations et réclamations des procureurs, des avocats, des huissiers et des notaires ; on alla jusqu'à sonner le tocsin à la paroisse Sainte-Foy pour ameuter le peuple contre elles. Soutenues par l'exemple de la Mère Jousse, leur Supérieure, religieuse d'un grand mérite, et par les encouragements des dames les plus honorables de la ville, elles ne se laissèrent point rebuter. Elles parvinrent à trouver une maison convenable dans la rue Saint-Père, sur la paroisse Saint-Hilaire, et se disposèrent à s'y installer. Les dispositions hostiles disparurent promptement devant leur contenance ferme et modeste tout à la fois, et leur installation définitive (6 avril 1647) fut un véritable triomphe, tant étaient grands le concours du peuple et l'empressement des personnes les plus distinguées à les aider pour le transport des objets qui leur appartenaient.

Quelques années après, elles achetèrent des religieux de Saint-Jean deux maisons contiguës dans la rue du Cheval-Blanc ; l'une de ces maisons s'appelait *le Four-Saint-Jean*, l'autre avait pour enseigne *la Levrière* ou *Levrette* (1). (*Archives de la Visit.*, à la Mairie.) Elles y firent construire des bâtiments claustraux et une église sous le vocable de S. Joseph. Leur installation dans ce nouveau domicile eut lieu le

---

(1) C'était dans cet hôtel de la *Levrette* qu'avait logé S. François de Sales, ainsi qu'il a été dit plus haut. Les autres maisons achetées par les Visitandines sont, comme celle-ci, désignées par un nom particulier, quoiqu'elles ne fussent pas toutes des hôtelleries ; mais comme l'usage des numéros remonte seulement au siècle dernier, on fut obligé jusque-là de donner aux maisons des titres ou des enseignes pour les distinguer les unes des autres.

5 juillet 1653. Elles ne tardèrent pas à s'y trouver à l'étroit, et pour s'agrandir elles achetèrent les maisons de *L'Angelot* et du *Chevau-Rouge*, ainsi que plusieurs jardins contigus. Elles occupèrent alors tout l'espace compris entre l'impasse de l'Étroit-Degré et la rue de Beauvais dans laquelle leur enceinte s'avançait assez loin ([1]).

Les religieux de Saint-Père avaient possédé en ce lieu une maison qu'habitaient ceux d'entre eux qui avaient des prébendes dans l'église cathédrale, afin qu'ils pussent plus facilement assister à l'office capitulaire. C'était sans doute en souvenir de cette possession que les officiers de justice de Saint-Père tenaient séance, un jour chaque année, sous le portail de la chapelle de la Visitation. A la suite de l'installation des religieuses en ce lieu, le nom de rue de la Visitation fut substitué pendant quelque temps à celui de rue du Cheval-Blanc, qui a pourtant prévalu et s'est conservé jusqu'à nous, quoiqu'il rappelle seulement le souvenir d'une grande hôtellerie qui se trouvait en cette rue.

Ce fut dans ce lieu que la Révolution trouva les filles de Saint-François de Sales; elles étaient au nombre de 39, quand on les contraignit à se disperser (1790). Le procès-verbal des officiers municipaux constate que

---

([1]) La porte de leur église s'élevait là où se trouve maintenant le n° 24 de la rue du Cheval-Blanc, on en voyait encore naguère quelques vestiges dans un corridor de cette maison; l'église se prolongeait ensuite dans le même sens que la rue, jusqu'au commencement du n° 26, ce qui indique une certaine étendue, car cet emplacement est aujourd'hui occupé par deux maisons de commerce assez vastes. Quelques arcades du cloître des religieuses sont encore bien visibles, à l'intérieur du n° 25.

leurs revenus consistaient en 39 muids de blé et 9,500 livres en argent. Après la Terreur elles ne tardèrent pas à reparaître à Chartres (1806), et s'installèrent d'abord dans la rue Muret, puis dans la rue Avedam (1810). Ce fut seulement le 24 juin 1834, que ces saintes filles prirent possession du couvent actuel, situé rue de la Barre-des-Prés, aujourd'hui rue d'Aligre, dans les faubourgs de la ville; elles y trouvent le calme et le silence qui conviennent à leur vie contemplative. (V. Doyen, Lépinois, *Archives*, etc.)

V. (P. 65.)

ÉGLISE SAINT-SATURNIN.

La première église Saint-Saturnin était dans l'enceinte du cimetière Saint-Thomas, et ce cimetière, selon Doyen (I. p. 25), se trouvait hors de la ville non loin du fossé de la porte des Épars, dans une sorte de terrain vague où furent construites plus tard la boucherie et les halles. Un chroniqueur moderne précise d'une manière plus claire l'emplacement du cimetière Saint-Thomas, en nous disant qu'il était là où se trouve aujourd'hui la place des Épars et affectait la forme d'un triangle, qui aurait pour sommet la statue du général Marceau, et pour base l'entrée du boulevard Chasles (ci-devant boulevard St Michel) et celle du pavé de Bonneval. (Lecocq. *Chroniques*, p. 32.)

En 1357, l'approche des Anglais et des Navarrais ayant contraint de fortifier la ville et de détruire tout ce qui pourrait offrir quelque avantage aux ennemis, l'église Saint-Saturnin et le presbytère qui l'avoisinait furent sacrifiés à la sécurité publique (¹); on laissa subsister seulement la chapelle des cryptes, dédiée à Saint-Thomas de Cantorbéry, et le cimetière qui à cause de cette chapelle prit le nom de *Cimetière Saint-Thomas*. La chapelle fut détruite et la crypte comblée en 1615; mais le cimetière ne cessa de servir à la paroisse Saint-Saturnin qu'en 1786, époque où il fut abandonné, comme nuisible à la promenade et à la place des Barricades, (aujourd'hui place des Épars.) Un cimetière nouveau fut créé dans la rue d'Amilly pour la paroisse Saint-Saturnin ; elle en avait d'ailleurs un autre assez restreint qui entourait la nouvelle église, et que, comme celui de Saint-André, on appelait le *Cimetière des Innocents*, sans doute parce qu'il était destiné aux enfants.

La destruction de l'église Saint-Saturnin n'avait pas entraîné la suppression de la paroisse; le Chapitre, patron de la cure, ayant juridiction spirituelle, eut soin d'empêcher que les paroissiens n'assistassent aux offices des autres paroisses de la ville. *Une maison louée à frais communs ou gratuitement prêtée servit d'église pendant plusieurs années.* (Note de l'auteur.) Mais cet état de chose n'était que provisoire, car à une paroisse de cette importance, il fallait une église.

Il y avait alors à l'extrémité de la rue du Petit-Cygne, vis-à-vis du Grand-Four, une chapelle de dévotion sous le vocable de Saint-Sébastien. Comme elle appartenait à l'évêque, tant au spirituel qu'au temporel, les paroissiens de Saint-Saturnin la lui demandèrent et l'obtinrent facilement. Vers le même temps (16 décembre 1363,

---

(¹) Voir dans Lainé (t. II. fol. 133, verso) la permission d'abattre le presbytère de Saint-Saturnin, donnée par le Chapitre.

d'après l'acte notarié), Marie d'Angennes, fille de Pierre de Senonches, bourgeois chartrain, offrit ses maisons et jardins qui étaient contigus à cette chapelle, à la charge d'y bâtir une église paroissiale, un presbytère et un hôpital. La donation fut acceptée par l'évêque Jean d'Angerant, et on se mit à l'œuvre; mais l'église ne fut achevée qu'en 1418 : Philippe de Boisgiloud, alors évêque de Chartres, abandonna au Chapitre sa double juridiction et ne se réserva que le cens qui était de dix sous sept deniers obole. Le Chapitre avait réuni la cure à la manse capitulaire de Notre-Dame, pour l'entretien de quatre *enfants de musique* de l'église cathédrale (Souchet I. p. 23,) et les prêtres qui desservaient la paroisse étaient amovibles à son gré. Après 189 ans de ce régime, la contestation rapportée par notre auteur amena le Chapitre à nommer comme auparavant un curé inamovible à Saint-Saturnin. M. Marie fut le premier qui reçut ce titre, et on voit qu'il lui fut accordé d'une manière bien honorable pour lui.

La paroisse Saint-Saturnin avait au XVIIIe siècle 1,800 communiants et 1,000 livres de revenus[1]. Elle fut supprimée à la Révolution, comme toutes les autres paroisses de la ville, qui furent remplacées par l'unique paroisse Notre-Dame, laquelle n'existait pas auparavant; elle n'a pas été rétablie depuis, mais une partie de son territoire a été attribuée à la paroisse Notre-Dame et l'autre à la paroisse Saint-Aignan.

L'église Saint-Saturnin, dit l'historien Pintard, était

---

[1] Lépinois est en contradiction avec le Pouillé, quand il dit que les revenus n'ayant pas été rendus à l'époque du rétablissement de la cure, celle-ci ne valait en 1785 que 80 livres par an, non compris le casuel (I, p. 253).

une église assez resserrée en forme de hache longue, ayant 19 toises de long sur 14 et demie de large (P. 573). Elle n'offrait rien de remarquable dans son architecture; mais si nous en jugeons par les anciens plans de Chartres, son clocher était d'une belle structure et un des plus élevés de la ville. Sous la Révolution, la municipalité de Chartres, désirant avoir une place dans ce quartier, vendit l'église à démolir; la nouvelle place fut attribuée à la vente de la volaille, et comme elle était entourée de chaînes que reliaient de distance en distance des bornes en pierres, elle a porté jusqu'à ces dernières années le nom de *Marché-enchaîné*. Elle s'appelle maintenant *place Marceau*, en souvenir du jeune général de ce nom, qui vint au monde dans une maison voisine, en 1769. Une partie des matériaux de l'église servirent à la construction des maisons qui bordent cette place dans sa partie septentrionale. Le mobilier fut porté avec celui des autres églises, dans les monuments nationaux (anciennes églises ou anciens couvents), désignés à cet effet, et se trouva dispersé par les ventes qu'en faisait le clergé constitutionnel de la paroisse Notre-Dame qui n'avait pas d'autre ressource. Le maître-autel fut transporté à la cathédrale où il est encore dans la chapelle du transept, côté du midi (¹). Cet autel est en beau marbre et il

---

(¹) Cette chapelle est appelée *Chapelle Saint-Lazare*, à cause du tableau de la *Résurrection de Lazare* qui la décore. L'autel de la chapelle qui occupe l'autre bras du transept vient de l'ancienne église Sainte-Foy.

Le premier acte de l'évêque constitutionnel Bonnet fut de faire décorer les sept chapelles absidales, et d'en construire deux dans les bras du transept. Il avait à sa disposition les

est orné du chiffre de Saint-Saturnin (deux S et un T entrelacés), qui se détache au milieu de deux branches de laurier, dorées comme le chiffre lui-même. Le tableau de la *Résurrection de Lazare* qui surmonte cet autel ne lui était pas destiné ; car nous ne pensons pas que ce soit là *le beau tableau de la contre-table* que M. Marie fit faire à ses frais, comme nous l'apprend l'auteur (p. 220). Au-dessus de cet autel s'élevait le tabernacle dont il est parlé au même endroit, et sur lequel le n° IX des Pièces justificatives donne des détails précis.

VI. (P. 125.)

L'USAGE DE L'ANGELUS.

On pourrait s'étonner à juste titre que la dévotion traditionnelle des chartrains envers la Sainte Vierge ait laissé disparaître au XVIIe siècle l'usage antique de sonner l'*Angelus*, si on ne se rappelait l'acharnement avec lequel les protestants attaquaient alors le culte de la Mère de Dieu, acharnement dont le contre-coup fut sensible même dans les pays les plus hostiles aux nouvelles erreurs. Nous ne pensons pas d'ailleurs que cette suppression de l'*Angelus* fût générale, et dans l'église Notre-Dame en particulier on dut conserver cet usage dans toute sa ferveur primitive ; la régularité de sa sonnerie en effet faisait l'admiration de tout le monde, si nous

autels et tous les ornements des églises supprimées ; il en usa largement. Plusieurs de ces chapelles sont encore dans l'état où elles furent mises à cette époque, et il est facile de voir que ce ne fut pas le bon goût qui présida à leur décoration ;

en croyons le témoignage de M. Beuvelet, le célèbre auteur des *Méditations*, qui rapporte avec beaucoup d'éloges qu'en l'église Notre-Dame de Chartres, *il y a six clercs bénéficiers appelés Marguilliers, destinés pour sonner les six cloches du chœur en habit clérical, en sotanne et surplis.* (*Instructions sur le Manuel*, 5º édition, 1664, p. 600.)

La pieuse pratique de l'*Angelus* ne rencontra pas d'ailleurs une égale ferveur dans tous les temps. Son origine est ancienne, car elle remonte au concile de Clermont qui se tint en 1095. Le pape Urbain II ordonna que l'on sonnerait la cloche le matin, le midi et le soir pour avertir qu'il fallait réciter l'*Ave Maria*, afin d'attirer la protection de la Sainte Vierge sur les Croisades. Lorsque ces guerres saintes eurent cessé, les fidèles, persuadés qu'ils avaient encore besoin du secours de la Sainte Vierge, conservèrent l'usage de réciter l'*Angelus* ou *Ave Maria*, et ils furent encouragés dans cette pratique par les indulgences nombreuses que les souverains Pontifes y attachèrent. Cependant, après plusieurs siècles de ferveur, cet usage subit une période de relâchement, et au temps de Louis XI l'*Angelus* était presque complétement abandonné. Ce prince, si rempli de dévotion envers la Sainte Vierge, donna des ordres pour faire reprendre l'ancien usage de sonner trois fois le jour, et c'est pour cette raison que quelques historiens ont cru pouvoir lui attribuer l'introduction de l'*Angelus* en France. Nous pensons qu'on lira avec plaisir quelques lignes d'un vieil auteur qui se rapportent à ce fait : « Le premier jour de may 1472, fut faict à Paris une moult belle procession en l'église de Paris (Notre-Dame), et faict un preschement bien solennel par ung docteur en théologie, natif de Tours, nommé

Jehan Breté, lequel dit et déclara entre autres choses, que le roy ayant singulière confidence en la benoiste Vierge Marie, exhortoit son bon populaire manans et habitans de la cité de Paris, que dores en avant à l'eure de midy que sonneroit la grosse cloche, chascun fust fléchy un genouil à terre, en disant *Ave Maria*, pour donner bonne paix et union au royaulme de France (Cité par *la Guirlande de Marie*, année 1873, p. 145).

Nous ne savons si cette ordonnance fut fidèlement exécutée, mais deux siècles après, au temps de M. Gilles Marie, le zèle à sonner l'*Angelus* avait encore subi quelque refroidissement. A notre époque, la coutume de sonner trois fois le jour, pour inviter à réciter cette prière, est universellement observée dans les pays catholiques, et les personnes pieuses, dociles à cet avertissement, la récitent aussitôt qu'ils entendent le son de la cloche, non par obéissance à l'ordonnance de Louis XI, mais parce que cette condition est nécessaire pour gagner les indulgences qui y sont attachées. Dans quelques provinces, en Bretagne notamment, la dévotion à l'*Angelus* s'est conservée aussi fervente qu'à l'origine; aussi, quand la cloche vient à donner le signal, chacun se met à genoux dans l'endroit où il se trouve, et, toute affaire cessante, récite sur le champ cette belle et pieuse prière à la Sainte-Vierge.

VII. (P. 205.)

Mgr GODET DES MARAIS.

Monseigneur Godet des Marais ou des Marets, un des plus saints prélats qui brillèrent sur le siége de

Chartres, et un des docteurs les plus estimés de l'Église de France, naquit à Talcy, près Blois (1648), qui était alors du diocèse de Chartres. Il appartenait par sa mère à la famille de la Mark, qui comptait déjà parmi ses membres un prélat chartrain, Erard de la Marck (1507-1524). Nommé abbé commandataire d'Igny, ordre de Citeaux, au diocèse de Reims, il employa en aumônes, tous les revenus de son bénéfice, quoiqu'il n'eût encore que quatorze ans. Il montra la plus grande générosité en faveur des prêtres Irlandais qui avaient accompagné Jacques II en France; aussi fut-il nommé leur supérieur. Ce fut peut-être une des raisons pour lesquelles un grand nombre de prêtres Irlandais furent recueillis dans le diocèse de Chartres [1]. Il reçut en Sorbonne le grade de docteur, et Mme de Maintenon connaissant

[1] Les registres de l'époque nous font connaitre beaucoup de ces prêtres, qui exerçaient différentes fonctions du saint ministère dans le diocèse de Chartres. C'est ainsi que nous trouvons Macarty, curé d'Orsonville, 1726 ; Kinity, chapelain d'Allainville; Mac-Mahon (Constantin-Roger), vicaire d'Illiers, † 1701 ; O' Neill, desservant des Trépassés à Gallardon, † 1757; O' Ruork (Jean-Baptiste), prêtre, religieux Augustin du couvent de Cork, en Irlande, vicaire à Gallardon, † 1718; Pierse (Richard), docteur en Sorbonne, évêque de Waterford, en Irlande, qui confirme à Gallardon en 1705; O' Cruoly (Thadée), docteur en théologie, comte palatin, protonotaire du Saint-Siége apostolique, aumônier honoraire de feu Jacques II de sainte et glorieuse mémoire, roi d'Angleterre, curé de Billancelles, doyen de Courville, ancien doyen de l'église cathédrale de Limore et abbé commandataire de l'abbaye d'Uony, † 1724; O' Cruoly (Corneille), cousin du précédent, docteur en théologie, curé de Gommerville, puis de Fontaine-la-Guyon; O' Connor (Patrice) vicaire du Favril, † 1738, etc.

son mérite le choisit pour son conseiller et son directeur. Il l'aida efficacement dans le gouvernement de Saint-Cyr, et, à sa prière, il fit pour cette maison des constitutions et règlements qui sont rangés parmi les meilleurs plans d'éducation.

Élevé malgré lui sur le siége épiscopal de Chartres, il y fit briller toutes les vertus, et surtout la charité et le zèle pour la saine doctrine. Ce zèle lui fit combattre énergiquement les Jansénistes, le *Cas de conscience*, les opinions du P. Juénin de l'Oratoire, et le Quiétisme dont pourtant il estimait et aimait beaucoup l'auteur; ces luttes théologiques lui fournirent l'occasion de faire paraître plusieurs ordonnances, qui sont regardées comme des chefs-d'œuvre et lui ont valu aux yeux des théologiens la première place après Bossuet pour la controverse.

Sa charité n'était pas moins admirable que son zèle; il abandonnait aux pauvres presque tous ses revenus, et il se dépouilla entièrement pour eux, pendant la disette et la contagion des années 1693 et 1696. Toute son argenterie consistait en un couvert d'argent qu'il vendit en cette occasion. Sa vie était celle d'un saint, sa maison celle d'un religieux; il prêchait souvent, et quoiqu'il le fît très-simplement, il convertissait. Il est l'auteur du remarquable *Catéchisme du diocèse de Chartres*, qui, retouché par Monseigneur de Mérinville, puis par Monseigneur Clausel de Montals, a été en usage pendant près de deux siècles (¹). Voici comment ce dernier prélat, la gloire du siége de Chartres dans les temps modernes, jugeait le catéchisme de Monseigneur des

---

(¹) Ce catéchisme a été remplacé en 1863 par un autre plus concis, publié par Monseigneur Regnault.

Marais: « Nous avons été frappé de la méthode et de l'admirable clarté qui le distinguent. Nous n'avons pas dû en être surpris, lorsque nous avons su qu'il avait pour auteur un des évêques qui ont le plus honoré cette Église par leur piété et par leurs lumières, M. Paul de Godet des Marais, de précieuse mémoire. Tous nos prédécesseurs depuis cet illustre pontife jusqu'à nous l'ayant unanimement adopté, nous ne pouvons rien faire de plus sage ni de plus avantageux au diocèse que de l'adopter à leur exemple. » *Avertissement sur la nouvelle édition du Catéchisme.* (1825).

Craignant de ne pourvoir qu'imparfaitement à tous les besoins de son vaste diocèse, Mgr des Marais sollicita en 1695 et obtint en 1697, l'érection du diocèse de Blois, pour lequel on détacha du diocèse de Chartres les archidiaconés de Blois et de Vendôme, et 54 paroisses de l'archidiaconé de Dunois. Comme dédommagement, on unit à l'évêché de Chartres l'abbaye de Joyenval (ordre de Prémontré), entre les forêts de Saint-Germain et de Marly, au même diocèse. Le roi voulut aussi lui faire accepter une place de conseiller d'État et la dignité de cardinal; mais le saint évêque refusa très-humblement. « Il y a bien loin d'un cardinal à un évêque », disait-il à Madame de Maintenon.

Il mourut à Chartres le 26 septembre 1709; son corps fut déposé au séminaire de Beaulieu et son cœur placé dans le sanctuaire de Saint-Cyr. Plusieurs registres paroissiaux signalent sa mort comme une calamité publique, et accompagnent cette indication des réflexions les plus élogieuses. Voici entre autres ce que dit le registre de Saint-Martin-le-Viandier : « Le jeudi 26e septembre 1709, est décédé illustrissime et révérendissime Père en Dieu Paul Godet des Marais, abbé . . . , après avoir passé 19 années dans l'épiscopat avec une piété tendre à l'égard de Dieu, une vigilance assidue sur son diocèse, où il a rétabli la discipline ecclésiastique dans son clergé, où on lui a l'obligation de l'établissement des petits séminaires pour les clercs, (¹) des écoles de charité, des conférences ecclésiastiques ; enfin recomdable par l'amour des pauvres. » — « Jamais prélat ne fut plus regretté de tout son peuple », dit le registre de Nogent-le-Roi.

Ce n'était pas seulement dans son diocèse qu'on pensait ainsi de cet éminent prélat, mais son mérite était connu au loin et il était entouré d'estime et de vénération dans toute la France, témoin M. La Chétardie, curé de Saint-Sulpice, qui disait qu'à la mort de M. des Marais, l'*Eglise perdait un excellent ouvrier, un évêque propre à être mis à la tête des évêques sans orgueil, et à s'opposer aux nouveautés sans emportement.*

VIII. (P. 211.)

AVIS DONNÉS PAR M. MARIE.

Nous sommes heureux de pouvoir reproduire quelques conseils écrits de la main même de M. Marie, et que l'auteur du manuscrit de la Visitation a sauvés de

---

(¹) M. des Marais établit dans son diocèse quatre séminaires, un à Chartres, un second à Saint-Cyr, un troisième à Nogent-le-Rotrou et le quatrième à Fresnes ; dans chacun de ces établissements il entretenait à ses frais 30 ou 40 pauvres clercs. Il fonda aussi bon nombre d'écoles en différentes localités pour les enfants des deux sexes.

l'oubli. Ces conseils, empreints d'une grande sagesse, sont exprimés avec une extrême simplicité.

« Nous nous contenterons de rapporter ici, dit le manuscrit, les sages avis qu'il donna à trois personnes qui le consultaient sur les besoins de leurs âmes (¹), et qui montrent combien il étoit expérimenté dans la vie spirituelle. Nous les transcrirons icy tels que la Providence a permis qu'ils soient tombez entre nos mains. »

« *Avis de M. Marie à une personne qui le consultoit sur ses besoins spirituels.*

» Je vous prie autant que je peus vous prier de vous séparer de vos réflexions ; c'est une illusion pour vous perdre. Je vous deffends toutes ces paroles sur vôtre État non seulement à moy qui ne vous vois pas sonvent, mais même à votre confesseur ; c'est une perte de tems : *Je n'ay point de foy, je n'aime point Dieu, je ne suis rien en mes exercices, Dieu m'a abandonné.* Retranchez tout cela. Dittes à Dieu : *Mon Dieu, je suis une pauvre créature, toute dure, qui n'a point d'amour ; mais mon Dieu, je ne veux laisser de vous servir quoyque sans goût, sans connaissance et sans sentiments.* Soyez fidèle à tout ce qui vous est marqué et à tous vos exercices, et les faittes le plus parfaitement qu'il vous sera possible. Ne regardez point : *Oh ! je ne sçay ce que je fais, je n'aime point Dieu.* Ne laissez

---

(¹) Quoique l'auteur signale *trois personnes*, il ne reproduit que deux avis ; mais le second semble avoir été pris dans deux lettres différentes se rapportant au même sujet. Nous reproduisons littéralement le manuscrit avec toutes les fantaisies de son orthographe.

pas de les faire quoyque sans amour. Ce n'est pas que je vous dise de les faire sans que ce soit pour l'amour de Dieu, car ce doit être le souverain motif de toutes nos œuvres. Mais nous avons la foy au dedans de nous, qui opère et qui nous fait faire et agir quoyque sans connoissance. Faittes tous vos exercices par obéissance, sans regarder à ce que vous sentez ou ne sentez pas, l'oraison par obéissance, la communion, ainsi du reste. Je vous laisse l'obéissance pour vôtre boussole que vous regardiez incessamment et suiviez, tout pour obéir à Dieu, perdez-vous toute vous-même dans l'obéissance. Tout ce que vous ressentez dans vôtre esprit et que vous exprimez par vos paroles n'est point ce qui est en votre cœur, croyez-moi ; je regarde votre état et votre disposition comme une conduitte toute particulière de Dieu sur vous, vous voulez être contente de vous, vous voulez voir, et Dieu ne veut pas que vous voyez, l'amour que vous avez pour vous-même est ce qui vous perd. »

AVIS SUR LA PRIÈRE.

A une autre qui s'affligeoit des distractions et de l'inconstance de son esprit pendant icelle.

Dans la prière il faut prendre garde à ne donner lieu à la distraction, et lorsque nous nous trouvons dans la dissipation ou la tiédeur, faire que notre cœur soit à Dieu et ne participe point à cet état, et quoyque nous nous trouvions tantôt pleins du désir d'aimer, quelquefois sans désir, quelquefois nous prions avec attention, d'autrefois sans attention, un jour fervent, l'autre jour lâche et tiède, il faut que cela soit ainsi, voilà notre condition ; notre esprit est semblable à un miroir,

TABERNACLE DE SAINT-SATURNIN

lequel exposé dans une salle reçoit toutes les espèces de choses qui s'y présentent, de sorte que cent personnes viennent s'y présenter, il reçoit toutes ces images en soy, mais il n'en retient pas une, et voilà comme nous devons être ; il nous faut avoir cette même insensibilité du miroir dans la facilité de nôtre esprit.

Nous devons, dans nos prières, nous séparer de tout le créé. Lorsque Notre Seigneur nous a appris à prier dans l'oraison dominicale, il nous dit : *Notre Père qui êtes ès cieux*. Pourquoi Notre Père qui êtes aux cieux ? Dieu n'est-il pas partout ? C'est qu'il vouloit nous faire entendre que lorsque nous voulons prier, il nous faut quitter la terre et aller trouver Dieu, et que notre pensée monte jusqu'au Ciel, nous faisant quitte de toutes les choses de la terre et de toutes les choses périssables. Mais la grâce pour bien prier est un don de Dieu (qu'on n'obtient) qu'en luy demandant. Nous devons avant la prière demander à Dieu la grâce de le bien prier.

IX. (P. 220.)

TABERNACLE DE SAINT-SATURNIN.

Ce que l'auteur disait au siècle dernier du Tabernacle de Saint-Saturnin, nous croyons pouvoir le dire encore aujourd'hui : il est toujours *un des plus beaux tabernacles de France*, car, grâce à Dieu, ce chef-d'œuvre de sculpture sur bois nous a été conservé presque intact, et on peut encore l'admirer dans une église de campagne du diocèse de Chartres. Voici comment, après avoir survécu à l'église Saint-Saturnin, il orne aujourd'hui un modeste sanctuaire.

Lorsque la Révolution chassa de leurs paroisses les curés légitimes, M. Rocheron, curé de Vieuvicq, originaire de la paroisse de Saint-Saturnin, vint se réfugier à Chartres où il possédait une maison. On allait mettre en vente le mobilier de Saint-Saturnin. M. Rocheron qui, comme tout le monde, avait admiré le beau Tabernacle de M. Marie, résolut de l'empêcher de tomber entre des mains profanes. A cet effet, il manda près de lui deux de ses anciens marguilliers de Vieuvicq dont il connaissait l'esprit de foi et la bonne volonté ; il n'eut pas de peine à leur faire comprendre que s'ils se rendaient acquéreurs de ce Tabernacle, ils auraient ainsi, et à un prix peu élevé, une œuvre de grand mérite qui décorerait magnifiquement leur église de Vieuvicq, quand l'ordre serait rétabli. Dociles aux conseils de leur curé, ces deux bons paroissiens se firent adjuger le Tabernable de Saint-Saturnin pour la modique somme de 150 livres. Ils le conservèrent précieusement chez eux tant que dura la Terreur ; mais aussitôt que les églises furent rendues au culte, M. Rocheron, rentré dans sa paroisse, s'empressa de le faire placer dans son église de Vieuvicq où il est encore. Ces renseignements émanent du successeur de M. Rocheron, M. Leroux, qui fut, pendant près d'un demi-siècle, curé de Vieuvicq. Dans une note qu'il a laissée sur les registres de la paroisse, il dit avoir connu tous ces détails par un petit écrit qu'il a trouvé dans une fente du Tabernacle et que M. Rocheron, en rentrant à Vieuvicq, avait rédigé et signé *ad perpetuam rei memoriam*.

Quoiqu'il soit maintenant confiné dans un petit village peu fréquenté des artistes, l'ancien Tabernacle de Saint-Saturnin n'est pourtant pas complétement inconnu dans le monde des arts. Voici en effet ce que nous lisons dans un ouvrage publié sans nom d'auteur en 1860, sous ce titre un peu prétentieux : *Les Mille et une merveilles de France* : « L'église de Vieuvicq possède un tabernacle monumental des plus riches et des plus curieux qui se puissent voir. Il a 15 pieds de hauteur sur 9 de largeur, 18 colonnes torses, entourées de *grappes de vigne (sic)* et couronnées de chapiteaux corinthiens, soutiennent tout ce petit édifice. Les statues des quatre évangélistes avec leurs attributs particuliers décorent le premier plan; au-dessus du Tabernacle, l'artiste a représenté le mystère de l'Ascension du Sauveur accueilli par le Père Éternel à son entrée dans les cieux. Des anges d'un fort beau travail s'inclinent dans l'attitude de l'adoration, enfin des sculptures couvrent le Tabernacle dans toute son étendue et en font un chef-d'œuvre très-remarquable. Il est tout en bois doré. »

Une description aussi sommaire ne peut donner qu'une idée très-imparfaite de cette œuvre magistrale, et elle renferme d'ailleurs une fausseté évidente. Le sujet principal n'est point le mystère de l'Ascension; il y manque pour cela le personnage le plus important, *Celui qui s'est élevé au-dessus des astres*, Notre Seigneur, en un mot, qui n'est point représenté dans cette scène. Quelques personnes croient qu'on y peut reconnaître la vision d'Ézéchiel, mais rien ne justifie cette interprétation, car les animaux symboliques ne sont là que pour accompagner les évangélistes et leur présence est tout à fait accessoire. Après mûr examen, nous croyons pouvoir affirmer que l'auteur s'est proposé de glorifier la sainte Eucharistie; c'était le sujet qui convenait le mieux pour un tabernacle, et c'est le seul auquel on puisse rapporter les différentes parties de ce tout merveilleux. Il était difficile de le décrire avec une exactitude satisfaisante, nous avons pensé qu'il était plus simple de recourir à la photographie, qui permet mieux de juger des beautés artistiques de ce travail. L'épreuve photographique que nous joignons à ce volume n'offre pas tout le fini que nous aurions désiré, et elle ne met pas en relief tous les détails qui méritent l'attention ; mais on ne pouvait pas obtenir mieux dans une église où la lumière n'est pas assez abondante pour mener à bien une opération de ce genre ([1]). Telle qu'elle est pourtant, cette vue photographique suffit pour faire comprendre l'admiration qu'excitait autrefois, et qu'excite encore aujourd'hui, ce travail dont l'idée est due à un saint prêtre et l'exécution à un artiste. Le nom de celui-ci ne nous a point été conservé, mais son œuvre nous révèle un homme d'un goût sûr et d'une main expérimentée.

Plusieurs fois on a essayé d'enlever ce tabernacle à l'église de Vieuvicq, et des offres capables de les tenter ont été faites aux fabriciens ; mais ceux-ci n'ignorent pas qu'ils possèdent là un objet d'une haute valeur, ils en sont fiers et tiennent à honneur de le conserver. On ne peut assurément que les en féliciter, tout en regrettant que ce monument de la piété de M. Marie ne soit pas placé dans un lieu qui en fasse mieux ressortir le mérite artistique ([2]).

([1]) Cette photographie est l'œuvre de M. Raphaël Gallas, photographe à Chartres.

([2]) Ce qui peut donner une idée de l'importance de ce Tabernacle, c'est que les dépenses de restauration sont évaluées à plus de 3,000 fr., quoique cependant il n'y manque rien

X. (P. 229.)

L'ÉGLISE ET LA PAROISSE SAINT-MAURICE.

L'église paroissiale et collégiale de Saint-Maurice-lez-Chartres, dont l'emplacement est aujourd'hui à peine reconnaissable, était située dans le faubourg de la Porte-Drouaise, à gauche de la grande route de Lèves, dans le lieu qui, à cause d'elle, s'appelle faubourg Saint-Maurice. On attribuait sa fondation à Saint-Eman, un des apôtres du pays Chartrain, dont elle posséda le corps jusqu'à la Révolution. A son origine elle fut occupée par des religieux que l'évêque Geoffroi de Lèves transporta dans son monastère de Josaphat, vers l'an 1118. Détruite au treizième siècle et reconstruite aussitôt, l'église Saint-Maurice eut encore à subir les fureurs des Huguenots, qui, pendant le siége de 1568, abattirent la haute tour sur laquelle s'élevait son clocher. Pendant le même siége, le prince de Condé fit enlever la couverture de l'église pour établir ses canons sur les voûtes. En 1591, Henri IV en fit une écurie et un poste de mousquetaires. Elle fut démolie en 1791, et le cimetière fut vendu vers le même temps ; sur leur emplacement on a créé plusieurs jardins et élevé des maisons.

La collégiale se composait de neuf chanoines et la cure eut deux ou même trois curés à la fois, jusqu'à

d'important. Ceux qui désireront de plus amples détails, pourront consulter une Notice sur le Tabernacle de Vieuvicq insérée dans le tome VII des *Mémoires de la Société archéologique d'Eure-et-Loir.*

l'établissement en titre de la paroisse Saint-Lazare de Lèves qui ne fut longtemps qu'une annexe de Saint-Maurice (¹). La paroisse Saint-Maurice, supprimée à la Révolution, n'a pas été rétablie; son territoire est aujourd'hui partagé entre les paroisses de Notre-Dame, de Lèves et de Mainvilliers (²).

(¹) C'est l'historien Doyen qui nous dit que la cure de Saint-Maurice avait trois titulaires à la fois. Les autres auteurs chartrains disent qu'il y en eut seulement deux; et Lépinois ajoute qu'ils desservaient alternativement Saint-Maurice et Saint-Lazare de Lèves, soit par périodes biennales ou triennales, soit viagèrement; deux vicaires les aidaient dans l'administration spirituelle de cette vaste paroisse, qui comprenait dans son étendue Lèves, Chavannes, la Barre-des-Prés, le Bourg-Neuf, Seresville, le faubourg de la Porte-Drouaise et une partie de la rue Muret. Son Chapitre étendait sa juridiction jusque sur le Mousseau, Gorget, Ouarville, Longsault, la Mihoue, etc.; il rendait la justice près de la maison des aveugles de Saint-Julien.

(²) Nous avons cru devoir transcrire une partie du décret de suppression, à cause des renseignements intéressants qu'il nous donne sur la ville de Chartres pendant ce temps de bouleversement.

27 avril 1791. L'Assemblée nationale, après avoir entendu son Comité ecclésiastique, décrète ce qui suit:

..... Art. IV. Dans la ville de Chartres, département d'Eure-et-Loir, les sept paroisses de l'intérieur de la ville, sous les invocations de Saint-Aignan, Saint-André, Sainte-Foy, Saint-Hilaire, Saint-Martin, Saint-Michel et Saint-Saturnin, sont supprimées et réunies à la paroisse Cathédrale.

V. Les deux Paroisses *extra muros* de Saint-Maurice et de Saint-Brice sont également supprimées et réunies avec leur territoire, sauf les exceptions ci-après, à la dite paroisse Cathédrale.

L'église Saint-Maurice était remarquable à plusieurs points de vue. D'abord l'architecture en était fort belle et les proportions considérables ; elle mesurait douze toises de hauteur et soixante-douze pieds de longueur

VI. Le hameau de Serreville (Seresville) sera réuni à la paroisse de Mainvilliers.

VII. Le hameau d'Ouarville sera réuni à la paroisse de Saint-Lazare-de-Leres (Lèves).

VIII. Le hameau de Milanet sera réuni à la paroisse de Champhot (Champhol).

IX. Le hameau du Petit-Beaulieu, ci-devant de la paroisse Saint-Brice, sera réuni à la paroisse de Saint-Cheron.

X. La paroisse de Lucé est éteinte et supprimée, et réunie à celle de Mainvilliers avec son territoire, à l'exception du faubourg de Nicochet qui est réuni à la paroisse Cathédrale.

XI. La paroisse de Saint-Barthélemy est supprimée, et réunie avec son territoire à celle de Saint-Cheron, à l'exception des maisons situées dans l'intérieur de la ville et du faubourg, qui étaient de la paroisse Saint-Barthélemy, et qui sont et demeureront réunies à la paroisse Cathédrale.

XII. Il sera établi deux oratoires : l'un dans l'église Saint-Maurice, et l'autre dans l'église des ci-devant Capucins.

XIII. Tous les revenus et fonds des fabriques des paroisses supprimées par le présent décret sont réunis et attachés aux églises auxquelles chacune d'elles est réunie. — Sanctionné le 4 mai 1791.

— Les oratoires de Saint-Maurice et de Saint-Brice, qui devaient servir d'annexes à la paroisse Cathédrale, ne furent jamais ouverts pour cet usage. L'église Notre-Dame, qui, malgré ses colossales proportions, n'eût pu contenir la moitié des habitants de la ville, se trouva beaucoup trop vaste pour les rares personnes qui assistaient aux offices du clergé constitutionnel. (V. les historiens chartrains et surtout Lecocq, *Chroniques*, etc., p. 219, et Lépinois, I, p. 260-265.)

dans œuvre; les bas-côtés étaient soutenus par douze piliers ronds accostés de quatre colonnettes s'élançant vers les hautes voûtes, ce qui formait douze arcades d'un fort bel effet. Sous le chœur de l'église supérieure se voyait la célèbre *Grotte de saint Blaise*, qui contenait, dans trois tombeaux de pierre, les corps de saint Blaise, de saint Eman et de saint Pellegrin; c'était là que de toute la Beauce on venait invoquer saint Blaise contre les maladies mentales, la frénésie, l'épilepsie, et aussi contre tous les maux auxquels sont sujets les animaux domestiques. La maison qui porte le n° 2 de la rue du Bourgneuf est bâtie sur l'emplacement de cette grotte. Au côté droit de la crypte se trouvait une arcade, habitée au XIIIe et au XIVe siècles par une recluse qui était préposée à la garde de ce lieu saint. La véritable richesse de l'église Saint-Maurice consistait en nombreuses et précieuses reliques; peu d'églises en France en possédaient autant, car elle en avait huit châsses toutes pleines, outre les trois corps saints dont nous avons parlé.

Le chroniqueur Savart, *premier gager* de Saint-Maurice, a laissé une histoire manuscrite pleine de renseignements curieux sur cette église (1706). Il nous apprend que le nom de saint Maurice lui fut donné, lorsque les Bourguignons, fuyant les hordes d'Attila, y déposèrent les reliques du glorieux chef de la légion thébaine (636). L'église Saint-Maurice ne garda pas pour lors ce précieux dépôt; mais en 1217, à la prière de Barthélemy, doyen du Chapitre de Notre-Dame, qui devint plus tard évêque de Paris (1223), Melesard, abbé de Saint-Maurice d'Agaune et tout le couvent, accordèrent une partie des reliques du saint martyr à la collégiale de Saint-Maurice près Chartres; ces reliques, ainsi que toutes les autres et les châsses qui les contenaient ont disparu dans la tourmente révolutionnaire (¹).

XI. (P. 285.)

HIVER ET FAMINE EN 1709.

L'hiver de 1709 a été signalé par tous les historiens comme un des plus rigoureux que la France ait eus à

(¹) Un des auteurs que nous avons consultés attribue la demande de ces reliques à Guillaume de Montfort, chanoine de Chartres, qui devint aussi évêque de Paris; mais celui-ci ne peut être mis en cause à ce sujet, car il était chanoine au temps de saint Yves et il fut préconisé évêque de Paris en 1096 ou 1097. L'acte de donation est de 1217, et il dit que ces reliques ont été accordées à la prière du doyen de Chartres qu'il ne nomme point; or de 1212 à 1223 le doyen fut Barthélemy il succéda, il est vrai, à Guillaume I, mais celui-ci est très-différent de Guillaume de Montfort qui fut chanoine et non doyen de Chartres, et vivait un siècle plus tôt. — Lépinois commet aussi une erreur à ce sujet; il dit que les reliques furent accordées par Milesard, abbé de Saint-Maurice d'Agen, tandis que le Bréviaire dit qu'elles le furent par Melerardus, abbé d'Agaune. Nous ne savons quelle est la meilleure version pour le nom de l'abbé, mais nous sommes persuadés que le nom de l'abbaye est *Agaune*, car c'est un fait bien connu que l'existence d'un célèbre monastère à Agaune, sur l'emplacement même du martyre de la légion thébaine, et c'est là qu'on s'est toujours adressé pour obtenir des reliques de ces vaillants soldats du Christ. Le même auteur dit que les reliques accordées à Saint-Maurice de Chartres étaient

subir. Nous possédons sur l'intensité du froid et ses terribles effets, des détails curieux qu'un grand nombre de curés de cette époque ont cru devoir consigner dans les registres de leurs paroisses. Nous empruntons à ces registres quelques passages, pour donner une idée de ce *grand hiver* dont la mémoire est demeurée longtemps très-vivace dans nos campagnes.

« Le froid fut terrible, non seulement par sa rigueur, mais encore par sa durée ; il commença dans la nuit du 5 au 6 janvier et continua jusqu'au 24 ; le temps fut plus doux pendant quelques jours, mais il reprit bientôt avec une nouvelle vigueur et ne cessa qu'à la mi-mars. Presque tout le blé gela ; les noyers, les *chasteniers*, une grande partie des arbres fruitiers, principalement ceux qui étaient greffés sur *coniassiers*, furent complétement détruits. » *Ardelu.* — Les oiseaux et une grande partie du gibier périrent dans les champs et dans les bois. Presque partout on trouva des hommes gelés le long des chemins et même dans les maisons ; au Coudray, près Chartres, Jacques Aubouin fut trouvé mort de froid dans son lit. — « Les rivières, les puits étaient gelés ; on voyait des oiseaux rares qui venaient *là où il y avait de petits ruisseaux privilégiés de la gelée*. Il y eut comme une première famine causée par la difficulté de moudre. Pour dire la messe on était obligé d'avoir jusqu'à deux réchauds sur l'autel. Cette année a été la dernière de la plus grande partie des vieillards. » *Ormoy.* — « Il fallait des réchauds ardents

---

quelques ossements des martyrs de la légion thébaine ; le Bréviaire dit que c'était une partie du corps de saint Maurice lui-même, et c'est aussi ce que disent les inventaires des reliques et les actes authentiques des visites épiscopales.

pour débrider les chevaux. » *Umpeau*. — Il fallait couper le pain avec une cognée, le boire et le manger gelaient sur la table (¹).

A la suite de cet hiver, le défaut de récolte amena une grande disette. Le blé se vendit jusqu'à 80 livres et le pain valut 6 sous la livre, ce qui était inouï à cette époque. « *Les hommes ont été nourris avec les bestes, ils ont mangé du pain de pois, de feuves rouges, de grosses feuves, d'avoine, de vesce et de pois gris, les bourgeois du pain d'orge, et ceux qui étaient très-bien, de bled et d'orge mêlez.* » Armenonville. Ormoy. — « Dans cette année il ne mourut pas beaucoup de monde par la faim, quoique plusieurs souffrirent extraordinairement. Cependant *par un coup favorable de la Providence*, la récolte des orges fut abondante ; on l'avait achetée jusqu'à 50 livres pour la semer, elle ne se vendit plus que 6 livres après l'*aoust*, et cette année fut appelée l'*année des orges* aussi bien que l'*année du grand hiver*. Les terres en produisirent quatre fois plus qu'à l'ordinaire. C'est par cette grâce inattendue de la bonté divine que les hommes purent échapper au triste sort de mourir de faim. » *(Registres divers.)*

Mais si la misère fut grande la charité fit des prodiges. Monseigneur Godet des Marais, qui s'était déjà signalé par son inépuisable générosité dans la disette de 1693, soutint dignement sa réputation de *père des pauvres*. Son vicaire général, François des Monstiers

---

(¹) Voir pour plus de détails les registres d'Ardelu, Oinville-sous-Auneau, Armenonville-les-Gâtineaux, Soulaires, Ormoy, et un petit opuscule de M. Lecocq qui, sous ce titre : *L'Hiver de 1709*, résume toutes les observations consignées dans les registres et manuscrits de cette époque.

de Mérinville, qui devait lui succéder, imita un si bel exemple, et le clergé tout entier fut admirable de charité et de zèle à soulager les indigents, montrant ainsi combien il était pénétré du véritable esprit de l'Evangile.

TABLE.

Approbation v

Dédicace vii

Dédicace de la première édition ix

Avertissement de la première édition xi

Avertissement de la deuxième édition xiii

Notice sur l'auteur xix

Chapitre Ier. — Naissance, éducation, premières années de M. Marie 1

Chap. II. — M. Marie est pourvu d'une chapelle dans la cathédrale de Chartres. Son père veut l'engager dans le monde. Il devient orphelin. Il va étudier la philosophie à Vendôme, et la théologie à Paris. 16

Chap. III. — M. Marie reçoit les saints Ordres. Il veut distribuer tout son patrimoine aux pauvres. Il en donne la plus grande partie à son frère. Il se démet de sa chapelle. Sa piété, sa manière d'étudier depuis sa prêtrise. Il est destiné aux Missions. Il gouverne le Séminaire de Saint-Aignan. Il est employé dans le ministère. Il devient confesseur des Religieuses de la Visitation. Il est consulté. Dieu l'éprouve par des peines intérieures. 30

Chap. IV. — Mort de M. le curé de Saint-Aignan. Le peuple souhaite que M. Marie lui succède. Il devient curé de Bullou. Sa conduite dans cette place; il tombe malade, vient à Chartres, et se rétablit chez son frère 52

Chap. V. — M. Marie est élu, par le Chapitre de la cathédrale de Chartres, curé de Saint-Saturnin. Il est installé par M. de Villeroi, son évêque. Commencement de son ministère. On lui propose une permutation. Il est subitement délivré d'une timidité naturelle, qui l'empêchait de parler en public. Il entre dans la compagnie dite du Saint-Sacrement 64

Chap. VI. — Il va faire une retraite dans la maison de Saint-Sulpice à Paris. Il célèbre la canonisation de Saint-François de Sales. Mort de M. Tulloue, son oncle, sous-doyen de l'église cathédrale de Chartres. Il termine avec beaucoup de désintéressement les affaires de sa succession. Il achète un jardin hors des murs de la ville, s'y retire souvent pour vaquer à la prière et à l'étude. Sa conduite charitable envers deux pécheurs. Il défend les immunités de son église 85

Chap. VII. — M. Marie se pratique dans sa maison même une solitude. Son règlement de vie . . 102

Chap. VIII. — Il inspire à son peuple la dévotion à la Sainte-Vierge, et rétablit l'usage de sonner l'*Angelus*.

Il tombe dangereusement malade, est guéri contre toute apparence, fait à pied un voyage de dévotion à Notre-Dame de Saumur. Il convertit une grande pécheresse. 123

Chap. IX. — M. Marie donne sa table à M. le Beau, son cousin germain; il prêche contre les spectacles : effet de son zèle à ce sujet. Sa charité généreuse opère la conversion d'un paroissien indocile. Il ne rougit point de la mauvaise fortune de ses parents. Il tombe malade, est guéri, et se livre au service de sa paroisse avec une nouvelle ferveur. . . . 136

Chap. X. — Il établit un nouvel ordre parmi son clergé. Sa manière d'agir avec ses ecclésiastiques. Il prend soin de leur établissement et de leur subsistance ; il leur inspire l'amour de l'humilité et leur en donne un bel exemple. Il engage son frère à demeurer avec lui. Il réforme un abus dans son église. Sa grande confiance en Dieu dans une occasion périlleuse. 150

Chap. XI. — Dieu lui communique ses lumières sur la destinée des personnes qui s'adressent à lui. Il se livre aux œuvres de charité. Ses tentatives pour retirer un homme de l'hérésie. Mort de deux de ses amis et de son frère. Sa conduite condescendante pour le bien de la paix. Son aversion pour la satire. Il tombe malade. Mort du R. P. Gobert, prieur de Sainte-Foi, son directeur et son ami particulier. Il enrichit son église de plusieurs reliques de saints martyrs. 170

Chap. XII. — Mort de M. de Villeroi, évêque de Chartres. M. Marie est établi supérieur des Religieuses de la Visitation, par les grands vicaires du Chapitre. Il se comporte avec beaucoup de sagesse et de religion dans cette conjoncture difficile, et s'attire toute la confiance de toute la Communauté. Son zèle et son attention pour affermir la paix et la régularité. Sa charité envers un pauvre marchand de sa paroisse. Il devient ami particulier de M. l'abbé le Vayer, grand vicaire de M. Godet des Marais. Le nouvel évêque continue M. Marie supérieur de la Visitation, et le donne à ces Religieuses pour leur confesseur ordinaire. Son talent pour la conduite des âmes 189

Chap. XII. — M. Marie découvre deux caves inconnues jusque-là, qui servent maintenant de sépulture aux religieuses de la Visitation. Humilité singulière qu'il pratique dans les visites annuelles que l'évêque fait dans la communauté. M. des Marais visite la paroisse de Saint-Saturnin, fait publiquement l'éloge de M. Marie. La contagion cause un grand ravage à Chartres; aumônes considérables que M. Marie fait pour lors aux pauvres malades. Son zèle à les servir : il est frappé lui-même de la contagion, et guéri par l'intercession de saint François de Sales. Mlle Anne Couppé meurt, en secourant les pestiférés ; histoire abrégée de sa vie. Le neveu de M. Marie est nommé par M. des Marais à la cure de Saint-Maurice. Mort de M. l'abbé le Vayer 215

Chap. XIV. — Sa paroisse et la communauté de la Visitation reçoivent pendant la contagion de nouvelles preuves de son zèle et de son attachement. Il épargne à ses prêtres autant de travail et de fatigue qu'il est possible. Deux marchands étrangers se ressentent des bénédictions attachées à son ministère Il protége l'innocence et confond la calomnie, est offensé par un conseiller de sa paroisse, va le premier se réconcilier avec lui. Il rétablit la paix dans un ménage désuni 232

Chap. XV. — Prudence de M. Marie pour recevoir et employer les aumônes. Il est accusé devant son évêque de prodigalité envers les pauvres. Il fait un voyage à la campagne exprès pour chercher un pauvre malade qu'il croyait perdu. Charité singulière d'un laboureur ; impression qu'elle fait sur M. Marie. Il paraît avec applaudissement dans les assemblées ecclésiastiques. M. Godet des Marais y fait l'éloge de son savoir et de sa capacité. Sa tendre piété envers le mystère de la Croix. 247

Chap. XVI. — Il devient asthmatique. Sa patience dans un grand accident. Il renouvelle son clergé. Sa modestie est remarquée par un seigneur de la religion prétendue réformée. Une fluxion de poitrine le réduit à l'extrémité. Il se punit sévèrement pour avoir mécontenté, sans le vouloir, un de ses prêtres. 266

Chap. XVII. — Renouvellement de l'amour de M. Marie envers J. C. crucifié. Son ardeur à servir les malades. Son admirable conduite pendant l'hiver de 1709 et pendant la famine. Il souffre pour la justice. L'hydropisie se joint à son asthme. Il fait son testament et résigne la cure de Saint-Saturnin à son neveu. 282

Chap. XVIII. — Son neveu prend possession de la cure de Saint-Saturnin. L'ancien curé fait encore la Pâque avec sa paroisse. Dernière maladie de M. Marie, il reçoit le saint viatique, se fait porter à la Visitation. Discours qu'il y fait. Il tombe dans une agonie de trois jours. On lui administre l'Extrême-Onction. Sa mort 293

Chap. XIX. — Cérémonie de ses obsèques . . 308

Pièces justificatives. 323

ERRATA

Page 40, Épitaphe, ligne 9, *au lieu de* : in habitatio, *lisez* : sit habitatio.

Page 92, note, ligne 5, *au lieu de* : 1830, *lisez* : 1836.

Page 93, note, ligne 15, *au lieu de* : permettait, *lisez* : permettaient.

Page 137, note, ligne 7, *au lieu de* : bourgeoisie, *lisez* : bourgeoise.

Page 209, note, ligne 26, *au lieu de* : plutôt, *lisez* : plus tôt.

Page 320, note, ligne 4, *au lieu de* : de Chartres, *lisez* : de Saint-Charles.

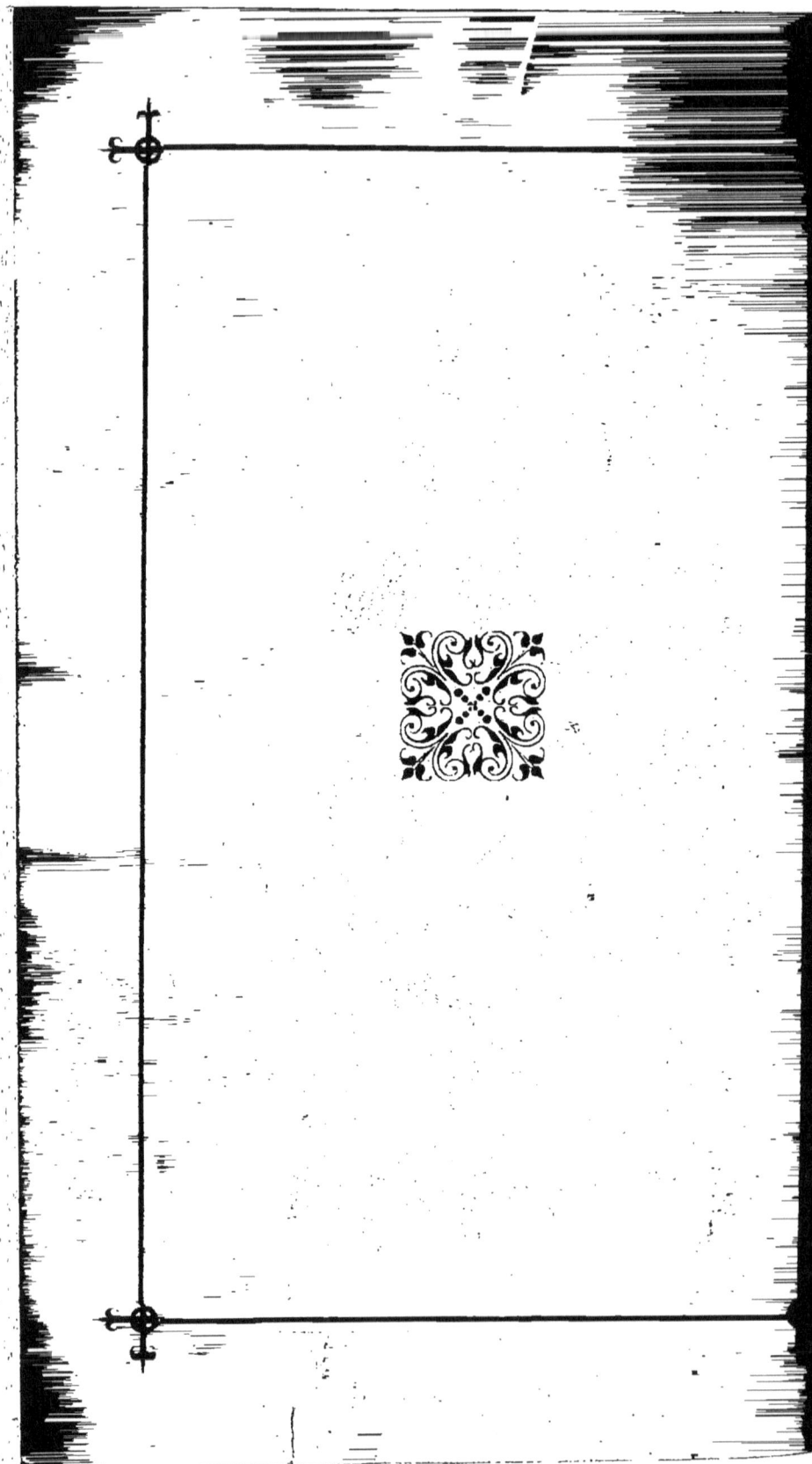

www.ingramcontent.com/pod-product-compliance
Lightning Source LLC
Chambersburg PA
CBHW052041230426
43671CB00011B/1736